战胜金融期货市场

把小的市场优势溶于强大的赚钱策略

（美）阿特·柯林斯（Art Collins）◎著　张 轶◎译

Beating the Financial Futures Market：Combining Small Biases into Powerful Money Making Strategies

北方联合出版传媒（集团）股份有限公司
万卷出版公司
VOLUMES PUBLISHING COMPANY

著作权合同登记号： 06-2010 年第 364 号

图书在版编目（CIP）数据

战胜金融期货市场：把小的市场优势溶于强大的赚钱策略 /（美）柯林斯著；张轶译. -- 沈阳 ：万卷出版公司，2011.6

（引领时代）

ISBN 978-7-5470-1265-9

Ⅰ. ①战… Ⅱ. ①柯…②张… Ⅲ. ①金融—期货交易—基本知识 Ⅳ. ①F830.9

中国版本图书馆 CIP 数据核字（2010）第 200155 号

出 版 者	北方联合出版传媒（集团）股份有限公司 万卷出版公司（沈阳市和平区十一纬路 29 号　邮政编码　110003）		
联系电话	024-23284090	**邮购电话**	024-23284627 23284050
电子信箱	vpc_tougao@163.com		
印　　刷	北京市通州富达印刷厂		
经　　销	各地新华书店发行		
成书尺寸	165mm × 245mm	**印张**	18.5
版　　次	2011 年 6 月第 1 版	2011 年 6 月第 1 次印刷	
责任编辑	陈丹	**字数**	260 千字
书　　号	ISBN 978-7-5470-1265-9		
定　　价	53.00 元		

献给我的妻子派特和女儿玛吉，我特别偏爱她们。

Contents
目　录

Contents

目 录

Contents

目　录

Contents

目 录

序言

我和阿特·柯林斯的第一次见面是他联系我的，他问我是否有兴趣出现在他的书中——《战胜市场的人》——顺便说一下，这本书不错，就是书名不太好。

我很喜欢和出版界打交道，我也喜欢帮助各种交易者明白如何在交易这门艰难的艺术中取得成功，所以我表示有兴趣。

从那时开始，我就把阿特·柯林斯收编到我的旗下——作为我的非正式学生，负责帮我开发交易系统。我这么做是有几个原因的。

当阿特邀请我为他的新书作序的时候，能够帮助他把一本有趣的独特的书介绍给交易界，我感到很荣幸，也很高兴。

首先，我发现阿特坦诚直率，至少现在生意场上的人都没这个特点了。让我感到吃惊的是，虽然他已经是中年人了，有多年的实战经验，还为自己的几本书采访了一些非常成功的交易者，但是对于交易系统的研究，他像小孩子一样充满了好奇和激情。和那些无所不知的、喜欢嘲笑挖苦的、假装善良的兜售交易信息的人完全不同，阿特很客观，没有任何偏见，我对他的这些特点印象深刻。让我感动的是，阿特在研究交易思路（译者注：本书中的“思路”都可以理解为“交易系统和交易方法等”）方面特别努力，特别刻苦——他从不放弃，我也希望他不要放弃。

我们都知道有些人喜欢招摇撞骗，有些业务员总是花言巧语，我们都受够了。少数人知道，有些人已经开发出能够长期靠实战赚钱的交易系统，只是这些人要么太老实了，要么不懂商业手法，从而导致这些赚钱的交易系统不为人知。少数人——比如《市场奇才》和《战胜市场的人》等书中提到的人——这些人知道如何开发交易系统，也知道如何有效地交易，但是他们的嘴太严实了，他们不想“培养”竞争对手。

我在这个行业已经干了很久了——我做过程序员、交易系统专业人士、交易顾问和基金经理，我只讲了几个我比较喜欢的职业——所以我有机会接触各种各样的非常成功的交易者、销售各种交易产品的商人和各种各样的交易“学者”。

我可以告诉你，想实现成功交易是很难的，不仅仅是因为你很难找到一个成功的交易方法。找到一个成功的交易方法的过程令人畏惧——对新手来说更是如此——但这还不是最难的。一个人只要努力去学，是可以学会开发交易系统这门技术的，本书提供的就是这方面的宝贵财富。

成功交易最难的部分是，你要有钢铁般的自律和超级自信，如果你没有，至少你的交易系统要有。清晰的、客观的、同情的和敏锐的自觉性能通过最健康的方式实现自律和信心。但是这说来话长，以后找时间再说。

确切地说，如果你访问过成功的交易者们，你会发现他们有一些共同点：第一是他们很自律，第二是他们有信心，其他的还包括诚实、热情、激情、好奇和客观，但这些并不是排在最后的特点。

你会发现成功交易者还有一个共同的特点——他们非常好奇市场波动的原因，非常想提高自己的技术，他们一直如此。

所以，对于交易者来说——从新手到专业人士——要学到老，用到老。当然了，要多看交易书。然而，市面上优秀的交易书并不多。我可以大胆地说，优秀的交易书真的不多。如果你已经阅读了很多交易书，我相信你会同意这个观点的：很多书写得很差，很啰嗦，无法证明什么，纯粹是为了写书赚钱。

因为这本书包含了很多信息——实际上，如果按照价值来衡量，这本书比某些书的价值高多了，按理说定价应该高很多才对——本书中有很多新思路和有趣的方法，所以值得一看。

我说一句话就够了，我看过很多交易书，开发了无数个交易系统，作为一个成功的交易者，我们向你保证这本书有用，无论你是新手，还是有点经验的交易者或高级交易者，这本书都能给你带来帮助。实际上，这本书虽然是为新手和有一定经验的交易者写的，但是高级交易者也能从这本书中找到有用的知识。

这本书读起来有点像神秘小说。阿特对开发“完美的”交易系统非常有热情和激情，他能感染到别人，他会告诉你他过去开发交易思路的过程。

正如我所说的，本书会谈论很多交易思路。我知道——根据我多年销售交易系统软件和给自己写书评的经验——人们（尤其是新手）都在寻找交易思路。实际上，他们寻找的是能在一年之内把1万美元变成100万美元的交易系统……我的建议是，如果你真的这么想，请继续寻找，估计你要找很长时间。

因为开发一个不错的交易思路并不是很难，所以我觉得总是强调开发的难处有点讽刺意味。有很多优秀的交易思路都是公开的，讽刺的是，人们对这些交易思路通常都是视而不见的，或认为这些系统太老了，或是他们的利润目标太高了。即使他们愿意采用这些交易思路，他们也不知道如何测试和评估这些思路。即使有些交易者学会了测试和评估交易思路，他们在交易系统赢利（容易贪婪）或亏损（容易感到恐惧）的时候也做不到持续一致性，大部分人无法坚持采用交易系统。

有人问拉瑞·威廉姆斯：“交易系统有用吗？”拉瑞·威廉姆斯是这样回答的：“交易系统有用，但是交易者用不好系统。”

本书会提供什么样的帮助呢?

第一，它会提供10种不同的交易思路。我开发过交易系统，也交易过，阿特在本书中提到的思路我都研究过了。我不想添油加醋地评论它们的价值以免“言过其实”，我希望你能够自己从书中总结知识。你可以根据阿特千辛万苦提供的证据自己作决定。

第二，阿特用一个方法把不同的思路融入了一个交易系统，很少有人在交易书中研究如何把不同的思路溶于一个系统之中。换句话说，阿特根据不同的指标、触发器（译者注：原文是trigger，实在找不到确切的译文，只好翻译成触发器。意思是软件产生的信号或条件）或交易思路开发了不同的指数或指标。过去这些年，有时候我也想到了要用这个方法——讽刺的是——目前，我在一个新的交易系统中采用了这个指数方法。如果认真做，指数的效果非常不错。指数方法可以有效地“总结”大量的信息。阿特在这方面做得很好，但是请记住，本书中的信息量很大，还有更复杂更有用的解读方法和指数方法。

这本书的有趣和独特之处在于，书中介绍了很多工具，任何人都可以以多种方式使用这些工具——只要他们运用了自己的创造性，只要他们付出了努力，他们就能开发出自己的交易系统。

第三，阿特说明了他如何使用一个可靠的方法获得了成功。如果有人想学会开发赚钱的交易系统的方法，我建议他阅读本书。

当然了，交易界还有很多更高级的方法。但是阿特的方法很可靠，足以实现他的目标。虽然，和阿特相比，有些人对交易系统的研究更加深入。然而，请记住，在任何行业，技术和经验都是有很多层次的。请相信我，和其他类似的书相比，阿特写的比较有深度。

可以这么说，任何人，只要像本书中的阿特一样努力，就一定会有非常甜蜜的收获的。

能不能用一句话总结一下？那就是，交易很难。要想成功地交易，第一步就是开发一个期望值为正数的交易系统。要想开发成功的交易系统，需要付出大量的心血、汗水和眼泪。开发了交易系统以后，要想成功地用这个系统进行交易，交易者还要做到客观、自律和诚实。

阿特在写这本书时表现得很诚实。他有没有讲“快速致富法”？没有。你能否开发出成功的交易系统？关于这点，我无法给出肯定的答复，成功与否取决于你，只要你努力去做，你肯定会在很多方面受益的。

你需要去学习新的交易思路吗？除非你非常懂交易系统，否则你确实应该去学。

会不会有例子说明如何开发交易系统？肯定会的。

关于指数，有没有新的、有效的应用方法？有，你会学到的。

你会在字里行间发现阿特是一个真诚的人，他的论述缜密，详细说明了开发可靠的、有效的交易系统的方法。

最后，如果你想认真地学习开发交易系统，你会认真地阅读本书吗？老实说，虽然我很用心地研究了本书中的所有交易思路，但是和阿特相比，我的条理性不如他。我学到了一些新技术，我相信你也能学到东西的。

实际上，为了表明我们对这些交易思路的重视程度，帕多集团有限公司和阿特联手创建了一个网站，这个网站会更加深入地研究这些交易思路，大家可以通过它进行沟通交流，这个网站还提供清算服务。

如果你想了解更多的信息，请访问我们的网站www.pardocapital.com。

祝阅读愉快……

鲍勃·帕多

总裁

帕多基金有限公司

帕多集团有限公司

前言

我过去喜欢专业赌球，我使用严格的技术方法，但我当时还算不上是真正的爱好者。对于球员和球队的情况，我并不了解。实际上，如果不是我下注的那场比赛，我都很少去看。然而，我意识到了专业赌博这个行业的重要一面。专业赌博与体育书籍对比赛结果的预测没什么关系。赌场庄家唯一的目的是吸引一半的赌徒赌某场比赛某队会赢，同时吸引另一半的赌徒赌某队会输。因为只要有人这样下注，输家必须支付下注金额10%的抽头，所以赌场庄家肯定是赚钱的。

这表明球员、球队、教练、天气、体育场等基本面信息并不是特别重要。你没有必要比爱因斯坦聪明，也没有必要想在别人前面。

看起来只有一条路可以让我们成为赢家，我在市场中就是沿着这条路走的，这条路就是指过去的业绩。球队在什么情况下会取得比较好的业绩？球队是如何取得比较好的业绩的？你应该去寻找相关的线索，比如，在某些赛季，东道主队在周一晚上的优势明显大于客队；在大部分年份里，东道主队的表现优于平均成绩；有些球队在草地球场上的成绩比较好，有些球队在人工草皮球场上的成绩比较好。很多球队都有统计上的特点，有时候这些特点在以后也会表现出来，有时候则不会表现出来。

要想在赌场中赢钱，就要想办法战胜赌场拥有的5%的优势。5%不是小数字，不信你问问拉斯维加斯的赌场，5%的优势能够积少成多。

我由此明白了简单之美。我并不伟大，但是我比那些对各级联赛花名册了如指掌的人要好一点点——他们知道的并不多。很多赌徒在下注时不是用头脑下注，而是凭一时兴起。另外，赌徒关注的仅仅是赌博本身。

统计数字很迷人，但不好把握。如果你在做测试时怀有很多偏见，那么你的样本就不可靠。把很多元素综合在一起并不能自动地让它们变得更好，可能还不如单个元素的结果好。

很多时候复杂意味着先进——高级，但是市场和我们认知中的世界不同。在计算机普及之前，我似乎就明白了这个道理，我发现图表派人士画的趋势线越来越多，但是胆子却越来越小。在他们眼里，几乎每个价格都是支撑线或阻力线——整张图表都被画满了。这种画面让我想起了伊莱恩·葛莎莉（译者注：伊莱恩·葛莎莉本是个不知名的数字分析家。1987年10月12日，她预测说“股市即将崩溃”。一周后，“黑色星期一”降临了。刹那间，她变成了媒体宠儿。在几年之内，她就把她的名声转化成了一笔财富）这样的大人物（或美联储）在作公开演讲。这些大人物采用了什么工具？指南针？强劲的计算机？还是007电影里面的实验品？很明显，我把我的要点讲得太简单了。我的意思是，如果再提供12台计算机给艾伦·格林斯潘作为计算工具，是不是他能更加正确？他的计算结果肯定不会比之前准确12倍的。在做市场分析的时候，你会看见收益在快速减少。

当我写作《战胜市场的人》的时候，我采访了13个人，这13个人都是做机械交易的专业人士，我请他们各自公开一个机械交易系统——无论这个系统多么简单——我负责帮他们做宣传。他们都不同意，我只好放弃了这个计划。现在回头想想，也许我当时的要求是不合理的。系统的业绩再好，人们也能轻松地看到它的不足之处。一旦系统被公布了，就可能会见光死。即使系统的模拟测试报告看起来很好，也会有人提出异议和争论，很难找到理想的、收益平滑的、完美的交易系统。

资金管理、交易者的性格和其他因素都会决定一个系统是否能赢利（如果交易者紧张了，系统就会亏钱）。你分析得越细，环境就越不重要。

就像艾尔·奥唐纳在《赌球手册》——我最喜欢的赌球书，被我奉为圣经——中讲的一样，我也会做数字统计。我建议你把这本书当作是你的工具，举例说明，对于某些市场优势，你可以考虑反向交易，你还可以考虑改变某些参数。另一方面，我会介绍几个独立的有效的系统。请注意，你要100%地执行这些系统。

选择权在于你。无论如何，你肯定不会拒绝真相的。

感谢词

我想感谢以下这些人，如果没有他们的爱心帮助，我的写作过程会辛苦很多。老虎鲨鱼交易网（www.tigershark trading.com）的编辑叫大卫·梅克伦堡，感谢他的牵线搭桥、提供的建议和无私的帮助。

托尼·布隆伯格即将成为我的女婿，感谢他教我使用计算机。

感谢比尔·曹给我的重大启发。

感谢www.cleaningladys.com网站的约翰、斯科特和丹，感谢你们定期催促我写作。

同样感谢哈特曼和兰蒂斯——虽然我很固执，死守自己的系统，但我要感激你们帮我整理市场数据。

感谢所有给我写电子邮件和在线发表评论的读者。你们的关注让我感到很高兴。

感谢我的堂弟鲍勃·泽曼，虽然他不做交易，但是他把我写的书都看完了。

感谢我的父母，感谢他们永远支持我。

感谢我的交易伙伴马克·拉泽尔，感谢他一直为我指明方向。

还要感谢日本的读者，你们购买了我的上一本新书，我很期待见到你们。

关于本书中提到的系统和研究

本书中提到的一些study（译者注：study指美国著名的行情和模拟测试软件tradestation中特定的编程模拟测试功能，翻译成研究也不妥当，故决定采用原文）是有风险的，但因为我是用自己的资金做交易，所以我愿意承担这些风险。如果我的模拟测试不够完善，处理数据出错了，下单出错了，导致信号不准确，那么我就会亏钱。是不是我在犯错之后就变得谨慎了？我还是会定期犯错，有时候还会犯很大的错误。常犯错的人很多，我的伙伴是程序员，他在下单的时候也会犯错。场内交易者也会犯错，你可能以为他们的交易一直很顺利，其实在交易所，每天都会遇到订单无法成交的情况。

在市场内难免会犯错，我不必找借口，但是要把书写好，压力是最大的。如果我在交易时亏钱了，我就会受伤，但我还能恢复正常。如果在书中表达了错误的观点，那么就是白纸黑字地写出来了，全世界都会看见，我只能在再版的时候改正错误。我并不希望我的同行或读者为此感到悲痛。

综上所述，我必须承认，本书中的内容并非100%准确，也许会有错误。印刷量越大，错误就传播得越广。另外，对于本书中附录的tradestation公式，我知道还有更多更精炼的编程方法（也许这些方法我都听说过。我要强调一下，我编程的能力没那么强）。我在书中写的有些内容可能会引起争议，有些可能根本不能成立。因为我会尽量把我所知道的市场真相说出来，所以我有信心我讲的内容都是有用的。

在写作本书的过程中，在研究的过程中，我会时不时地遇到一些（广义上的）后勤问题。人们常常为小事抓狂，而我几乎每个小时都在“抓狂”。

我从tradestation开始讲起，这是一个软件，我非常喜欢这个软件。很多人问我如何研究交易系统，我就推荐他们从这个软件开始，但是这个软件会出现轻微的前后不一致的现象——也许所有的软件都有这个问题——也许在编程的时候必然会遇到这个问题。大家都想从模拟测试软件中得到最真实的结果，但是又做不到这点，每个人都会感到恼火。

对tradestation这个软件来说，即使是同样的公式、同样的图表、同样的测试时期，某台计算机算出的结果和其他计算机算出的结果都会略有不同。我也不知道为什么会这样，也许是因为计算机在第一次读取数据的时候对持仓的计算有所不同的缘故吧。对于两个不同的study，有时候同一台计算机能在同样的时间框架内针对同一个品种用不同的程序算出相似的结果——也就是业绩表和优化报告是相似的。或者是业绩总表和年收益表有出入，我在书中会提到这两种表格。年收益总和应该等于业绩总表的总收益，但是这两个数字却不相等，这些数据略有不同——这虽然不至于引起恐慌，但确实让人很不舒服。

没错，我自己反复检查了很多遍。在模拟测试时，我把起始日期设定为1月4日，而不是1月2日——也就是说只有这个办法才能保证不同时期study的结果保持一致——在业绩总表中才能显示完全相同的年数。测试某个品种的单一数据和测试含有这个品种的多品种数据时，虽然测试的品种是同一个，但结果不同。当系统针对第一组数据测试两周并产生了表格之后，我才能针对第二组数据进行测试并得到完全一样的结果，但前两周的结果还是不同。很明显，某些数据在模拟测试时被做了调整。这些有趣的现象比球场上的怪事还多。

我并不是说tradestation的结果是错的——我只是说软件计算的数据起点不同，会导致结果不同。在我在研究交易的时候，对于一些差异，如果我表示怀疑，tradestation都能给我提供看起来还蛮有道理的解释（虽然有点费解）。关于软件的问题，我当然可以继续研究并找到解释，但是如此一来我需要3～4年的时间，这恐怕早就误了本书的交稿日期。花时间研究软件是有好处的，只是生命苦短。

所以，我只好绕开一些广义的后勤问题。关于指数迷你合约的日线数据（译者注：在本书中，作者有时候把指数和股指期货混为一谈，没有严格区分，其实还是有差别的，请读者留意。股指期货合约分两种，一种是标准合约，一种是迷你合约），由于各种原因，我们只有4年前到现在的数据；对于完整的合约（译者注：在本书中，完整的合约指标准的股指期货合约，这是相对于迷你股指期货合约而言的），我们有完整的日线图数据。在研究日内交易的时候，这个软件有一定的倾向——所以我用迷你合约数据模拟测试日内交易。在实战时，你既可以选择交易标准合约，也可以选择交易迷你合约。

所有的模拟测试只测试白天的柱线数据——从不考虑夜间的数据（译者注：美国有很多品种可以在夜间交易）。对于日线图的柱线，我使用@表示，随后一个小点，然后是市场的代码。对于场内交易时段，我用P表示。如果是日内的连续柱线图，我用@表示，随后是市场代码，没有P，也没有D，也没有小点。在观察日内数据时，必须使用“观看／定制”（view／customize）功能，这个功能可以反应当天开盘期间的时间框架。对于指数，交易时间是中部标准时间上午8：30到下午3：15，其他金融品种的交易时间是中部标准时间上午7：20到下午2：00。

对于我的研究成果，任何读者都可以复制采用。你不必生搬硬套，只要拥有恰当的可控环境或交易系统就行了（译者注：原文是setup，指模式或软件设置等，这里翻译成交易系统）。以下是我使用的工具，使用这些工具不一定能得出和我一样的结果。

1．我做模拟测试使用的软件是tradestation，版本是8.1，build 2826。这家软件公司会不停地升级软件，但不会影响数据。

2．我都注明了测试的起始时间和终止时间。有时候，尤其是在测试长线study时，很难让起始时间保持一致。软件在计算时，需要一定数量的柱线数据进行运算，然后才能生成第一笔交易。某些study要测试长达5年时间的连续数据，我在软件中输入的起始日期是2000年10月18日，但是软件会把2001年1月2日作为第一个可能的进场日期。我输入的结束日期则是2005年11月19日。

3. 如果不做特殊说明，软件中策略（译者注：原文是strategy，是tradestation自定义的名词和功能，和study相似，读者也可以把策略理解为编程过的交易系统）的格式如下：

a. 佣金：0

b. 滑点亏损：0

c. 每个仓位最大的合约数：1

d. 固定的股数：1

4. 完全按照我在附录中的公式自己录入公式（请看附录）。可以参考有些表格和数字（表5.1和图6.2等）。

要想开发系统，就难免要研究study，本书会多次强调这点。盲目听从别人的建议无法让你持续一致地赚钱。我接触过一些最聪明的交易者，但我并没有实现他们的成就。里根总统过去是这样评价苏联的："相信他们，但要去验证。"我都不知道我是否"相信"那些最聪明的交易者。

很多读者可能会问我是否在使用本书中提到的方法，没错，我在使用部分方法。

第01章

非机械交易的问题

兑现利润的行为是不会让你破产的。

让利润奔跑吧。

主观博士

有一句格言是这样说的：市场并没有什么对或错——如果你亏损了，那说明你没有聆听市场，而是在和市场争论。我主张机械交易，而且我已经接受了机械交易的不确定性。我见过交易者在失败后到处寻找原因，把自己都快逼疯了。他们会这么说："我在第5波买入了，但实际上市场却是第4波的回调。""我看价格离价值区很远了，我才卖的，但是我没想到市场又形成了更高的价值区。"

他们的"认知"都是新的，但他们却没有进步，为什么会这样？答案在于市场本身。总体而言，市场是随机的，其间有小趋势。机械交易者指望的就是小趋势，但是个人又无法预见趋势。就像赌场要赌很多局才能体现它的优势，同理，机械交易需要交易很多笔才能体现优势。

跟着你的信念走。

不要死守着一个思路。

主观博士

主观交易者唯一关注的就是自己的持仓。"如何把亏损的仓位变成赢利的仓位？如何扩大利润？如何判断行情走到头了？"

因为一笔交易并不能总结趋势特征，所以主观交易者大多根据市场噪音来下定义。除了少数天才人物，大部分人无法从市场噪音中听出有价值的信息，因为市场算不上是在说话，所以我们也听不见什么具体内容。

我们对市场的反馈是断断续续的，这未必是好事。科研人员指出，主观上的认知是最难改变的。拿老鼠做实验，当老鼠踩到一个杠杆时，就会有食物掉下来，反复多次以后，老鼠就学会了踩这个杠杆，老鼠会不停地踩，直到筋疲力尽。冲动性赌博也是如此。请注意人们在老虎机面前的机械行为——除非把钱输光了，否则他们都不会离开老虎机。

另外，强化也会出问题。在生活的任何方面，重复的体验都是学习的过程。因为好的交易思路（无论是什么思路）带来的赢利并没有必要比差的决定带来的亏损多，所以说交易并不一致。对于大量的信息，人们总想归纳成规则，结果就是一叶障目，不见森林，最后身心疲惫。事后分析时，人们总是后悔不已（我应该做空，不应该做多）。某些事物在促使我们做出同样的交易，只是我们希望的结果并没有实现。

> 继续持有多头仓位，如果价格跌到了8500以下，那么就平仓。你为什么要平仓？！那只是向下假突破！
>
> 主观博士

主观交易者都会有似曾相识的奇怪感觉。我们记得大豆在底部横盘几个月后就会上涨——决定买入！有时候即使图表和计划一致，市场的走势也会导致风险太大，让我们提前止损出场了，还记得吧？有时候我们的持仓方向错了，市场立即跌到支撑点之下了，这样的事发生了多少次？过去当我们持仓的时间过长时，结果如何？为什么我们会不停地进进出出，折磨自己？

我们总是会认为："这次我是对的——这笔交易我输不起。"这种强烈的感情后面似乎有一种内在的逻辑。

如果我们不是强烈地感觉到自己会赚钱，我们何必要交易呢？但是，很多时候冲动就是犯错。

关于成功或失败的说法很多。90%～95%的交易者输给了剩下来的少数交易者。让我们看看以下原因：

1. 大部分人既不是系统交易者，也不是机械交易者。
2. 大部分人根据自己的想象交易。

3. 大部分人都亏损了。

4. 因此，如果你不想成为大输家中的一员，就不能随心所欲地交易。

几乎每个机械交易者（大部分交易者）都会承认，当一笔交易突然变得非常赚钱的时候，交易者一般就会感到恐惧。机械交易者在连续多笔亏损后只好放弃系统——结果又发现，如果自己不放弃的话，其实系统又开始赚钱了。这是一种很不好的感觉，很多交易者认为这比亏损还痛苦。另一方面，我们感到很舒服的交易也会让我们出问题。

当你想到这些的时候，你会觉得有点奇怪。如果每个人靠直觉都能和市场同步，那么我们都赚钱了——但实际上肯定不是这样。那么谁亏钱了呢？谁是我们的衣食父母？

你必须远离这些交易者才能获利，主观交易很难赚钱。你会欺骗自己，你会说自己的方法和大众的方法不同，你在和大众反着做——但是最终你还是失败了。机械系统可以解决这个问题，机械系统产生的信号和情绪完全无关。

你是否有市场感觉？

主观博士

你可以反复告诉别人主观交易没有前途。他们可能会反复体验到消极的结果（亏损），但丝毫没想到要作出任何改变。无论你走了多少弯路，似乎走弯路总是对的。

交易传奇人物理查德·丹尼斯认为“做困难的事”才能成功。有效的机械交易系统是事先开发好的系统，是构造完美的系统，是强劲的系统。机械交易系统是根据历史经验总结的强制性命令，它不会去预测市场下一步的方向。除了要有足够的本金之外，你唯一要做的事就是保持信心和决心。

当然了，说起来容易，做起来难。你必须一直100%遵守系统信号。如果你有一次采取了投机取巧的做法，都会影响你的业绩；在现实中，人们投机取巧的次数比自己想象的还要多。压力最大的时候，交易者最容易违反系统。只要熬过了艰难时期，很多时候就会得到超乎想象的利润。

你会认为确定的结果能让我们理性地克服破坏性的冲动。你会认为明确的方法要比模糊的、相反的、错误方向的冲动方法好。

想法没错，但你的行为可能是错的。我们是人，我们很难克服自己的随机的断断续续的反应机制。

幸运的是，虽然很难，但是有希望。

第02章

理解数字游戏

再次说明，主观交易者只关心一件事：自己的持仓。主观交易者思考以下问题：如何扩大利润？行情在哪里结束——可能在哪里反转？如何看待亏损——会回本吗，或是继续亏损？在什么情况下作决定？何时认输？

机械交易者则不同，机械交易者先做了很多模拟测试，然后再交易。举一个简单的例子——并非一定是有效的系统——在任意时刻，只要市场价格等于或大于昨天的最高价加上昨天的振幅，就买入。因为他做过计算，如果在过去5年按照这个方法做，净利润会有3.6万美元，所以他愿意按照这个方法交易。他还有其他统计数字——他知道系统的胜率是53%，平均计算下来，100笔交易中，53笔赢利，46笔亏损，1笔打平。他知道平均每笔交易的净利润是486美元。他知道长期而言他的赢利和亏损情况如何——5年中会有1年小亏，不会大赚（除非运气好）。

他还知道他的思路（译者注：本书中的思路大多指交易方法或系统，请读者留意）在测试相关品种时收益也不错，测试不相关的品种时，虽然利润比较少，但是有利润。模拟测试软件会给出很多测试报告，既有如此简单的结果，还包括复杂的标准偏差、夏普比率和变异系数等。

我和很多机械交易者都赞同这个观点：方法越简单，就越可靠。我会在后面剖析很多概念（译者注：本书中的概念可以理解为交易方法和理念）。目前来说，无论是简单的方法，还是复杂的方法，只要交易者有决心，他都能得到所有的统计数据。在信息时代，实现这点并不难！

数字游戏（译者注：在本书中赌博和投资都属于数字游戏）的

动力就是数据流。简单地说，玩数字游戏的目标就是在尝试多次后得到正期望值的结果。

拉斯维加斯在本质上就是玩数字游戏。它涉及到了多种数字游戏，下注方法各不相同，有些下注方法会让赌场赢钱，有些下注方法则会让赌场输钱。总体而言，拉斯维加斯的赌场会赢钱，这是肯定的。

只要时间足够长，毫无疑问赌场都是赢钱的。老虎机是最固定的，它的赢钱规律和输钱规律都是提前设置好的。每台老虎机的程序都是设置好的，赌场总体上会赢钱。老虎机输掉的钱肯定小于老虎机赢的钱。对于桌面赌博，赌场在短期内有输钱的可能性——有些赌徒运气好，连赢很多局——长期而言，赌场还是赢钱的。

有一个办法可以反转赌场的胜率，那就是在赌21点时算牌。有些人能看出在什么时候一副牌对自己有利，从而赢钱。他们会把一副牌的发牌情况和自己的策略结合起来，不时改变下注金额大小。赌场之所以没有放弃21点这种赌博方法，是因为大部分赌徒并不会算牌，赌场还要赢他们的钱。换句话说，赌场了解各种赌博方法的方方面面，赌场拥有优势，如果赌徒有优势，赌场可以选择在必要的时候禁止这个赌徒的光顾。无数的灯光、奢华的喷泉、华丽的建筑和娱乐设施都是靠赌徒们供养的。

拉斯维加斯的赌场之所以能够兴旺发达，那是因为它们拥有优势——优势一般都很小，必须赌很多局以后才能显现出来。对赌场来说，只要赌博的次数足够多——把赢的钱和输的钱加总，最终结果还是正数，这就是数字游戏的本质。

拉斯维加斯的数字游戏比我们的交易模型还要完美。我们无法计算运气的成分。我们在做模拟测试的时候还要减少运气成分的影响，迟点我会讨论这点的。谨慎地做模拟测试肯定要比粗心大意地做模拟测试好。然而，我们无法肯定未来的走势就和过去一样，我们无法绝对保证自己会赚钱。如果你一定要确定交易能赚钱，我还是建议你放弃吧。在拉斯维加斯，赌场可以保证每掷6次骰子，会有1次出现点数7，但是做交易就不行。然而《市场奇才》一书说，并不完美的方法赚到的钱会让你感到吃惊。

第03章

但是为什么主观交易没用？

为什么靠头脑赚钱这么难？

交易就像是一块磁铁，会吸引各个行业的成功人士。玩这个游戏是需要钱的，很明显，非成功人士就被排除在外了。每个行业的人都认为自已在过去成功了，那么做交易也会成功的，他们以为采用和过去一样的技术就行了，所以他们根据过去的直觉和常识去交易。也许他们过去有赌博的经验，在类似的竞技场——他们会像眼镜蛇一样，知道何时进行攻击。

他们很机敏，如果一开始的几笔交易亏损了，也许他们不会感到吃惊的——他们会承认自己是新手，一开始亏损是正常的。然而，当他们做了调整之后，过了一段时间，结果还是亏损，此时他们就会知道自己遇到了新问题。他们会不停地失败，虽然时不时地也会赚钱，但总体是亏损的。为什么会这样？他们在猜测，一个人已经破解了世界的规律，难道还不能掌握交易的钥匙吗？

不能。交易界和这个世界只在某些方面有点相似。交易是一门生意，大部分生意失败的首要原因就是资金不足。和开店、开公司等等相比，市场要更加无情，你需要有足够多的启动资金，这样才能熬过无法回避的暴风雨。

和其他生意一样，有些格言是有用的。如要控制好亏损，趋势是你的朋友等等。你开发的任何成功系统都是和这些格言一致的。

非机械交易的优点或特点则另当别论。如何才能做到总体赢利大于总体亏损呢？关于这方面的知识，你无法在书中找到，也无法跟其他交易者学到——甚至无法从优秀的交易者那里学到。任何人，只要有足够的本金，有决心，就能让机械系统起作用。然而，主观交易的成功——期货界的传奇——一般只会出现在个人写的书中。如果你不是天生就会主观交易，那么可以说你永远无法掌握主观交易。另外，如果你天生就会主观交易，那么你的学习过程就不可能那么曲折的。市场奇才总是能快速上手。

机敏的交易者发现市场很像一个对手，他总是诱惑你做出错误的举动并据此打败你。很明显，市场后面并没有恶意，只是从某些方面来看市场似乎是有恶意的。因为市场常常会导致我们正常的期望落空，所以我们心里自然会觉得市场在陷害我们。我想强调以下两点：

1. 最害怕的交易者倾向于亏得最多。

2. 我们最大的问题就是把最舒服、最满意、最自信的仓位提前平仓了。

你会发现市场一次又一次地违反了传统的智慧或常识。这段文字写于2005年夏季末，芝加哥商品交易所的人都在发誓他们看见了至少25年来的最大的干旱（我的草皮好像就是从亚利桑那州买来的）。大豆市场明显不同意这个说法。在9月30日，大豆的主力合约11月份合约的收盘价是5.73¼美元（译者注：美国报价用分数）——和之前2月中旬的价格差不多。从2月中旬到9月30日，价格曾经冲到了7.70美元的高点，不过很快就回落了。在当时，做空应该比较好，干旱这个说法让人不知所措。

你有没有听说过飓风卡特里娜（译者注：发生在2005年8月25日）？这是美国历史上第二大或第三大的自然灾害。从金融的角度来说，这是利空消息，对吗？错了！在随后的第一个交易日（8月29日周一）收盘时12月份的标准普尔股指期货上涨了850点，市场根本不把飓风的灾难性后果和政府的拙劣表现等当做是一回事。到了9月9日收盘时，标准普尔股指期货又上涨了2750点（译者注：这里的“点”原文是point，据我所知，有时候point又指基点，因为手头没有数据，不能肯定原文是不是指基点）。

让人感到困惑的事还有很多。在过去两年中，交易标准普尔指期货迷你合约的日内交易者们一直很郁闷。他们发现几乎没有办法去预测市场的方向。明明在第一天看起来市场肯定是要上涨，结果到了第二天又是下跌的，反之亦然。即使在日内，也有很多意外，市场会莫名其妙地出现上涨和突破。市场会向上突破阻力线，向下突破支撑线，然后又反转了。

我的伙伴总是反复地说：“在这种市场中你如何能做到主观交易？”然后他又悔恨地说：“你如何能知道市场要上涨（或突破）了？”

我过去会认真研究日内的数据，希望找到线索——不管是什么线索。如果主观交易（译者注：原文指反应式的自发交易）是可能的，那么生活就简单多了，每天都充满了希望。资金曲线就可以稳定增长，回撤（译者注：本书中的回撤大多指tradestation生成的报表中的一个指标，原文是drawn）不大，也不猛烈。

但是我并没有找到任何线索。我以为自己研究出了比较好的交易技术，但这是自欺欺人的。因为日内交易成本很高，所以频繁快速的日内交易会亏损。我不会把话说得太死，我听说有些交易者的日内交易是成功的，只是本人的研究没什么进展和突破。

机械交易方法并不完美，但是对于大部分人来说，这是最好的方法。如果说大部分人都是亏损的，你能成为5%～10%的赢家，你真的会抱怨这个笨重且痛苦的方法吗？和大部分亏损的人相比，赢利就是180度大转弯了。

第04章

确认简单的优势

如果拉斯维加斯的轮盘赌上没有绿色的0和两个0的槽（译者注：这么做是为了增加赌场赢钱的概率），那么所有玩家就会享受到真正的赔率。如果下注的赔率是1：1，那么就有18个方法赢钱，18个方法输钱。如果你在某个数字上面下注，胜负比是35：1，那么前面35局你输了1个单位，但是在第36局，你把输的钱都赢回来了。但是赌场增加了2个绿色的槽，这是有原因的——赌场想拥有优势。

虽然我们明白了赌场靠这个办法获得了优势，但是在交易时，我们仍无法创造这样的优势。让我们来看看最基本的情况。

在我的第一本书《市场节奏：期货交易者的上下求索》（Market Rap：The Odyssey of a Still-Struggling Commodity Trader）中，我说明了期货市场的一些优势（译者注：原文是bias，根据后文提示，可翻译成优势）。我特别感兴趣的是单选指标（译者注：原文是"either-or" indicator，应该是作者自创的名词，作者没解释）。具体地说，在日线图上，如果第一天的收盘价比前一天的收盘价低，那么第二天收盘时很有可能是阳线，反之亦然（下跌的收盘价预示着阳线，上涨的收盘价预示着阴线）。

这说明除了运气之外，可能还有其他的赢钱方法。我测试了15个主要的市场（译者注：市场也可以理解为交易品种），测试的时期是从1989年到1997年。在16350笔交易中，有53.7%的交易与预测的方向一致。场内的市场奇才肯定对这个数字不满意，但是请记住以下几点。

1. 这个概念（译者注：本书中的concept也可以理解为交易方法或系统）是新的、有活力的（译者注：原文是robust，指系统能赚钱，翻译成有活力）、简单的，并非是粗制滥造的。

2. 如果庄家有53%的优势，庄家就很高兴了，而赌场的很多主要赌博方式的优势根本不到53%。

最近这个优势并不是那么明显。我只是用这个系统说明一个道理——真实的“系统”并不重要。另外，机械交易时，市场的变化并不会让我感到吃惊，也不会让我感到伤心。根据我的经验，市场确实在变化着，只要你定期根据市场的变化优化系统（后面会讨论的）。你在优化的时候不能过度优化，否则就像小狗追逐自己的尾巴一样，永远追不到（我在《战胜市场的人》中采访的有些交易者说，可以每年优化一次系统）。

我根据简单的概念获得了机械交易的成功。我过去使用一个系统交易30年期的长期债券，效果很好。债券合约的价格是以分数形式表现出来的，前面是整数，后面则是32分之几。如果你看到价格是11023，那就是110再加上23／32；如果你看到的价格是114，那么价格就是114，以此类推。我的重点是关注前面的整数（113xx，114xx等等），如果市场的开盘价和前一天的收盘价不同（比如前一天的收盘价是11129，今天的开盘价是11203），当价格管过00并回到原来的基点范围之内时，我就下stop类型的订单（译者注：本书会多次提到stop类型的订单，中国读者很难理解，常常理解成止损单，这种订单很像是限价单，也就是当价格穿过了下单人指定的价格时这个订单会自动变成市价单，从而以市价买入或卖出），也就是说，价格上涨时向上穿过了00并到了01就进场做多；价格下跌时向下穿过了00并到了31就进场做空。图4.1显示了我在1986年的操作。

我持仓过夜了。在第2天，如果我是做空的，那么第1天的最低价就是我的利润目标，最高价加上1个基点就是止损点。如果市场没有到达这两个价格，我就在收盘价出场。如果是做多的，则反之。

如果想要找到比这还要简单的概念，那就比较难了。这个关于债券的基点方法差不多就是指夜间的动量会控制明显的心理价位（译者注：美国部分投资品种可以在夜间交易。美国交易者喜欢用动量这个名词，但中国交易者几乎不用这个名词。简单地说，当价格上涨时市场的动量是向上的，当价格下跌时市场的动量是向下

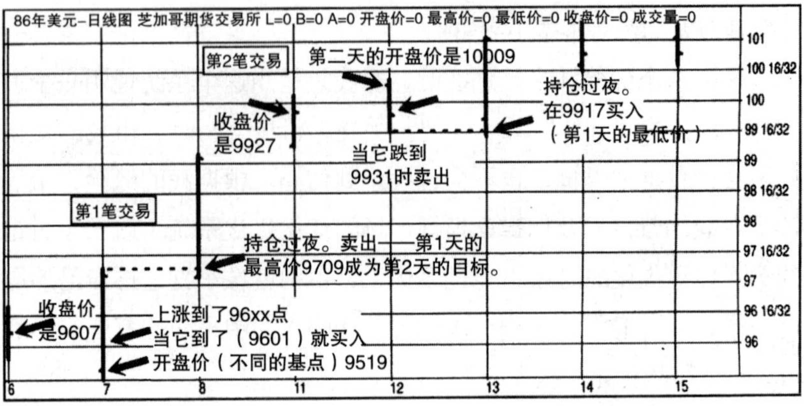

Tradestation生成图表

图4.1　基点系统：30年债券日线图

来源：© Tradestation技术公司，1991年—2006年。保留所有权利。

的，作者解释为行情持续的倾向）。这个系统是我的第一个实战系统，这个系统给我带来了成功，导致我更加渴望成功。随后的20多年，我一直在疯狂地研究如何做好交易。

只是好景不长，芝加哥交易所把金融产品的开盘时间从中部标准时间8：00改成了7：20，这样场内的交易者可以在7：30政府公布报告时提前行动。如此一来我就没有机会了——当政府公布报告以后，场内提前吸收了相关信息，我就没机会了。我的第一个系统只好光荣退休了（但我一直记得）。

再举一个例子，对于大豆，我过去使用两种进场模式（译者注：原文是dual entry setup，把setup翻译成模式），这个模式总是和前一天的收盘方向反着做。如果前一天是下跌的，第二天的开盘价低于第一天的最低价，那么就以收盘价作为进场价，下stop类型的订单。如果开盘价就是前一天的最低价，或比前一天的最低价高，但比收盘价低，那么就在最高价下单。一旦成交了，我再使用上文提到的债券系统中的同样规则。这次同样说明了简单的技术能得到满意的收益。在1988年的干旱季节，我赚了很多（请看图4.2）。

我在交易标准普尔股指期货的时候，在黑色星期一第二次取

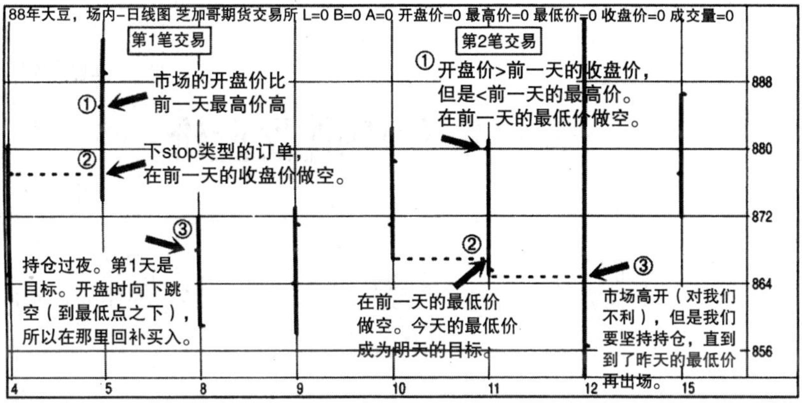

Tradestation生成图表

图4.2　和收盘价反着做——两种进场模式：大豆日线图

来源：© Tradestation技术公司，1991年—2006年。保留所有权利。

得了最大的单日收益。我采用的概念就是把前一天的最低价减去振幅，以确定一个空头进场价，下stop类型的订单。相应地，相对于上一个周五来说，我要在周一做空。还有一次我在做空标准普尔时取得了最大的收益——在开盘价和5天均值方向一致时进场。神奇的思路和比较笨的思路相比，还是比较笨的思路比较好。虽然我一直想通过编程取得好业绩，但是我发现还是笨办法比较好。

让我们从最基础的单选指标开始讲起。我们可以把各种组成元素分开——每天的多头或空头信号分别赋值为+1或-1。把这些分数加总，总和的价值大于各个元素。

第05章

收盘价和均值收盘价

如果一个收盘价大于特定收盘价均值，那么市场倾向于上涨，反之亦然。我们把这作为一个日内交易规则。

如果收盘价大于40天均值的收盘价，那么就在第二天的开盘价买入，在收盘价出场。

如果收盘价小于40天均值的收盘价，那么就在第二天的开盘价做空，在收盘价买入回补。

我们迟点再讨论为什么要用40这个参数。

上面的公式展示了一个交易优势。这个优势有多大？很明显，这个优势很小（如果不是这个原因，那么交易就太简单了，人人都不要上班了，都不用生产了，都不用为社会提供服务了）。不管这个优势的大小如何，这个优势能帮助我们了解这个工具的本质。在信息时代，对于大部分问题，答案随手可得；如果一切都靠运气，那就荒唐了。如果说市场在上涨之后继续上涨的概率更大，为何不接受这个概念呢？这个概念应该是理性的。当你做模拟测试的时候，你会发现动量是持续存在的（译者注：momentum这个单词特指价格的上涨或下跌，一般翻译成动量，国人不常用这个说法），只是没那么明显。

表5.1显示了对标准普尔股指期货标准合约的优化情况，参数从5一直增大到50，每次增大5（做了10次模拟测试）。我们要寻找的是期货系统理论上的优势，所以我们暂时不考虑滑点亏损和佣金成本（在实战时，每份标准合约来回交易一次需要100美元的成本——如果市场波动性很大，流动性不好，那么成本会更高的）。（译者注：我对本表中的交易笔数表示怀疑，似乎没理由都一样）

你会看到，大部分数字都是正数（负数用括号表示）。最优

表5.1　简单均值的参数优化——标准普尔股指期货的标准合约——从2001年1月2日到2005年11月19日

参数	净利润	#交易笔数	%胜率	平均每笔交易的利润	最大回撤	账户收益
5	($34,263)	1,227	48	($27.92)	$97,775	—
10	($81,063)	1,228	47	$66.01	$100,000	—
15	$39,688	1,228	49	$32.32	$51,700	76.8
20	$122,788	1,228	50	$99.99	$45,225	271.5
25	$128,888	1,228	51	$104.96	$42,000	306.9
30	$128,688	1,228	51	$104.79	$52,900	243.3
35	$34,388	1,228	50	$28.00	$69,000	49.8
40	$53,187	1,228	50	$43.31	$66,000	80.6
45	$36,088	1,228	50	$29.39	$83,525	43.2
50	$15,038	1,228	49	$12.25	$96,675	15.6

参数是25，但是如果换一个品种的话，也许其他数字就是最优参数了。即使是随便猜猜，也能猜到这点。

对于不同的品种，如果做对比的话，就会发现结果不尽相同，无法得出准确科学的结论。什么样的市场才是好市场？哪个市场和好市场是相关联的？我们要寻找的是相对一致的市场（关键是“相对”，绝对“一致”就难了）。

40这个参数适用性最好，这就是为什么我们要在公式中使用这个参数的原因。表5.2显示了在其他市场中的收益。（译者注：我对本表中的交易笔数表示怀疑，似乎数字太接近了）

表5.2 收盘价和40天均值的收盘价——从2001年1月2日到2005年11月19日

	净利润	#交易笔数	%胜率	平均每笔交易的利润	最大回撤	账户收益
纳斯达克（标准合约）	$59,850	1,226	50.73%	$48.82	$69,450	86.2
罗素（标准合约）	（$62,700）	1,226	50.00%	（$51.14）	$129,975	—
30年期债券	$21,688	1,221	52.09%	$17.76	$11,906	182.2
10年期债券	$24,938	1,221	52.58%	$20.42	$5,578	447.1
5年期债券	$12,000	1,223	51.76%	$9.81	$4,922	243.8
日元	（$5,988）	1,221	49.14%	（$4.90）	$27,500	—
欧元	$9,063	1,220	49.10%	$7.43	$13,763	72.8
瑞士法郎	$63	1,222	49.26%	$0.05	$17,425	0.4

第06章

谨慎优化的四条原则

因为我们要把同样的测试原则应用在以后的交易思路上，所以现在要定义这些原则。对于随机的结果，你要尽量有方法有步骤地做模拟测试。如果对数据做主观上的优化，那么可以轻松得到很好的模拟测试业绩报告（在本节后面我会说明“不要这么做”）。

关键是系统要有活力——在对机械交易系统做模拟测试时都要关注这个问题。不但数字要好看，系统还要一直是有用的——也就是在未来还能用同样的系统（或多或少地）赚钱。这就要考虑如何优化系统——在对机械交易系统做模拟测试时需要做优化。优化就是寻找公式中最优的参数。

参数就是不同的数字。举例说明，也许你会觉得在20天内的最高价买入，或在20天内的最低价卖出能赚钱。在没有考虑止损和过滤器的前提下你已经感觉这个方法不错了。

但是20这个参数真的有那么神奇吗（也许是因为一个月有20个交易日）？也许参数5、50或100更好呢？

当你优化的时候，你要确定最小的参数（比如5）、最大的参数（比如200）和参数数值增加的幅度（比如5）。这样当你做模拟测试的时候——从5到200的所有参数的测试报告都能生成，也就是40份测试报告，我们就会得到很多结果——也许从亏损的到超级暴利的都有。单笔交易有最赚钱的，也有最亏钱的，但是这些收益来自随机模拟测试的结果，也许并没有优势。那该怎么办呢？坚持采用最好的参数，并希望将来运气一直好？

比较好的办法是根据四条优化原则来做权衡。

1. 确定互相接近的好的参数都能产生最好的结果。你没有必要去寻找最明亮的钻石。

假如说你模拟测试了10年的数据，最优参数是35。产生的净利润是9万美元，最大回撤是9000美元，账户收益（净利润除以最大回撤的100倍）是10倍。这意味着，如果你的起始资金是9000美元，也就是最大回撤值，那么系统最终产生的收益（9万美元）就是这个起始资金的10倍。

假如说最优参数附近的参数都不太好，收益一般，甚至是亏损的。参数为40时，收益是1.2万美元，最大回撤是1.7万美元；参数为45时，收益是3500美元，最大回撤是2.4万美元；当参数小于35时，系统是亏损的。

对于其他参数——比如75到110之间的参数——账户收益至少有350%。假如说参数为90时，净利润是7万美元，最大回撤是1.5万美元。和35这个参数相比，这些参数的收益不高，但是赚钱。其他参数能够告诉你相关的信息。《战胜市场的人》有提到针对穆雷·卢杰罗的采访，他说："如果你不喜欢最优参数附近的参数，那说明你出了问题。最优参数附近的参数会让你感到紧张的。"

2. 系统在其他市场，尤其是相关市场的收益要差不多。

你不希望在交易标准普尔股指期货的时候大赚，在交易道琼斯或纳斯达克股指期货的时候就会亏损。相关的品种没有必要像你的主要品种那么好交易，但是你要确保收益不会太差。最后，系统的期望值不能是负数，还要考虑滑点亏损和佣金成本。

3. 利润和亏损的分布情况最好是比较平衡的。

从统计的角度来说，少量的测试没有实际含义。数字游戏关心的就是用小优势通过大量的尝试来获利。一个事件，无论好坏，都会对你的收益造成巨大的影响，但是对未来没有任何预示意义。当下一次发生极端事件时，你不是在做多就是在做空，不是对就是错。

因此，如果你的系统一直在挣扎，挣扎了很多年，到了最后才有几笔大赚的交易让你的总体收益增加了——你需要改进吗？如果你的系统在"黑色星期一"或"9·11"时出现了异常情况，你需要改进吗？第一种情况下改进是对的，第二种情况下改进是错的。其实在这两种情况下我并非就一定是对的——单个样本没有意义。

为了解决这个问题，你就要防止利润参差不齐。如果你的最优参数必须依靠某些交易的超级利润，那么你可以考虑选择次优的参数。

4. 了解市场动力（译者注：原文是driver，翻译成动力，这是中国交易者很少用的概念，也可以理解为驱动力，热点等）。模拟测试你相信的市场理论或概念。

《战胜市场的人》中受访的人都认同：你要了解你的理论，再做模拟测试，以确认你对这个理论的认知。否则，你就不是在寻找优势，而是单纯地寻找最优参数。掷硬币时，在一定时期内——也许是很长的一段时期——产生的正面和反面的情况根本不是50：50。在统计学中，一般会有一个平均值，但有时候也会有很大的偏差。

市场有一定的倾向，在你研究市场的时候，你会注意到某些倾向。比如说，大部分交易者都能意识到动量现象。动量，或者叫行情持续的倾向，是大部分机械系统的核心。任何系统，只要和这个概念一致，那么我就赞同；如果和这个概念不一致，我就怀疑。

你模拟测试的数据要包括各种各样的市场环境，这点是必须的。如果你的系统是日间交易（译者注：日间交易是相对于日内交易而言的，一般指持仓时间大于等于一天，所以和日内交易可能有重合之处）系统，那么你至少要测试5年的数据，这是最低的要求，但是你要明白，期望值必须符合逻辑。有人测试了1996年到2000年的标准普尔（译者注：作者没有具体说是指数还是股指期货，后面这种现象还有），可能会得出这样的结论：市场大部分时间一直在振荡，突发行情一般是上涨的。其实在这个时期内的市场正好处于泡沫期，你的样本应该包括熊市、振荡市、小波动的市场等。

我在演讲的时候，曾经展示了一个系统，这个系统连续交易了100多笔，没有一笔是亏损的。因为我解决了交易者最害怕的亏损问题（我太牛了），所以我说我应该得到交易界的普利策奖。

结果是真的——23年来，在同一个市场中这个概念一次又一次地赚钱（实际上还不止一个市场）！然而，这个系统有可能让你先爆仓，所以根本没有人愿意用这个系统做交易。除了盈亏比数字比较一致，未来的业绩还是让人感到怀疑，这是很中肯的说法。自欺欺人地优化参数是没有意思的。我们希望过去的结果能够强烈地证明未来的利润。

我说的这个概念是根据标准普尔标准合约的日线数据测试出来的——从1982年中期到2005年11月19日。和前面讲的一样，我们测试的时期是场内交易时间——也就是中部标准时间上午8：30到下午3：15。

如果昨天的收盘价小于前面37个收盘价，那么今天就用限价单在昨天的最低价买入——当然了，除非有这个机会。一旦成交了——我们不必用止损！市场总有办法让我们出场的！这和别人一直说的买入并持有的概念是不是不同？

当然了，如果在一定时期内一份股指期货标准合约的利润是1250美元，或迷你合约的利润是250美元，那么我们在心理上还是可以接受的。本方法不涉及做空——和很多期货交易思路一样，一心往上冲。我举这个例子的目的是想展示惊人的数字。

以下是结果（请看表6.1）。我们会得到什么结论？如果我们的观点很狭隘，我们就会认为这是一个不会亏钱的系统，这是在做白日梦，应该早日敲响警钟。（译者注：tradestation为美国专业的行情软件和模拟测试，其模拟测试报告非常详细，但因为此软件在中国无法正常使用，所以国内几乎没有人对模拟测试报告的专业术语进行统一翻译。本表中的收益回撤比英文是Return Retracement Ratio，我查了资料，定义是，用平均年复合收益除以平均最大回撤。本表中的“平均柱线数”是指平均每笔交易占用了几条柱线，柱线相当于我们的K线；如果是根据日线交易的，相当于平均每笔交易的持仓时间是几天，以此类推。交易者并没有必要对每个术语都了如指掌，如果确实有这个需求，请参阅相关英文资料。）

问题是，我们知道市场在过去是上涨的，我们据此对系统做了调整，所以系统会一心买入。因为没有设置止损单，账面亏损会一直存在，直到最后平仓时为止。这个系统会一直这么做。你有把握未来会一直赚钱吗？当你的账面亏损高达几万美元的时候，你会认为最终能赚1250美元并坚持持有仓位吗（也许有人会……问题是何时能赚到啊？也许是你去世后的20年后）？

这很明显是骗人的行为，任何理性的交易者都不会上当的。有时候类似的谎言则没有如此明显。发现好的参数并不难，难的是确

表6.1 永远做多标准普尔股指期货——标准合约——日线图，从合约一开始到2005年11月19日

来源：© Tradestation技术公司，1991年—2006年。保留所有权利。

净利润总和	$130,125.00	利润因素	—
毛利润	$130,125.00	毛亏损	$0.00
总交易笔数	102	胜率	100.00%
赢利的交易笔数	102	亏损的交易笔数	0
打平的交易笔数	0		
平均每笔交易的净利润	$1,275.74	平均利润和平均亏损的比率	—
赢利交易的平均利润	$1,275.74	亏损交易的平均亏损	$0.00
赢利交易的最大利润	$2,650.00	亏损交易的最大亏损	$0.00
最大连续赢利笔数	102	最大连续亏损笔数	0
赢利交易的平均柱线数	13.18	亏损交易的平均柱线数	0.00
每笔交易的平均柱线数	13.18		
最大的股数／合约数	1	账户大小要求	$0.00
起始资金的收益	130.12%	年收益率	3.56%
收益回撤比率	0.14	RI—指数	177.91
交易期间	23年4个月17天	在市的时间百分比	20.91%
资金曲线的最大上涨	$149,437.50		
资金曲线的最大回撤（日内，从波峰到波谷）		**资金曲线的最大回撤（两笔交易之间的）**	
值	（$36,250.00）	值	$0.00

定未来的可靠性。

假如说你并没有立刻看出永远做多标准普尔股指期货这个思路有陷阱，该怎么办？我们可以对照谨慎优化的原则，看看有没有问题。

1．最优参数附近的参数应该是比较好的参数。

不但附近的数字是好的参数，而且都会产生赢利的交易。不到利润目标就不平仓。没错，表6.2中的几笔交易存在巨大的账面亏损，会如何？这个理论认为市场总会涨回来的。不到平仓的时候，我们就不认输；根据本系统的定义，任何一笔交易至少都能赚1250美元——如果你碰到了开盘跳空，那么就会赚得更多。

2. 你的概念应该在很多市场都适用，尤其是在相关的市场是适用的。

这是纳斯达克股指期货的结果，使用的原始参数是37（请看表6.3）。

这是罗素股指期货（请看表6.4）。

这是道琼斯股指期货（请看表6.5）。

第三条原则是：

3. 你的利润应该是平衡分布的……

……为什么它们不是这样呢？每笔交易都是赢利的！

只有一件事能说明不能永远做多标准普尔，那就是市场的动力是理性的。永远做多是疯狂的思路，要回避这个陷阱。在分析系统时要注意这个关键的概念。

表6.2 永远做多标准普尔股指期货，选择最优参数——从1982年8月9日到2005年11月19日

天数（参数）	净利润	#交易笔数	%胜率	平均每笔交易的利润	最大回撤（交易之间）
1	$253,750	194	100	$1,307.99	$0
2	$228,100	175	100	$1,303.43	$0
3	$211,825	164	100	$1,291.62	$0
4	$214,200	166	100	$1,290.36	$0
5	$187,588	145	100	$1,293.71	$0
6	$178,913	138	100	$1,296.47	$0
7	$166,425	128	100	$1,300.20	$0
8	$167,550	129	100	$1,298.84	$0
9	$166,963	129	100	$1,294.29	$0
10	$161,975	125	100	$1,295.80	$0
11	$150,850	117	100	$1,289.32	$0
12	$140,825	109	100	$1,291.97	$0

天数（参数）	净利润	#交易笔数	%胜率	平均每笔交易的利润	最大回撤（交易之间）
13	$146,425	113	100	$1,295.80	$0
14	$146,863	113	100	$1,299.67	$0
15	$139,375	107	100	$1,302.57	$0
16	$128,863	99	100	$1,301.65	$0
17	$119,013	92	100	$1,293.62	$0
18	$117,463	91	100	$1,290.80	$0
19	$111,213	86	100	$1,293.17	$0
20	$105,888	82	100	$1,291.32	$0
21	$99,650	77	100	$1,294.16	$0
22	$95,675	74	100	$1,292.91	$0
23	$92,550	73	100	$1,267.81	$0
24	$90,050	71	100	$1,268.31	$0
25	$90,125	71	100	$1,269.37	$0
26	$84,950	67	100	$1,267.91	$0
27	$83,963	66	100	$1,272.17	$0
28	$74,313	59	100	$1,259.54	$0
29	$70,563	56	100	$1,260.05	$0
30	$69,313	55	100	$1,260.24	$0
31	$76,813	61	100	$1,259.23	$0
32	$75,563	60	100	$1,259.38	$0
33	$139,063	109	100	$1,275.81	$0
34	$137,800	108	100	$1,275.93	$0
35	$136,375	107	100	$1,274.53	$0
36	$131,450	103	100	$1,276.21	$0
37	$130,125	102	100	$1,275.74	$0
38	$130,125	102	100	$1,275.74	$0
39	$127,625	100	100	$1,276.25	$0
40	$122,625	96	100	$1,277.34	$0
41	$124,100	95	100	$1,306.32	$0
42	$125,375	96	100	$1,305.99	$0
43	$121,625	93	100	$1,307.80	$0
44	$121,625	93	100	$1,307.80	$0
45	$120,375	92	100	$1,308.42	$0
46	$120,888	92	100	$1,314.00	$0
47	$118,388	90	100	$1,315.42	$0
48	$115,888	88	100	$1,316.91	$0
49	$113,263	86	100	$1,317.01	$0
50	$108,263	82	100	$1,320.28	$0

表6.3 永远做多纳斯达克股指期货——日线图——从合约一开始到2005年11月19日

来源：© Tradestation技术公司，1991年—2006年。保留所有权利。

净利润总和	$101,175.00	利润因素	—
毛利润	$101,175.00	毛亏损	$0.00
总交易笔数	79	胜率	100.00%
赢利的交易笔数	79	亏损的交易笔数	0
打平的交易笔数	0	-	
平均每笔交易的净利润	$1,280.70	平均利润和平均亏损的比率	—
赢利交易的平均利润	$1,280.70	亏损交易的平均亏损	$0.00
赢利交易的最大利润	$2,200.00	亏损交易的最大亏损	$0.00
最大连续赢利笔数	79	最大连续亏损笔数	0
赢利交易的平均柱线数	4.46	亏损交易的平均柱线数	0.00
每笔交易的平均柱线数	4.46		
最大的股数／合约数	1	账户大小要求	$0.00
起始资金的收益	101.18%	年收益率	7.43%
收益回撤比率	0.38	RI—指数	173.01
交易期间	9年4个月加28天	在市的时间百分比	11.40%
资金曲线的最大上涨	$109,120.00		
资金曲线最大的回撤（日内，从波峰到波谷）		**资金曲线最大的回撤（交易之间）**	
值	($33,600.00)	值	$0.00

表6.4　永远做多罗素股指期货——日线图——从合约一开始到2005年11月19日

来源：© Tradestation技术公司，1991年—2006年。保留所有权利。

净利润总和	$62,025.00	利润因素	—
毛利润	$62,025.00	毛亏损	$0.00
总交易笔数	47	胜率	100.00%
赢利的交易笔数	47	亏损的交易笔数	0
打平的交易笔数	0		
平均每笔交易的净利润	$1,319.68	平均利润和平均亏损的比率	—
赢利交易的平均利润	$1,319.68	亏损交易的平均亏损	$0.00
赢利交易的最大利润	$3,250.00	亏损交易的最大亏损	$0.00
最大连续赢利笔数	47	最大连续亏损笔数	0
赢利交易的平均柱线数	27.04	亏损交易的平均柱线数	0.00
每笔交易的平均柱线数	27.04		
最大的股数／合约数	1	账户大小要求	$0.00
起始资金的收益	62.02%	年收益率	3.84%
收益回撤比率	0.07	RI—指数	16.64
交易期间	12年6个月加30天	在市的时间百分比	38.79%
资金曲线的最大上涨	$131,425.00		
资金曲线最大的回撤（日内，从波峰到波谷）		**资金曲线最大的回撤（交易之间）**	
值	（$84,400.00）	值	$0.00

表6.5　永远做多道琼斯股指期货——日线图——从合约一开始到2005年11月19日

来源：© Tradestation技术公司，1991年—2006年。保留所有权利。

净利润总和	$52,500.00	利润因素	—
毛利润	$52,500.00	毛亏损	$0.00
总交易笔数	42	胜率	100.00%
赢利的交易笔数	42	亏损的交易笔数	0
打平的交易笔数	0		
平均每笔交易的净利润	$1,250.00	平均利润和平均亏损的比率	—
赢利交易的平均利润	$1,250.00	亏损交易的平均亏损	$0.00
赢利交易的最大利润	$1,250.00	亏损交易的最大亏损	$0.00
最大连续赢利笔数	42	最大连续亏损笔数	0
赢利交易的平均柱线数	14.48	亏损交易的平均柱线数	0.00
每笔交易的平均柱线数	14.48		
最大的股数/合约数	1	账户大小要求	$0.00
起始资金的收益	52.50%	年收益率	5.33%
收益回撤比率	0.40	RI—指数	71.04
交易期间	7年11个月加2天	在市的时间百分比	28.61%
资金曲线的最大上涨	$52,850.00		
资金曲线最大的回撤（日内，从波峰到波谷）		**资金曲线最大的回撤（交易之间）**	
值	（$23,850.00）	值	$0.00

第07章

2天均值和5天均值

让我们继续谈论如何确认优势。

> 如果2天均值的收盘价小于5天均值的收盘价，那么第二天在开盘价买入；如果2天均值的收盘价大于5天均值的收盘价，那么第二天在开盘价做空，在收盘价平掉所有的仓位。

（译者注：本书中，作者讲到很多系统时，文笔都比较简练，读者遇到不解之处，请以附录中的编程代码为准）

表7.1显示了标准普尔的结果。

相关的纳斯达克也产生了相似的数字（请看表7.2）。

表7.3显示了其他金融产品的业绩。

总结一下，我们说明了收盘价大于40天均值时市场倾向于上涨，反之则倾向于下跌。2天均值的收盘价和5天均值收盘价的关系也说明市场有一定的倾向，一般认为参数小的均值相对于参数大的均值表明了方向（参数小的均值更敏感，变化方向更快）。2天均值能说明强势／弱势，还能说明短期内的超买／超卖状况。大部分人凭直觉都知道连续两天上涨后，市场可能要下跌，反之亦然（如果你持有多头仓位，市场连续两天上涨，你在第三天是不是很紧张）。

表7.4用标准普尔标准合约的5年日线图数据证实了这个思路。如果市场连续两天的收盘价方向一致，那么第二天在开盘价进场，反向建仓，在收盘价出场。

表7.5显示了两个金融产品差不多的结果。

简而言之，2天、5天均值系统是持续一致的。5天均值的优势不大，2天均值的优势则显得太小了——反着做比较符合逻辑。

表7.1　2天均值收盘价和5天均值收盘价——日线图——从2001年1月2日到2005年11月19日

来源：© Tradestation技术公司，1991年—2006年。保留所有权利。

净利润总和	$100,137.50	利润因素	1.08
毛利润	$1,284,787.50	毛亏损	（$1,184,650.00）
总交易笔数	1226	胜率	52.28%
赢利的交易笔数	41	亏损的交易笔数	583
打平的交易笔数	2		
平均每笔交易的净利润	$81.68	平均利润和平均亏损的比率	0.99
赢利交易的平均利润	$2,004.35	亏损交易的平均亏损	（$2,031.99）
赢利交易的最大利润	$16,500.00	亏损交易的最大亏损	（$10,125.00）
最大连续赢利笔数	9	最大连续亏损笔数	7
赢利交易的平均柱线数	1.00	亏损交易的平均柱线数	1.00
每笔交易的平均柱线数	1.00		
最大的股数／合约数	1	账户大小要求	$65,625.00
起始资金的收益	100.14%	年收益率	14.20%
收益回撤比率	0.32	RI—指数	0.00
交易期间	4年10个月加19天	在市的时间百分比	0.00%
资金曲线的最大上涨	$138,575.00		
资金曲线最大的回撤（日内，从波峰到波谷）		**资金曲线最大的回撤（交易之间）**	
值	（$69,625.00）	值	（$65,625.00）

表7.2　2天均值收盘价和5天均值收盘价——日线图——从2001年1月2日到2005年11月19日

来源：

净利润总和	$27,150.00	利润因素	1.02
毛利润	$1,207,800.00	毛亏损	($1,180,650.00)
总交易笔数	1225	胜率	49.47%
赢利的交易笔数	606	亏损的交易笔数	605
打平的交易笔数	14		
平均每笔交易的净利润	$22.16	平均利润和平均亏损的比率	1.02
赢利交易的平均利润	$1,993.07	亏损交易的平均亏损	($1,951.49)
赢利交易的最大利润	$41,450.00	亏损交易的最大亏损	($21,250,00)
最大连续赢利笔数	9	最大连续亏损笔数	13
赢利交易的平均柱线数	1.00	亏损交易的平均柱线数	1.00
每笔交易的平均柱线数	1.00		
最大的股数／合约数	1	账户大小要求	$129,900.00
起始资金的收益	27.15%	年收益率	4.91%
收益回撤比率	0.09	RI—指数	0.00
交易期间	4年10个月19天	在市的时间百分比	0.00%
资金曲线的最大上涨	$127,400.00		
资金曲线最大的回撤（日内，从波峰到波谷）		**资金曲线最大的回撤（交易之间）**	
值	($136,150.00)	值	($129,900.00)

表7.3　2天和5天指标——从2001年1月2日到2005年11月19日

	净利润	#交易笔数	%胜率	平均每笔交易的利润	最大回撤	账户收益
罗素（标准合约）	$59,100	1,226	50.49%	$48.21	$65,450	90.3
30年期债券	$48,531	1,219	51.03%	$39.81	$19,344	250.9
10年期债券	$33,234	1,220	51.23%	$39.81	$19,344	171.8
5年期债券	$20,813	1,221	49.96%	$17.05	$4,500	462.5
日元	$8,825	1,221	48.65%	$7.23	$16,775	52.6
欧元	$33,213	1,220	51.72%	$27.22	$19,588	169.6
瑞士法郎	$19,188	1,217	50.29%	$15.77	$13,325	144.0

表7.4　连续两天方向一致后（译者注：原文叫Open-to-Close，也就是说连续出现两条阳线或阴线就叫方向一致）反着做——日线图——从2001年1月2日到2005年11月19日

来源：© Tradestation技术公司，1991年—2006年。保留所有权利。

净利润总和	$49,400.00	利润因素	1.09
毛利润	$579,900.00	毛亏损	（$530,500.00）
总交易笔数	568	胜率	51.76%
赢利的交易笔数	294	亏损的交易笔数	273
打平的交易笔数	1		
平均每笔交易的净利润	$86.97	平均利润和平均亏损的比率	1.02
赢利交易的平均利润	$1,972.45	亏损交易的平均亏损	（$1,943.22）
赢利交易的最大利润	$16,500.00	亏损交易的最大亏损	（$10,350.00）
最大连续赢利笔数	7	最大连续亏损笔数	9
赢利交易的平均柱线数	1.00	亏损交易的平均柱线数	1.00
每笔交易的平均柱线数	1.00		
最大的股数／合约数	1	账户大小要求	$51,225.00
起始资金的收益	49.40%	年收益率	8.21%
收益回撤比率	0.30	RI—指数	0.00
交易期间	4年10个月加19天	在市的时间百分比	0.00%
资金曲线的最大上涨	$90,225.00		
资金曲线最大的回撤（日内，从波峰到波谷）		**资金曲线最大的回撤（交易之间）**	
值	（$53,150.00）	值	（$51,225.00）

表7.5　连续两天方向一致后反着做——从2001年1月2日到2005年11月19日

	净利润	#交易笔数	%胜率	平均每笔交易的利润	最大回撤	账户收益
纳斯达克（标准合约）	$63,800	587	49.23%	$79.35	$36,450	175.0
罗素（标准合约）	$47,450	598	50.50%	$5.04	$83,325	57.0
30年期债券	$3,031	601	48.92%	$3.80	$13,875	21.9
10年期债券	$2,344	616	51.62%	$3.72	$9,063	25.9
5年期债券	$2,172	584	49.66%	$9.81	$4,516	48.1
日元	$8,700	584	48.46%	$14.90	$5,338	163.0
欧元	$18,875	571	52.54%	$33.06	$10,825	174.4
瑞士法郎	$6,038	554	51.44%	$10.90	$10,175	59.3

第08章

50天内的最高收盘价／最低收盘价

如何根据最高收盘价／最低收盘价下单？能形成交易理论吗？看到了N天的最高收盘价或N天的最低收盘价时如何操作？

在玩数字游戏的时候，我们要排除很多可能的结果。可以考虑这个思路：如果先出现N天内的最高价，后出现N天内的最低价，也许可以考虑买入。有人说上涨行情已经开始了，我们要早点进场，有人则说上涨行情早就开始了，哪种说法最可靠？

模拟测试的结果已经证明了：如果最低价后出现，那么就买入；如果最高价后出现，那么就做空（这里还是指日内交易——在开盘价进场，在收盘价出场）。参数是哪个呢？表8.1说明了选择最优参数的过程。

表8.1　优化参数——最高收盘价／最低收盘价——从2001年1月2日到2005年10月19日

参数	净利润	#交易笔数	%胜率	每笔交易的利润	最大回撤	账户收益
5	$130,388	1,228	52	$106.18	$58,025	224.7
10	$112,863	1,228	20	$91.91	$72,350	156.0
15	（$12,238）	1,228	20	（$9.97）	$111,963	—
20	$11,613	1,228	49	$10.11	$73,838	15.7
25	$12,413	1,228	49	$10.11	$82,563	15.0
30	$49,013	1,228	49	$39.91	$88,463	55.4
35	$27,763	1,228	50	$22.61	$81,413	34.1
40	$87,113	1,228	51	$70.94	$65,675	132.6
45	$117,813	1,228	52	$95.94	$58,450	201.6
50	$93,113	1,228	52	$75.82	$58,450	159.3

对于标准普尔，最优参数是5；对于其他品种，最优参数不一定就是5，表8.2表明最优参数是50。

现在我们已经有了三个基本的元素，以后会用到它们。请记住，它们都是单选指标，指标都是为日内交易设计的——开盘价进场，收盘价出场，它们的值都是1或-1，这样就能产生对应的买卖信号。现在我们来看看如何把它们结合起来使用。

表8.2 最高收盘价/最低收盘价，参数是50——从2001年1月2日到2005年10月19日

	净利润	#交易笔数	%胜率	每笔交易的利润	最大回撤	账户收益
纳斯达克（标准合同）	（$35,550）	1,226	48.78%	（$29.00）	$128,600	—
罗素（标准合同）	$154,700	1,226	49.84%	$126.18	$66,500	232.6
30年期债券	$23,187	1,220	48.85%	$19.01	$14,688	157.9
10年期债券	$10,469	1,221	48.40%	$8.57	$13,063	80.1
5年期债券	$7,813	1,223	48.98%	$6.39	$9,625	81.2
日元	$23,113	1,221	50.45%	$18.93	$9,825	235.2
欧元	（$3,450）	1,220	49.51%	（$2.83）	$27,313	—
瑞士法郎	（$1,113）	1,222	48.94%	（$0.91）	$23,763	—

第09章

把三个基本指标结合起来

在表9.1中，前面三排是原始的三个指标。

（译者注：上表中的50天收盘价下单其实就是指在50天内的最高收盘价/最低收盘价下单系统，作者在本书中很喜欢言简意赅地讲系统，请读者留意）

1. 是否收盘价大于（+）或小于（-）40天均值的收盘价。

表9.1　三个基本的元素结合起来——从2001年1月2日到2005年11月19日

	净利润	#交易笔数	%胜率	每笔交易的利润	最大回撤	账户收益
标准普尔（标准合约）						
40天均值	$53,188	1,228	50.98%	$43.31	$66,000	80.6
2天均值和5天均值	$100,138	1,226	52.28%	$81.68	$65,625	152.6
50天收盘价下单	$53,263	1,228	52.28%	$43.37	$65,925	80.8
三者结合	**$147,338**	**1,228**	**53.75%**	**$119.98**	**$63,863**	**230.7**
纳斯达克（标准合约）						
40天均值	$59,850	1,226	50.73%	$48.82	$69,450	86.2
2天均值和5天均值	$27,150	1,225	49.47%	$22.16	$129,900	20.9
50天收盘价下单	（$35,550）	1,226	48.78%	（$29.00）	$128,600	—
三者结合	**$69,550**	**1,226**	**50.08%**	**$56.73**	**$115,500**	**60.2**
罗素（标准合约）						
40天均值	（$50,150）	1,226	50.16%	（$40.91）	$131,100	—
2天均值和5天均值	$39,350	1,226	50.16%	$32.10	$79,450	—
50天收盘价下单	$154,700	1,226	49.84%	$126.18	$66,500	232.6
三者结合	**$43,800**	**1,226**	**49.76%**	**$35.73**	**$116,875**	**37.5**

	净利润	#交易笔数	%胜率	每笔交易的利润	最大回撤	账户收益
30年期债券						
40天均值	$21,938	1,220	52.21%	$17.98	$11,906	184.3
2天均值和5天均值	$48,531	1,219	51.03%	$39.81	$19,344	250.9
50天收盘价下单	$23,188	1,220	48.85%	$19.01	$14,688	157.9
三者结合	**$60,188**	**1,220**	**51.80%**	**$49.33**	**$15,063**	**399.6**
10年期债券						
40天均值	$24,938	1,220	52.21%	$20.42	$5,578	447.1
2天均值和5天均值	$33,234	1,220	51.23%	$27.24	$6,234	533.1
50天收盘价下单	$10,468	1,221	48.40%	$8.57	$13,063	80.1
三者结合	**$51,938**	**1,221**	**52.91%**	**$42.54**	**$5,672**	**915.7**
5年期债券						
40天均值	$12,000	1223	51.76%	$9.81	$4,922	243.8
2天均值和5天均值	$20,813	1,221	49.96%	$17.05	$4,500	462.5
50天收盘价下单	$7,812	1,223	48.98%	$6.39	$9,625	81.2
三者结合	**$34,719**	**1,223**	**52.82%**	**$28.39**	**$3,859**	**899.7**
日元						
40天均值	($5,963)	1220	49.18%	($4.89)	$27,500	—
2天均值和5天均值	$8,425	1,220	48.61%	$6.91	$16,775	50.2
50天收盘价下单	$23,113	1,221	50.45%	$18.93	$9,825	235.2
三者结合	**$16,437**	**1,221**	**49.88%**	**$13.46**	**$8,813**	**186.5**
欧元						
40天均值	$10,025	1,220	49.10%	$8.22	$13,763	72.8
2天均值和50天均值	$32,850	1,220	51.72%	$26.93	$19,588	167.7
50天收盘价下单	($3,450)	1,220	49.51%	($2.83)	$27,313	—
三者结合	**$31,175**	**1,220**	**50.90%**	**$25.55**	**$18,550**	**168.1**
瑞士法郎						
40天均值	$3,938	1,223	49.30%	$3.22	$13,550	29.1
2天均值和5天均值	$17,513	1,218	50.25%	$14.38	$15,000	116.8
50天收盘价下单	$513	1,223	48.90%	$0.42	$23,763	2.2
三者结合	**$21,738**	**1,222**	**50.41%**	**$17.79**	**$16,163**	**134.5**

2. 是否2天均值的收盘价小于（+）或大于（-）5天均值的收盘价。

3. 是否50天内的最高收盘价领先（+）或落后于（-）50天内的最低收盘价。

第四行则是这三个信号的结合。如果三者的总和大于0，就在第二天开盘价买入；如果小于0，则在第二天开盘价做空，在当天收盘价平掉所有的仓位。

这个概念能赚钱吗？如何判断三个系统的业绩和综合系统的业绩？我们究竟在寻找什么？

我们都希望第四行的综合净利润大于前面三行的净利润，所有的品种不太可能都是如此，但是我们更不希望某个指标的业绩异常突出，那就说明其他指标不太行，是"石头汤"。我们都知道这个寓言故事，一个厨师用石头给国王煮汤，其实他偷偷地加了材料，汤才味道鲜美的，我们并不需要没有价值的"石头"。

收益分布合理很鼓舞人心。标准普尔第四行的结果明显比前面三行好。对于瑞士法郎和其他债券合约，结果也是如此。欧元合约的综合收益和2天均值5天均值差不多，其他三个市场的特点各不相同。对于纳斯达克合约，40天均值系统比综合系统的收益多；对于罗素合约和日元合约，50天内的最高收盘价／最低收盘价这个系统的收益多。目前的收益还不错，我们没有证据表明这些思路是偶然成功的。

当比较综合系统和单个系统的净利润时，我们要记住一点。我们要做横向比较，对于单独的系统，我们只交易一份合约（一共则是三个系统），对于综合系统，也只能交易一份合约。这意味着，在其他条件基本一样的前提下，综合系统的风险只是单个系统的三分之一左右。第四行的净利润和前面三行差不多，但是风险只有上面三个系统总和的三分之一。

请注意日元的业绩。如果我们有证据表明50天内的最高收盘价／最低收盘价系统的业绩总是比综合系统的业绩高，那么我们可以冒一个单元的风险（就像在玩老虎机）。如果没有这个线索，我们就要用三个系统分别交易一份合约或用第四个系统交易一份合约。交易三份合约的总收益是25575美元。你愿意承担8813美元的最大回撤并得到16437美元的收益，还是愿意承担三倍的风险并得到25575美元的收益？三个回撤的平均值是18033美元。

请注意，第四行的平均每笔交易的利润的数值很高，这是另外一个判断相对收益的方法。只有罗素和日元中有单个指标取得了最大的平均每笔交易的利润。

如果你对比综合系统的单个的系统，都只交易一份合约，那么综合系统的资金曲线底线是最高的，最大回撤是最小的。综合系统的账户收益数字是最大的，综合系统的收益超过了单个系统收益的总合。综合系统是最好的选择。

要想用机械系统交易，这些收益还不是我们的最终目标，我们看看再加入一个指标是否能提高期望值。

第10章

相对振幅大小

有一个技术交易格言说：狭窄的横盘振荡区间会走出决定性的突破行情，甚至还有一个技术术语解释这个现象——压缩弹簧。无论采取什么样的柱线（日线图、周线图、5分钟图），传统的智慧告诉我们狭窄的横盘振荡区间会走出明显的单向行情。我们先不要接受这个说法，不要迷信这个格言，我们先做模拟测试。

如果今天的振幅比X天的平均振幅小，那么在明天的开盘价进场，方向为今天的收盘方向，在收盘价平仓。在表10.1和10.2中，分别模拟测试了纳斯达克和30年期债券的数据，X是最优参数。

当把参数设置为10的时候，我们会发现系统很有活力（请看表10.3）。

表10.1　优化振幅均值的参数——纳斯达克——从2001年1月2日到2005年11月19日

参数	净利润	#交易笔数	%胜率	每笔交易的利润	最大回撤	账户收益
5	($20,050)	663	48	($30.24)	$115,800	—
10	$53,850	674	50	$79.90	$88,200	61.1
15	$58,950	683	50	$86.31	$80,700	73.1
20	$11,400	689	49	$16.55	$108,000	10.6
25	$29,000	701	49	$41.37	$86,350	33.6
30	$25,700	703	49	$35.56	$84,650	30.4
35	$26,550	711	49	$37.34	$83,650	31.7
40	$41,600	711	50	$58.51	$69,750	59.6
45	$27,950	723	49	$38.66	$70,150	39.8
50	$46,250	737	49	$62.75	$62,400	74.1

表10.2　优化振幅均值的参数——30年期债券——从2001年1月2日到2005年11月19日

参数	净利润	#交易笔数	%胜率	每笔交易的利润	最大回撤	账户收益
5	$8,781	654	49	$13.43	$23,250	37.8
10	$17,156	697	50	$24.61	$15,969	107.4
15	$8,844	694	49	$12.74	$19,750	44.8
20	$17,156	694	50	$24.74	$15,875	108.1
25	$17,469	700	50	$24.96	$12,500	139.8
30	$17,375	700	50	$24.82	$12,844	135.3
35	$12,938	705	50	$18.35	$13,594	95.2
40	$20,219	710	50	$28.48	$11,313	178.7
45	$16,969	709	50	$23.93	$10,719	158.3
50	$18,719	710	50	$26.36	$10,250	182.6

表10.3　振幅小于10天平均振幅——从2001年1月2日到2005年11月19日

	净利润	#交易笔数	%胜率	每笔交易的利润	最大回撤	账户收益
标准普尔（标准合约）	$53,538	682	51.61%	$78.50	$52,950	101.1
纳斯达克（标准合约）	$53,850	674	50.59%	$79.90	$86,600	62.2
罗素（标准合约）	（$24,975）	658	49.70%	（$37.96）	$108,025	—
30年期债券	$17,156	697	50.79%	$24.61	$15,906	108.0
10年期债券	$3,391	712	47.61%	$4.76	$10,719	31.6
5年期债券	$2,391	689	48.04%	$3.47	$6,063	39.4
日元	$5,275	711	51.05%	$7.42	$11,650	45.3
欧元	$5,262	707	49.22%	$7.44	$17,738	29.7
瑞士法郎	$12,338	716	50.28%	$17.23	$10,513	117.4

我有一个伙伴，他总是在问，如果某个元素和买入的标准不同，是不是可以考虑做空？如果你是做多的，但是仓位是亏损的，只好止损了，是不是说明你有做空的优势（是不是在出场的时候反手呢）？

在本例中你可以反手。如果前一天的振幅大于10天均值，那么就在下跌收盘时买入，在上涨时做空。这个优势和以前的一致（请看表10.4）。

当我们把这两部分合到一起时，我们又得到了一个单选指标——几乎每天都有信号的指标。

> 如果今天的振幅小于X天的平均振幅——
>
> 如果今天的收盘价比较高，就在明天买入；如果今天的收盘价比较低，就在明天做空。
>
> 如果今天的振幅大于X天的平均振幅——
>
> 如果今天的收盘价比较低，就在明天买入；如果今天的

表10.4　振幅大于10日平均振幅——从2001年1月2日到2005年11月19日

	净利润	#交易笔数	%胜率	每笔交易的利润	最大回撤	账户收益
标准普尔（标准合约）	$135,025	534	54.31%	$252.86	$35,425	381.2
纳斯达克（标准合约）	$34,050	538	51.86%	$63.29	$44,150	77.1
罗素（标准合约）	$47,375	561	51.16%	$84.45	$58,300	81.3
30年期债券	$2,938	490	49.59%	$5.99	$11,625	25.3
10年期债券	（$9,485）	490	49.18%	（$19.36）	$12,656	—
5年期债券	（$5,703）	484	49.38%	（$11.78）	$11,172	—
日元	$12,050	490	49.59%	$24.59	$4,588	262.6
欧元	$22,625	498	53.41%	$45.43	$7,913	285.9
瑞士法郎	$8,325	489	52.15%	$17.02	$6,488	128.3

收盘价比较高，就在明天做空。

在收盘价出场。

要想了解参数为10天的振幅指标，请看表10.5。

表10.5　完整的10天振幅指标——从2001年1月2日到2005年11月19日

	净利润	#交易笔数	%胜率	每笔交易的利润	最大回撤	账户收益
标准普尔（标准合约）	$188,563	1,216	52.80%	$155.07	$57,200	329.7
纳斯达克（标准合约）	$87,900	1,212	51.16%	$72.52	$107,600	81.7
罗素（标准合约）	$22,400	1,219	50.37%	$18.38	$105,275	21.3
30年期债券	$20,094	1,187	50.29%	$16.93	$18,313	109.7
10年期债券	（$6,094）	1,202	48.25%	（$5.07）	$15,281	—
5年期债券	（$3,313）	1,173	48.59%	（$2.82）	$11,328	—
日元	$17,325	1,201	50.46%	$14.43	$13,200	131.3
欧元	$27,888	1,205	50.95%	$23.14	$21,750	128.2
瑞士法郎	$20,663	1,205	51.04%	$17.15	$7,363	280.6

第11章

最高价／最低价的15天均值

下面要谈到的日内交易概念是很简单的。我们可以根据收盘价和最高价／最低价15天均值的关系，在开盘时进场。这个方法不是采用简单的收盘均值，而是采用最高价和最低价的平均值，也就是最高价的15天均值加上最低价的15天均值，再除以2。如果收盘价大于最终结果，那么就在第二天买入；如果收盘价小于最终结果，那么就在第二天卖出。表11.1表明对均值作出微小的改变就能产生更好的结果。

表11.1　最高价／最低价的15天均值——从2001年1月2日到2005年11月19日

	净利润	#交易笔数	%胜率	每笔交易的利润	最大回撤	账户收益
标准普尔（标准合约）	$94,588	1,228	49.92%	$77.03	$46,075	205.3
纳斯达克（标准合约）	$166,050	1,226	51.63%	$135.44	$42,850	387.5
罗素（标准合约）	$15,300	1,226	49.18%	$12.48	$70,775	21.6
30年期债券	$23,250	1,220	52.79%	$19.06	$20,406	113.9
10年期债券	$13,000	1,221	50.29%	$10.65	$12,016	108.2
5年期债券	$14,031	1,223	50.70%	$11.47	$5,453	257.3
日元	$5,413	1,221	51.02%	$4.43	$12,813	42.3
欧元	（$22,675）	1,220	48.61%	（$18.59）	$33,300	—
瑞士法郎	（$14,350）	1,222	48.45%	（$11.74）	$17,138	—

第12章

把五个指标综合在一起

表12.1说明了我们的下一步动作——把五个指标综合起来使用。第一行是三个信号的综合系统，第二行是五个信号的综合系统。

表12.1 三个指标的综合和五个指标的综合——日线数据——从2001年1月2日到2005年11月19日

	净利润	#交易笔数	%胜率	每笔交易的利润	最大回撤	账户收益
标准普尔（标准合约）						
三个指标综合	$147,338	1,228	53.75%	$119.98	$63,863	230.7
五个指标综合	$207,938	1,228	53.34%	$169.33	$43,525	477.7
纳斯达克（标准合约）						
三个指标综合	$69,550	1,226	50.08%	$56.73	$115,500	60.2
五个指标综合	$110,750	1,226	51.88%	$90.33	$104,550	105.9
罗素（标准合约）						
三个指标综合	$43,800	1,226	49.76%	$35.73	$116,875	37.5
五个指标综合	$35,400	1,226	50.24%	$28.87	$123,025	28.8
30年期债券						
三个指标综合	$60,188	1,220	51.80%	$49.33	$15,063	399.6
五个指标综合	$52,125	1,220	52.13%	$42.73	$14,156	368.2
10年期债券						
三个指标综合	$51,938	1.221	52.91%	$42.54	$5,672	915.7
五个指标综合	$36,875	1.221	51.92%	$30.20	$10,500	351.2
5年期债券						
三个指标综合	$34,719	1,223	52.82%	$28.39	$3,859	899.7
五个指标综合	$31,000	1,223	52.49%	$25.35	$4,844	640.0

	净利润	#交易笔数	%胜率	每笔交易的利润	最大回撤	账户收益
日元						
三个指标综合	$16,437	1,221	49.88%	$13.46	$8,813	186.5
五个指标综合	$10,238	1,221	50.45%	$8.38	$7,275	140.7
欧元						
三个指标综合	$31,175	1,220	50.90%	$25.55	$18,550	168.1
五个指标综合	$31,875	1,220	51.72%	$26.13	$17,875	178.3
瑞士法郎						
三个指标综合	$21,738	1,222	50.41%	$17.79	$16,163	134.5
五个指标综合	$17,038	1,223	50.70%	$13.93	$14,425	118.1

三个指标综合的系统净利润是476883美元，五个指标综合的系统净利润是533239美元，后者较好。你也许会争论说五个指标综合的系统在交易标准普尔时比交易其他市场的业绩好。考虑到在日内交易时，指数是唯一能提供波动性和流动性的市场，所以这个说法有一定的道理（平均每笔交易的利润是169美元，减去每笔100美元的滑点亏损和佣金成本，总体是赢利的）。这是交易1228笔以后的结果，还算可以。

我们不要期望收益突飞猛进。另一方面，五个指标的综合系统能让我们去做三个指标的综合系统办不到的事。一共是五个指标，我们可以决定，如果有四个或五个指标给出了一致的信号，才能建仓。

表12.2中第一行就是一种简单多数指标（译者注：作者没具体解释，简单多数就是指采用大多数指标的信号），下面一行则是至少四个指标给出相同交易方向的测试结果。在很多交易日，其中四个指标的方向都不一致，所以明显地减少了交易笔数。我们能看见测试超过了2000笔——从统计学的角度来说，笔数是很多的。另外，请记住，这些数字来自强劲的指标，我们合理地测试了每个指标，每个指标都很不错。

（译者注：作者喜欢简写，上表中的“简单”应该是指五个指标中至少有三个指标方向一致系统，“五个指标中四个”指五个指

表12.2　五个指标——简单多数指标和五个指标中四个指标方向一致——2001年1月2日到2005年11月19日

	净利润	#交易笔数	%胜率	每笔交易的利润	最大回撤	账户收益
标准普尔（标准合约）						
简单	$207,938	1,228	53.34%	$169.33	$43,525	477.7
五个指标中4个	$135,213	288	60.07%	$469.49	$19,175	705.2
纳斯达克（标准合约）						
简单	$110,750	1.226	51.88%	$90.33	$104,550	105.9
五个指标中4个	$102,350	255	54.12%	$401.37	$31,150	328.6
罗素（标准合约）						
简单	$35,400	1,226	50.24%	$28.87	$123,025	28.8
五个指标中4个	$57,050	263	52.09%	$216.92	$24,975	228.4
30年期债券						
简单	$52,125	1,220	52.13%	$42.73	$14,156	368.2
五个指标中4个	$38,438	308	59.09%	$124.80	$4,063	946.0
10年期债券						
简单	$36,875	1,221	51.92%	$30.20	$10,500	351.2
五个指标中4个	$18,281	275	54.18%	$66.48	$2,906	629.1
5年期债券						
简单	$31,000	1,223	52.49%	$25.35	$4,844	640.0
五个指标中4个	$9,688	274	56.57%	$35.36	$2,517	384.9
日元						
简单	$10,238	1,221	50.45%	$8.38	$7,275	140.7
五个指标中4个	$12,925	261	55.17%	$49.52	$3,638	355.3
欧元						
简单	$31,875	1,220	51.72%	$26.13	$17,875	178.3
五个指标中4个	$10,825	301	50.83%	$35.96	$7,375	146.8
瑞士法郎						
简单	$17,038	1,223	50.70%	$13.93	$14,425	118.1
五个指标中4个	$6,325	265	50.94%	$23.87	$6,713	94.2

标中至少有四个指标方向一致的系统。）

账户收益（ROA）是最好的衡量业绩的方法，它显示了利润和投入资金的关系。以30年期债券为例，资金曲线走得比较低，当你考虑到资金曲线回撤的冲击时，你还是可以接受的。最终可以赚到38438美元，那么最大回撤4063美元是可以忍受的。和最终赚52125美元，但最大回撤是14156美元相比，前者比较好。你可以选择五个指标中至少四个指标方向一致系统，这样风险更低，你可以同时交易两倍的合约数（净利润是76876美元，资金曲线的最大回撤是8126美元）。9个品种中，6个品种靠五个指标中至少有四个指标方向一致系统（译者注：原文在这里用到了filter一词，可见作者也把这个系统当做过滤器看）提高了账户收益——有些效果很明显。3个品种的账户收益超过了5倍——大于五年来的收益！

你能看见胜率变化明显，如此一来我们心理上会好很多。胜率比较重要，更重要的是，我们多久就要被迫面对一次痛苦？

也许这不是最科学的评估方法。沃伦·巴菲特认为，你赚钱的次数比亏钱的次数多并不重要，你的平均收益比平均亏损大也不重要，最终结果才是最重要的。我有一些系统，这些系统的胜率是33%左右，但是总体利润是总体亏损的几倍。我还有一些技术，这些技术导致单笔亏损大于单笔赢利，但是胜率有70%，能弥补亏损。

最重要的就是总利润要大于总亏损。在其他因素都一样的前提下，赢利的次数越多，我们就越开心。另外，总利润和其他收益也有关系。请看最大回撤，是逐渐减小的（对于纳斯达克，两个系统的最大回撤分别是31150美元和104550美元）。

平均每笔交易的利润也能让你快速判断你的系统是否能够在减去成本后赚钱。对于平均每笔交易的利润，9个品种里面有4个的利润大于滑点亏损和佣金成本。每笔交易的成本是100美元，标准普尔平均每笔交易的利润是369美元，纳斯达克是301美元，罗素是116美元，减去成本后都是能赚钱的。

除了优势，我们还要思考其他因素。对于这些指数，五个指标中有四个指标方向一致系统最适合做机械交易系统（译者注：作者有时候把指数和股指期货混为一谈，没有严格区分，其实还是有差别的，请读者留意）！

第13章

五个基本指标的其他组合

让我们再来检查这些指标。通过在其他系统中寻找基本元素，我们能实现以下目的：第一，其他赚钱的参数有利于我们的交易，我们有很多方法根据单选信号来重新组合、分散或分配我们的资金；第二，多种正收益加强了我们对基本指标的信心，机械交易时需要加强系统，这样才能做到完美。如果你怀疑自己的测试结果，你就做不好交易。

我们已经查看了把前面三个指标综合起来的结果。对于五个指标，还有9个方法让其中的三个信号组合起来。以下是这五个指标的编号：

1. 收盘价和40天均值的收盘价指标
2. 2天均值的收盘价和5天均值的收盘价指标
3. 50天内的最高收盘价／最低收盘价指标
4. 10天内的振幅指标
5. 15天最高价／最低价平均值指标

它们能产生如下组合方式：123、124、125、134、135、145、234、235、245和345， 请参考表13.1的收益。

在每个市场，账户收益数字离整体的平均值并不远，只有少数几个数字偏离得很远。

净利润和最大回撤也是如此，10个市场中有5个市场没有负收益（译者注：作者可能笔误，只有9个市场）。这些指标的组合都有亏损的情况——数量不少，但账户收益并没有大起大落。

简而言之，汤里面没有明显的石头，只有各种佐料，我们继续前进。

表13.1 从五个单选指标中选择三个指标形成综合系统——从2001年1月2日到2005年11月19日

	净利润	#交易笔数	%胜率	每笔交易的利润	最大回撤	账户收益
标准普尔（标准合约）						
123	$147,338	1,228	53.75%	$119.98	$63,863	230.7
124	$143,988	1,228	52.77%	$117.25	$80,500	178.9
125	$83,588	1,228	51.22%	$68.07	$47,125	177.4
134	$241,838	1,228	54.40%	$196.94	$41,100	588.4
135	$96,288	1,228	50.57%	$78.41	$42,225	228.0
145	$154,637	1,228	51.55%	$125.93	$42,075	367.5
234	$221,688	1,228	54.07%	$180.53	$37,587	589.8
235	$185,438	1,228	53.26%	$151.01	$61,188	301.1
245	$205,838	1,228	52.77%	$167.62	$47,625	432.2
345	$162,388	1,228	52.93%	$133.24	$62,050	261.7
纳斯达克（标准合约）						
123	$69,550	1,226	50.08%	$56.73	$115,500	60.2
124	$89,550	1,226	51.14%	$73.04	$129,200	69.3
125	$74,650	1,226	51.06%	$60.89	$72,250	103.3
134	$101,450	1,226	52.28%	$82.75	$101,050	100.4
135	$112,750	1,226	50.98%	$91.97	$43,850	257.1
145	$122,150	1,226	51.22%	$99.63	$65,250	187.2
234	$38,850	1,226	48.78%	$31.69	$140,050	27.7
235	$122,650	1,226	50.16%	$100.01	$71,700	171.1
245	$127,450	1,226	50.98%	$103.96	$116,150	109.7
345	$198,050	1,226	53.02%	$161.54	$83,950	235.9
罗素（标准合约）						
123	$36,400	1,226	49.59%	$29.69	$116,875	31.1
124	（$32,950）	1,226	50.33%	（$26.88）	$143,700	—
125	$10,100	1,226	50.24%	$8.24	$105,100	9.6
134	$141,850	1,226	51.63%	$115.70	$95,675	148.3
135	$28,450	1,226	49.43%	$23.21	$70,775	40.2
145	（$6,750）	1,226	50.08%	（$5.51）	$92,425	—
234	$86,800	1,226	50.24%	$70.80	$91,775	94.6
235	$71,450	1,226	48.78%	$58.28	$75,625	94.5
245	（$14,500）	1,226	50.00%	（$11.83）	$109,775	—
345	$163,050	1,226	50.65%	$132.99	$76,275	213.8

	净利润	#交易笔数	%胜率	每笔交易的利润	最大回撤	账户收益
30年期债券						
123	$60,188	1,220	51.80%	$49.33	$15,063	399.6
124	$48,313	1,220	51.97%	$39.60	$15,844	304.9
125	$31,188	1,220	52.70%	$25.56	$10,156	307.1
134	$37,250	1,220	51.31%	$30.53	$23,781	156.6
135	$34,250	1,220	52.70%	$28.07	$19,219	178.2
145	$27,688	1,220	52.30%	$22.69	$13,156	210.5
234	$38,250	1,220	50.49%	$31.35	$18,375	208.2
235	$68,250	1,220	52.13%	$55.95	$15,656	425.9
245	$45,938	1,220	52.05%	$37.65	$11,719	392.0
345	$47,813	1,220	51.89%	$39.19	$13,969	342.3
10年期债券						
123	$51,938	1,221	52.91%	$42.54	$5,672	915.7
124	$23,813	1,221	51.02%	$19.05	$8,797	270.7
125	$29,656	1,221	52.25%	$24.29	$8,453	350.8
134	$16,781	1,221	50.70%	$12.74	$11,375	147.5
135	$19,375	1,221	50.61%	$15.87	$8,266	234.4
145	$26,125	1,221	52.01%	$21.40	$8,000	326.6
234	$17,281	1,221	49.14%	$14.15	$10,328	167.3
235	$43,094	1,221	51.27%	$35.29	$7,797	552.7
245	$26,031	1,221	50.45%	$21.32	$7,156	363.8
345	$3,094	1,221	48.81%	$2.53	$15,063	20.5
5年期债券						
123	$34,719	1,223	52.82%	$28.39	$3,859	899.7
124	$14,187	1,223	50.86%	$11.60	$7,734	183.4
125	$18,688	1,223	51.59%	$15.28	$5,640	331.3
134	$17,875	1,223	51.84%	$14.62	$4,641	385.2
135	$13,156	1,223	50.45%	$10.76	$5,563	236.5
145	$16,063	1,223	51.68%	$13.13	$5,141	312.4
234	$4,156	1,223	48.90%	$3.40	$9,094	45.7
235	$30,188	1,223	52.17%	$24.68	$2,797	1,079.0
245	$17,938	1,223	50.45%	$14.67	$6,578	272.7
345	$15,156	1,223	50.45%	$12.39	$6,391	237.1

	净利润	#交易笔数	%胜率	每笔交易的利润	最大回撤	账户收益
日元						
123	$16,437	1,221	49.88%	$13.46	$8,813	186.5
124	($588)	1,221	48.24%	($0.48)	$13,100	—
125	($6,213)	1,221	49.30%	($5.09)	$21,525	—
134	$11,663	1,221	50.29%	$9.55	$12,275	95.0
135	$13,338	1,221	51.27%	$10.96	$10,025	133.0
145	$4,512	1,221	50.86%	$3.70	$16,488	27.4
234	$34,537	1,221	51.60%	$28.29	$9,850	350.6
235	$22,988	1,221	51.52%	$18.83	$12,338	186.3
245	$10,038	1,221	49.96%	$8.22	$15,225	65.9
345	$11,738	1,221	50.37%	$9.61	$10,188	115.2
欧元						
123	$31,175	1,220	50.90%	$25.55	$18,550	168.1
124	$46,000	1,220	51.97%	$37.70	$12,375	371.7
125	$21,750	1,220	50.82%	$17.83	$17,963	121.1
134	$32,525	1,220	50.98%	$26.66	$29,738	109.4
135	($15,375)	1,220	49.18%	($12.60)	$24,925	—
145	$4,775	1,220	49.59%	$3.91	$16,713	28.6
234	$27,450	1,220	50.74%	$22.50	$26,050	105.4
235	($4,100)	1,220	49.59%	($3.36)	$28,163	—
245	$36,725	1,220	52.05%	$30.10	$11,863	309.6
345	$11,525	1,220	50.57%	$9.45	$24,588	46.9
瑞士法郎						
123	$26,013	1,223	50.45%	$21.27	$12,975	200.5
124	$33,788	1,223	50.86%	$27.63	$8,713	387.8
125	$63	1,223	49.22%	$0.05	$12,613	0.5
134	$13,588	1,223	51.10%	$11.11	$15,125	89.8
135	($10,513)	1,223	48.90%	($8.60)	$14,650	—
145	($5,688)	1,223	49.22%	($4.65)	$13,088	—
234	$12,713	1,223	49.98%	$10.39	$18,638	68.2
235	$11,487	1,223	49.96%	$9.39	$17,350	66.2
245	$20,438	1,223	50.38%	$16.71	$11,488	177.9
345	$4,213	1,223	50.12%	$3.44	$21,338	19.7

第14章

两个开盘到收盘的优势

很多时候，如果前一天是上涨收盘的，那么第二天就是下跌收盘；反之亦然。也许你在一些系统书或杂志中看到过这些统计信息，或看到过别人讨论这方面的问题。我之前说过，最近市场的走势没有这么明显了——可能是因为知道的人太多了。

这个概念有一个变形概念，那就是和开盘价到收盘价的走势反着做。这个方法没有看起来的那么好用，很多交易外汇的交易者都可以证明这一点。巨大的跳空缺口会让你对行情产生完全不同的认知，因为日元在前一天晚上有巨大的向下跳空缺口，媒体就会大肆唱空日元。然而，日内交易者不同，他们都义无反顾地在大幅低开时做多——结果当天的收盘价很低，但在最高价附近（译者注：应该是指收了一根阳线，但收盘价比前一天低）。这种开盘价到收盘价的走势还存在，虽然不明显，但确实是存在的（请记住——有可能会发生大行情）。请看表14.1。

如果市场连续两天开盘到收盘的方向一致，是不是我们就有了优势呢？表14.2说肯定是的。在表14.1中，有5个品种是赚钱的，在表14.2中，9个品种都是赚钱的，可以说账户收益都增加了。没错，交易笔数也减少了，但是只减少了一半。我们可以用大量的样本（译者注：指模拟测试时交易的笔数足够多）来证明，即使动量是系统开发时要重点考虑的因素，但是其他因素也会影响系统的。特别是短期内的波动，一般都是心理引起的。交易者认为市场不太可能连续做同样的事，交易者的情绪会让他们根据自己的预期做出行动。

表14.1 和前一天开盘到收盘的走势反着做——日内交易——2001年1月2日到2005年11月19日

	净利润	#交易笔数	%胜率	每笔交易的利润	最大回撤	账户收益
标准普尔（标准合约）	$158,338	1,226	53.26%	$129.15	$58,350	271.4
纳斯达克（标准合约）	$147,950	1,212	50.91%	$122.07	$52,450	282.1
罗素（标准合约）	$85,125	1,215	50.45%	$70.06	$82,650	103.0
30年期债券	（$22,406）	1,206	48.18%	（$18.58）	$40,938	—
10年期债券	（$12,297）	1,201	49.96%	（$10.24）	$26,094	—
5年期债券	（$4,688）	1,187	49.37%	（$3.95）	$10,828	—
日元	$1,975	1,196	47.32%	$1.65	$9,625	20.5
欧元	$88	1,210	51.40%	$0.07	$20,863	0.4
瑞士法郎	（$18,275）	1,202	49.25%	（$15.20）	$24,175	—

表14.2 连续两天开盘到收盘的方向一致后反着做——从2001年1月2日到2005年11月19日

	净利润	#交易笔数	%胜率	每笔交易的利润	最大回撤	账户收益
标准普尔（标准合约）	$142,725	570	55.96%	$250.39	$31,025	460.0
纳斯达克（标准合约）	$198,850	581	52.50%	$342.25	$33,350	596.3
罗素（标准合约）	$74,925	590	50.85%	$126.99	$59,900	125.1
30年期债券	$2,562	611	48.45%	$4.19	$14,031	18.3
10年期债券	$9,219	581	52.67%	$15.87	$7,219	127.7
5年期债券	$10,219	565	50.09%	$18.09	$3,547	288.1
日元	$8,238	605	49.26%	$13.62	$7,438	110.8
欧元	$14,613	577	52.69%	$25.32	$6,613	221.0
瑞士法郎	$2,113	591	51.61%	$3.57	$7,238	29.2

第15章

杯子和盖子

下面要谈到的指标很有名，因为图形看起来像杯子或盖子，所以这个指标叫做杯子和盖子。杯子的形态意味着要买入，盖子的形态意味着要卖出。这两个指标都涉及到三条柱线——日线图、五分钟图，不管是哪种图表，都可以使用这个指标。第二条柱线的价格是极限价格（最低价、最高价），有时候极限价格就是最低价（或最高价），有时候是收盘价。

杯子和盖子指标的版本有多个，在本版中，对于杯子指标，最低价和最低收盘价都必须在中间的柱线上。中间柱线的最低价必须比前面三条柱线的最低价低，这是强制性的规则，目的就是限制这个形态出现在中间的次数过多。理想状态下，杯子是一个底部指标，所以可以把三条柱线理解为起跑模式的过滤器。

盖子指标则相反。第二条柱线的最高价必须比前后两条柱线的最高价高，收盘价也要比前后两条柱线的收盘价高，且最高价比前面三条柱线的最高价高。图15.1显示了这个版本的杯子和盖子的特点，这是30年期债券的日线图。

我们可以把这个形态当做是我们的工具之一。一旦形成了杯子，我们就在第二天开盘价买入；一旦形成了盖子，我们就卖出，在收盘价出场。表15.1显示了结果。

杯子—盖子还有其他的版本，我发现这是迄今为止最有优势的方法。这个形态的最大预测能力在于对第二天开盘的期望值。如果你在看见杯子形态后在收盘价进场了，那么第二天的开盘价可能比较高，你就可以出场了；盖子形态也是同理。图15.2表明了第二天开盘价的优势。

有时候你并不肯定最高价或最低价满足技术要求，但是这些问题都比较容易快速得到解决，一般收盘后不久夜间盘就开始了。

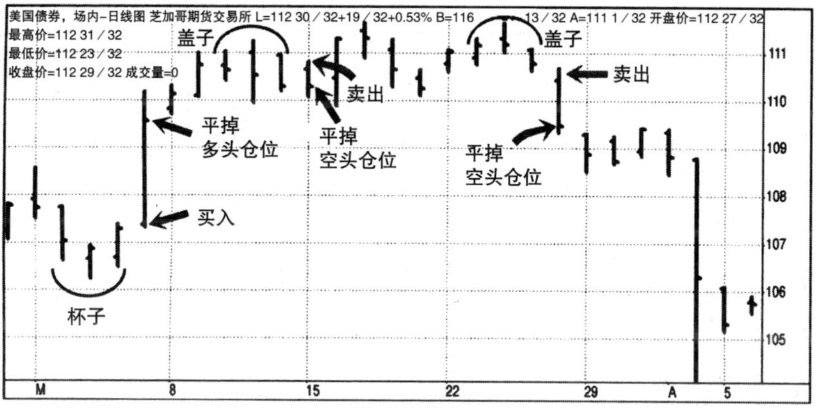

Tradestation生成图表

图15.1　杯子和盖子——30年期债券的日线图

来源：© Tradestation技术公司，1991年—2006年。保留所有权利。

表15.1　在杯子/盖子形态后买入/卖出——从2001年1月2日到2005年11月19日

来源：© Tradestation技术公司，1991年—2006年。保留所有权利。

	净利润	#交易笔数	%胜率	每笔交易的利润	最大回撤	账户收益
标准普尔（标准合约）	（$3,000）	183	51.37%	（$16.39）	$30,425	—
纳斯达克（标准合约）	$24,650	165	52.12%	$149.39	$36,150	68.2
罗素（标准合约）	（$15,250）	174	51.15%	（$87.64）	$31,050	—
30年期债券	$4,125	159	50.94%	$25.94	$9,594	43.0
10年期债券	$5,766	169	52.66%	$34.12	$5,797	99.5
5年期债券	$8,375	172	53.49%	$48.69	$2,438	343.5
日元	（$1,163）	263	46.01%	（$4.42）	$10,263	—
欧元	$5,900	256	46.09%	$23.05	$11,625	50.8
瑞士法郎	$10,325	279	50.54%	$37.01	$5,250	196.7

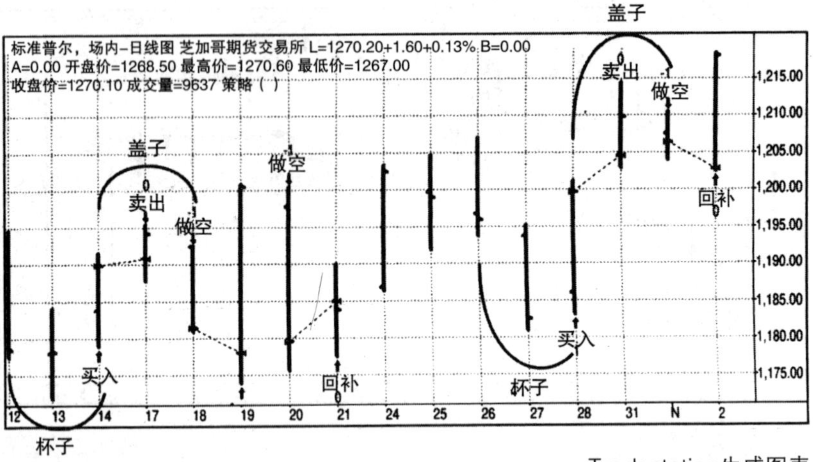

Tradestation生成图表

图15.2　杯子 / 盖子——在收盘价进场，在第二天开盘价出场——标准普尔日线图

来源：© Tradestation技术公司，1991年—2006年。保留所有权利。

正如我所说的，要想确定一个思路是否有效，就要用这个思路模拟测试不同的市场环境并得到了能赚钱的结论。通常情况下，如果一个思路在某个金融市场有效，那么我们希望它在大部分金融市场基本上是有效的，在相关的市场则要表现良好，并没有必要让一个思路在所有的市场都有效，比如说，不必在农产品或国外产品市场也有效。当然了，如果有证据表明某个思路在很多市场都有效，那我们应该感到高兴，杯子和盖子就是这种思路。

对于这个思路，我们研究了很多市场和很长的历史数据。对于大部分市场，我们研究了合约的整个历史。要想做长期研究，20年的数据比较好，这些数据的最终日期是2005年11月19日（请看表15.2）。

你能看出，测试了36个商品，只有欧元是负收益，大部分品种的胜率都超过了50%。对于主要市场板块，我们在主要时间框架下做了几千笔测试。我们得到了持续一致的收益——没有大起大落的现象，这就是有活力的系统！

不幸的是，你也会看到其他问题。平均每笔交易的利润数值太

表15.2 杯子／盖子，在第三天收盘价进场——在下一个开盘价出场——从20年前到2005年11月19日

来源：© Tradestation技术公司，1991年—2006年。保留所有权利。

	净利润	#交易笔数	%胜率	每笔交易的利润	最大回撤	账户收益
标准普尔（标准合约）	$35,587	708	53.39%	$50.26	$35,825	99.3
纳斯达克（标准合约）	$18,835	294	52.72%	$64.06	$40,985	46.0
罗素（标准合约）	$26,850	425	47.29%	$63.18	$22,725	118.2
道琼斯（标准合约）	$1,210	280	45.36%	$4.32	$7,230	16.7
30年期债券	$27,250	673	53.64%	$40.49	$5,313	512.9
10年期债券	$17,563	678	53.98%	$25.90	$3,359	522.9
5年期债券	$16,203	601	57.90%	$26.96	$1,266	1280.0
30天联邦基金期货	$3,917	262	46.56%	$14.95	$1,250	313.4
日元	$15,763	1,027	50.63%	$15.35	$12,538	125.7
欧元	（$3,113）	338	49.41%	（$9.21）	$11,663	—
瑞士法郎	$19,163	1,002	51.30%	$19.12	$11,450	167.4
英镑	$41,369	982	52.14%	$42.13	$8,175	506.0
加元	$17,250	875	56.34%	$19.71	$2,410	715.8
黄金	$12,200	889	54.11%	$13.72	$2,900	420.7
白银	$24,030	787	51.97%	$30.53	$3,390	708.8
铜	$10,320	758	51.45%	$13.61	$8,075	127.8
白金	$30,100	857	54.84%	$35.12	$4,210	715.0
原油	$29,510	683	56.66%	$43.21	$4,890	603.5
燃油	$3,482	753	53.65%	$4.62	$24,234	14.4
纽约港汽油	$29,510	683	56.66%	$43.21	$4,890	603.5
大豆	$10,350	719	47.98%	$14.39	$8,625	120.0
小麦	$10,031	618	55.99%	$16.23	$2,563	391.4
玉米	$9,375	629	55.33%	$14.90	$1,400	669.6
燕麦	$14,356	598	58.53%	$24.01	$938	1,530.0
豆油	$6,510	697	53.08%	$9.34	$1,752	371.6

	净利润	#交易笔数	%胜率	每笔交易的利润	最大回撤	账户收益
豆粕	$320	668	46.71%	$0.48	$9,390	3.4
活牛	$9,480	675	53.04%	$14.04	$1,160	817.2
饲牛	$18,465	658	56.99%	$28.06	$1,338	1380.0
活猪	$9,146	724	53.73%	$12.63	$6,762	135.3
五花肉	$36,840	694	54.18%	$53.08	$4,290	858.7
咖啡	$37,463	680	55.74%	$55.09	$11,531	324.9
可可	$9,090	805	53.29%	$11.29	$3,260	278.8
棉花	$27,945	728	53.43%	$38.39	$2,750	1,016.0
白糖	$12,645	648	55.09%	$19.51	$1,456	868.5
橘子汁	$12,187	692	52.17%	$17.61	$2,565	475.1
糙米	$12,400	567	48.85%	$21.87	$1,020	1216.0

小了，不适合做机械交易。这个数值都不到100美元，无法抵消成本。我们的很多伙伴认为应该放弃这个系统——如果你没有优势，你就无法赚钱。然而，我不想放弃这些充满活力的优势。如果开盘价和收盘价之间的振幅不够宽，走势不确定，如果你能估计到收盘价和开盘价的具体情况，那么你无疑能统治世界了。

我谈论的内容有点偏题——到底有没有赚钱的办法？最明显的方法就是夜间盘。我做了一些研究，研究如何在收盘时以1～2个基点的优势进场，研究如何利用好夜间的行情。我们还要研究如何处理这些容易错过的交易。我们要放弃这些交易吗？很明显其中有些交易是很赚钱的——我们有希望靠1～2个基点的优势弥补这些损失吗？我们要在一定时期以后回到市场吗？我没有答案，但是我一直在思考答案，总有一天，我会解决这些问题的。

目前，有一些变通的策略能让我们实现赚钱的目标，至少是在关键的市场能赚钱。表15.3显示了前面持仓过夜策略的变通方法，它可以让仓位持有到第二天开盘。当你在某天收盘价进场时，你要在理性的利润目标价或止损价出场。如果你是做多的，目标价就是

表15.3　杯子—盖子——持仓过夜，有止损价和目标价——从2001年1月2日到2005年11月19日

	净利润	#交易笔数	%胜率	每笔交易的利润	最大回撤	账户收益
标准普尔（标准合约）	$43,413	183	55.19%	$237.23	$19,675	220.7
纳斯达克（标准合约）	$15,150	165	50.30%	$91.82	$41,250	36.7
罗素（标准合约）	$11,075	174	57.47%	$63.65	$27,275	40.6
30年期债券	$5,406	159	55.97%	$34.00	$7,938	68.1
10年期债券	$3,640	169	54.44%	$21.54	$5,359	67.9
5年期债券	$7,140	172	56.98%	$41.52	$3,031	235.6
日元	（$17,900）	263	47.53%	（$68.06）	$19,238	—
欧元	$400	256	48.83%	$1.56	$13,725	2.9
瑞士法郎	$5,650	279	50.90%	$20.25	$11,038	51.2

三天内的最高价加上三天平均振幅的四分之一，止损价是三天最低价下面的一个基点。如果市场没有到达这两个价格，那么就在（第三天）开盘价出场；如果是卖出的，则反之。

我们已经明显提高了指数的业绩，系统应该可以很好地运作了。测试标准普尔时平均每笔交易的利润超过了100美元的门槛，纳斯达克还差一点点，其他市场的收益能弥补日元的亏损。

我们已经看到了杯子—盖子概念的持续性，我们有理由花时间更深入地研究这个概念。为了更深入地研究，我们要检查10年来每个指数市场的具体情况，认真的研究能发现特殊的机会。另外，针对多年数据模拟测试的结果得到了持续一致的结果（请看表15.4～15.6）。

表15.7总结了指数10年来的业绩，你会注意到有些平均每笔交易的利润数字比较大。如此说来，我们可以考虑开发一个系统。另一方面，我们不能因为模拟测试在过去的业绩比较好就激动万分。

表15.4　三天杯子—盖子——年度业绩——从1996年到2005年——标准普尔

	净利润	%收益百分比	利润因素	#交易笔数	%胜率
1996	($1,150)	−1.15%	0.92	29	41.38%
1997	$20,913	21.16%	1.84	30	50.00%
1998	$25,275	21.10%	1.79	37	56.76%
1999	$18,850	13.00%	1.37	36	55.56%
2000	$16,875	10.30%	1.26	42	57.14%
2001	$34,213	18.93%	2.21	31	58.06%
2002	($6,675)	−3.11%	0.88	39	53.85%
2003	$26,425	12.69%	2.48	29	68.97%
2004	($11,650)	−4.96%	0.68	39	51.28%
2005	$1,100	49.00%	1.03	45	48.89%

表15.5　三天杯子—盖子——年度业绩——从1996年到2005年——纳斯达克

	净利润	%收益百分比	利润因素	#交易笔数	%胜率
1996	$5,590	5.59%	2.68	15	66.67%
1997	$5,155	4.88%	1.38	27	51.85%
1998	($720)	−65.00%	0.97	31	48.39%
1999	$7,930	7.21%	1.20	24	62.50%
2000	$117,415	99.54%	2.58	32	68.75%
2001	$13,300	5.65%	1.21	35	57.14%
2002	$15,150	6.09%	1.52	32	62.50%
2003	$3,450	1.31%	1.12	32	53.13%
2004	($7,650)	−2.86%	0.74	37	40.54%
2005	($9,100)	−3.51%	0.50	31	35.48%

表15.6　三天杯子—盖子——年度业绩——从1996年到2005年——罗素

	净利润	%收益百分比	利润因素	#交易笔数	%胜率
1996	$9,575	9.57%	1.74	40	50.00%
1997	$18,175	16.59%	2.35	29	72.41%
1998	($18,900)	−14.79%	0.61	35	37.14%
1999	($16,450)	−15.11%	0.55	31	45.16%
2000	$8,850	9.58%	1.16	33	51.52%
2001	$24,100	23.80%	2.34	28	67.86%
2002	($21,625)	−17.25%	0.62	38	50.00%
2003	$3,950	3.81%	1.12	33	60.61%
2004	$2,625	2.44%	1.06	37	54.05%
2005	$1,100	1.00%	1.02	38	57.89%

表15.7　三天杯子—盖子——十年业绩总表

	净利润	#交易笔数	%胜率	每笔交易的利润	最大回撤	账户收益
标准普尔（标准合约）	$124,175	357	54.06%	$347.83	$22,825	544.0
纳斯达克（标准合约）	$150,520	294	54.08%	$511.97	$41,250	364.9
罗素（标准合约）	$11,400	341	54.25%	$33.43	$43,375	26.3

我迟点会详细讨论这点的，只要市场有大行情，形成泡沫，泡沫再破裂，系统就会有好的收益（1998年到2001年就是形成泡沫和泡沫破裂的时候）。因为我们并不知道疯狂的大行情何时到来，我们就要对系统特别优异的业绩持怀疑态度。总之，早点确定数据的有效性总比矛盾的心态要好。

第16章

3天支撑到阻力的20%指标

很多模式识别技术都涉及到了三条柱线，这是很有趣的现象。还有一个例子，这个例子和杯子盖子差不多。连续三个最低点意味着是支撑区，三个最高点意味着是阻力区。请注意，我们讲的内容很笼统，优势不大——但是我们现在要算清楚这个优势具体如何。

这个思路和动力理论一致。你希望市场突破某个区域，结果市场尝试了二三次，最终还是失败了，向相反的方向走去，这样的事发生了多少次？彼得·史泰米亚是市场轮廓（译者注：也叫四度空间）理论的提出者，他把市场比喻成拍卖场：如果“拍卖师”卖不掉自己的货物，她可以选择降价；如果市场很难向一个方向前进，市场就会向另一个方向前进。

我们如何量化三个最高价或最低价的思路呢？和前面一样，模拟测试能够揭露有效的数字。我们检查了最高价和最低价之间的距离，再把这个距离除以三天振幅，看看具体百分比是多少。比较好的结果是20%。

如果过去三天内最高的最低价减去最低的最低价的数值小于或等于三天振幅（三天内最高价到最低价的价差）的20%，那么在第二天买入。如果最高的最高价和最低的最高价之间的价差不超过总振幅的五分之一，那么就卖出，在收盘价平掉所有的仓位。

图16.1是瑞士法郎的日线图，说明了这个概念。我们的模拟测试结果则在表16.1中。

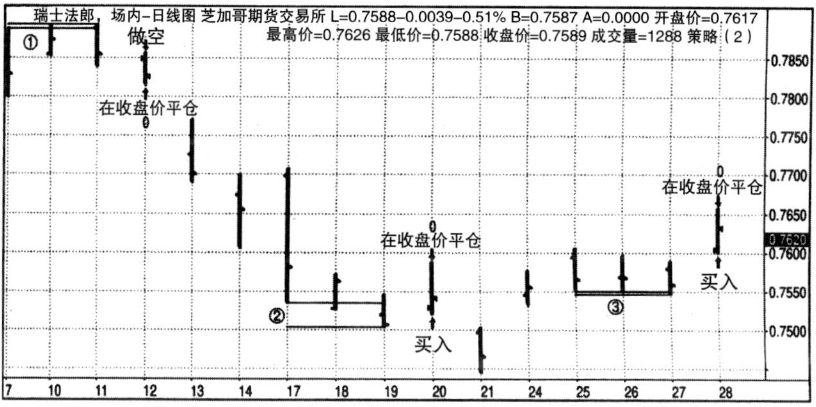

Tradestation生成图表

图16.1　支撑到阻力的20%——瑞士法郎日线图

来源：© Tradestation技术公司，1991年—2006年。保留所有权利。

表16.1　三天支撑到阻力的20%指标——从2001年1月2日到2005年11月19日

来源：© Tradestation技术公司，1991年—2006年。保留所有权利。

	净利润	#交易笔数	%胜率	每笔交易的利润	最大回撤	账户收益
标准普尔（标准合约）	$93,925	239	47.70%	$392.99	$16,875	556.6
纳斯达克（标准合约）	$50,650	243	43.62%	$208.44	$17,250	293.6
罗素（标准合约）	$96,025	220	53.64%	$436.48	$24,250	396.0
30年期债券	$10,968	239	52.30%	$45.89	$6,656	164.8
10年期债券	$10,031	202	52.97%	$49.66	$5,719	175.4
5年期债券	$1,578	205	47.80%	$7.70	$3,047	51.8
日元	$3,350	131	48.85%	$25.57	$3,500	95.7
欧元	（$5,400）	156	44.87%	（$34.62）	$10,950	—
瑞士法郎	$4,513	151	49.01%	$29.88	$4,350	103.7

第17章

八个指标系统（附加讨论极端结果）

我们已经分别模拟测试并确认了以下优势：如果要做多：

1. 收盘价大于40天均值收盘价。

2. 2天均值的收盘价小于5天均值的收盘价。

3. 50天内的最高价比最低价先出现。

4. 振幅小于10天平均振幅，收盘价更高，或振幅大于10天平均振幅，收盘价更低（小的振幅意味着“跟随”，大的振幅意味着“反着做”）。

5. 收盘价大于15天的中点均值（15天内的最高价加最低价除以2）。

6. 连续两天收盘价小于开盘价。

7. 昨天完成了杯子形态。

8. 到昨天为止，三条柱线都创造了最低点——最高的最低点减去最低的最低点等于或小于三天整体振幅的20%。

卖出时则反之。

我们再给每个指标赋予一个值，也就是+1或-1，然后再加总。如果总值大于0，我们就买入；如果小于0，就卖出。在开盘价进场，在收盘价出场。

表17.1 展示了标准普尔的收益，表明这个机械系统是可行的。平均每笔交易的利润是293.54美元，这个数字大于100美元的滑点亏损和佣金成本，这次测试做了908笔交易，笔数够了。把266537.50（净利润）除以38675（资金曲线最大的回撤），再乘以100，那么账户收益是689，这个数字很不错。

资金曲线业绩表（图17.1）和年度细分表（表17.2）更加鼓舞人

表17.1　八个指标综合（简单多数）——标准普尔的日线数据——从2001年1月4日到2005年11月19日

来源：© Tradestation技术公司，1991年—2006年。保留所有权利。

净利润总和	$266,537.50	利润因素	1.34
毛利润	$1,057,812.50	毛亏损	（$791,275.00）
总交易笔数	908	胜率	56.28%
赢利的交易笔数	511	亏损的交易笔数	396
打平的交易笔数	1		
平均每笔交易的净利润	$293.54	平均利润和平均亏损的比率	1.04
赢利交易的平均利润	$2,070.08	亏损交易的平均亏损	（$1,998.17）
赢利交易的最大利润	$10,750.00	亏损交易的最大亏损	（$10,125.00）
最大连续赢利笔数	11	最大连续亏损笔数	7
赢利交易的平均柱线数	1.00	亏损交易的平均柱线数	1.00
每笔交易的平均柱线数	1.00		
最大的股数／合约数	1	账户大小要求	$38,675.00
起始资金的收益	266.54%	年收益率	26.65%
收益回撤比率	0.46	RI—指数	0.00
交易期间	4年10个月加14天	在市的时间百分比	0.00%
资金曲线的最大上涨	$284,375.00		
资金曲线的最大回撤（日内，从波峰到波谷）		**资金曲线的最大回撤（两笔交易之间的）**	
值	（$42,700.00）	值	（$38,675.00）

心，因为我们看到了持续一致性和可靠的利润率。

纳斯达克的测试结果也很相似（表17.3）：净利润是147250美元，平均每笔交易的利润是163.43美元。没错，资金曲线的回撤会影响系统的期望值，但是我们还可以在止损和其他方面下功夫。我们通过对五年数据的模拟测试得到了161%的收益（净利润除以资金曲线最大的回撤，再乘以100），这个结果还不错。

我们在做模拟测试时，了解市场环境也是很重要的。表17.3表明了相对正常的交易状况，也就是包括牛市、熊市、波动的市场和

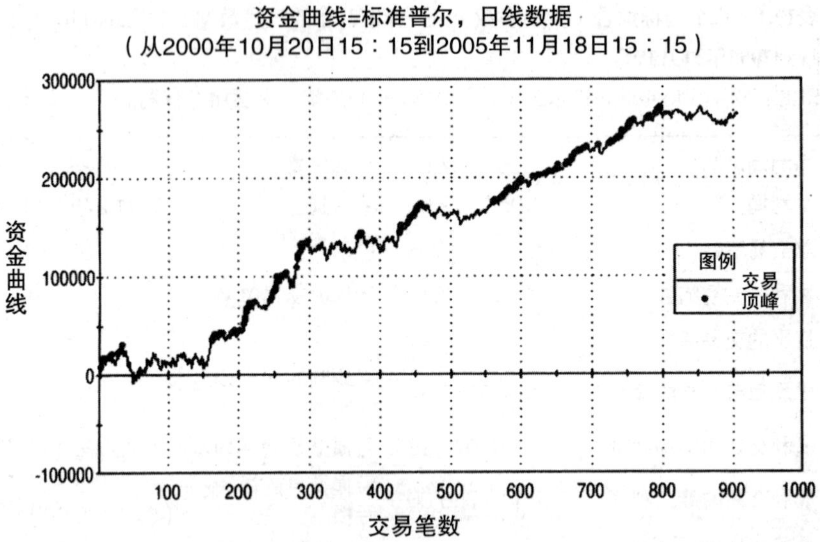

Tradestation生成图表

图17.1 八个指标——资金曲线业绩——标准普尔日线数据——从2001年1月4日到2005年11月19日

来源：© Tradestation技术公司，1991年—2006年。保留所有权利。

表17.2 定期的收益——八个指标——标准普尔——从2001年1月4日到2005年11月19日

	净利润	%收益百分比	利润因素	#交易笔数	%胜率
2001	$40,213	40.21%	1.16	191	51.83%
2002	$88,475	63.10%	1.49	176	60.80%
2003	$41,750	18.26%	1.27	190	57.37%
2004	$71,475	26.43%	1.77	184	57.61%
2005	$24,635	7.20%	1.21	167	53.89%

平静的市场。年度分析（表17.4）展示了稳定的收益——五年中有两年是小亏，但没有任何一年的业绩会影响平均业绩。

表17.5则相反，它显示了在同样市场中业绩的大幅提高。差别在哪里？只有一点——表17.5多了一年的数据——2000年的数据。这

表17.3　八个指标——纳斯达克日线数据——从2001年1月4日到2005年11月19日

净利润总和	$147,250.00	利润因素	1.18
毛利润	$957,950.00	毛亏损	（$810,700.00）
总交易笔数	901	胜率	50.94%
赢利的交易笔数	459	亏损的交易笔数	431
打平的交易笔数	11		
平均每笔交易的净利润	$163.43	平均利润和平均亏损的比率	1.11
赢利交易的平均利润	$2,087.04	亏损交易的平均亏损	（$1,880.97）
赢利交易的最大利润	$18,850.00	亏损交易的最大亏损	（$13,650.00）
最大连续赢利笔数	10	最大连续亏损笔数	7
赢利交易的平均柱线数	1.00	亏损交易的平均柱线数	1.00
每笔交易的平均柱线数	1.00		
最大的股数／合约数	1	账户大小要求	$90,950.00
起始资金的收益	147.25%	年收益率	18.58%
收益回撤比率	0.45	RI—指数	0.00
交易期间	4年10个月加14天	在市的时间百分比	0.00%
资金曲线的最大上涨	$163,550.00		
资金曲线的最大回撤（日内，从波峰到波谷）值	（$95,350.00）	**资金曲线的最大回撤（两笔交易之间的）**值	（$90,950.00）

表17.4　八个指标——年度业绩——纳斯达克——从2001年1月4日到2005年11月19日

	净利润	%收益百分比	利润因素	#交易笔数	%胜率
2001	$38,650	38.65%	1.11	195	48.21%
2002	$95,650	68.99%	1.70	179	55.31%
2003	（$8,900）	–3.80%	0.93	188	49.47%
2004	$23,050	10.23%	1.24	189	52.91%
2005	（$1,200）	–48.00%	0.98	150	48.67%

一年互联网泡沫破裂了，市场下跌时，任何跟踪动量的系统都能跟踪到市场的下跌，这是系统交易的最好状态了。只要是和动量相关的思路，在当时都能产生巨大的收益——价格几乎是直线运动（直线下跌），动量是前所未有的。我不但抓住了2000年带来的财富，而且我手上还有很多系统，它们在理论上都能大赚。

你可能会这么认为，只要在某个市场交易的时间足够长，你就会得到意外的帮助。这个想法并不合理，因为市场是无法预测的，有时候市场很疯狂。

表17.5　八个指标——纳斯达克日线数据——多一年——从2000年1月4日到2005年11月19日

来源：© Tradestation技术公司，1991年—2006年。保留所有权利。

净利润总和	$440,415.00	利润因素	1.30
毛利润	$1,921,950.00	毛亏损	（$1,481,535.00）
总交易笔数	1,081	胜率	51.80%
赢利的交易笔数	560	亏损的交易笔数	510
打平的交易笔数	11		
平均每笔交易的净利润	$407.41	平均利润和平均亏损的比率	1.18
赢利交易的平均利润	$3,432.05	亏损交易的平均亏损	（$2,904.97）
赢利交易的最大利润	$31,950.00	亏损交易的最大亏损	（$26,750.00）
最大连续赢利笔数	10	最大连续亏损笔数	7
赢利交易的平均柱线数	1.00	亏损交易的平均柱线数	1.00
每笔交易的平均柱线数	1.00		
最大的股数／合约数	1	账户大小要求	$90,950.00
起始资金的收益	440.41%	年收益率	28.68%
收益回撤比率	0.35	RI—指数	0.00
交易期间	5年10个月加17天	在市的时间百分比	0.00%
资金曲线的最大上涨	$508,565.00		
资金曲线的最大回撤（日内，从波峰到波谷）		**资金曲线的最大回撤（两笔交易之间的）**	
值	（$95,350.00）	值	（$90,950.00）

即使你有这个想法，当你在制定计划的时候，还是不要这么想。相反，你要关注偶尔会发生的灾难性事件（9·11，黑色星期一），千万不要被这些事件套住了。当然了，只要你交易的时间足够长，你迟早会遇到类似的事件。你也会赚大钱，但你无法提前预测何时赚钱。

业绩报表中的收益有可能会包含极端结果，也有可能没有包含极端结果。Tradestaion认为标准的收益应该在三个标准偏差以内，如果收益不在三个标准偏差以内，那就是极端结果——也就是不正常的超级收益或亏损，你必须特别留意这种利润。此外，市场也会继续给你带来惊奇，然而，不能因为单笔交易出现了很大的收益就以为可以指望这个系统了。正如我所说的，对于下一笔交易，也许你更有可能是错的，而不是正确的。即使是优秀的系统，它也无法预测下一笔交易的结果。

简而言之，如果收益中没有出现极端结果，且系统爆仓了，那就不要使用这个系统了。你应该把这个系统置之脑后——不要指望市场会通过其他出人意料的方法帮助你。你还要记住——市场会快速变化，可能瞬间给你带来灾难性的后果。如果某个系统的年业绩表像表17.5一样好，你也要随时保持警惕；如果某个系统在某段时期内的收益非常高，这并不代表未来一直都有非常高的收益，盲目采用这个系统是有勇无谋的。交易者要永远采用务实的态度，就像童子军一样，时刻准备着。

表17.6显示了其他7个市场在2001年到2005年的测试结果。

如果简单多数系统有用，我们就要想办法提高系统的业绩。请注意，我们现在谈论的不仅仅是单选指标。八个指标中，有三个指标给出一样的信号可能是没用的。结果是，我们就用+3／−3作为界线（译者注：作者的意思是，如果八个指标的总和大于等于3，就做多；如果八个指标的综合小于等于−3，就做空）。表17.7显示了结果。

我们会发现有些数字变化很大。请注意三个指数都克服了每笔100美元的成本障碍。有4个品种的账户收益超过了500%，有一个高达1000%。请记住，这是过去五年来的统计数字。考虑到大部分金融

表17.6　八个指标综合（简单多数）——从2001年1月4日到2005年11月19日

	净利润	#交易笔数	%胜率	每笔交易的利润	最大回撤	账户收益
罗素（标准合约）	$214,175	866	53.12%	$247.32	$36,500	586.8
30年期债券	$60,875	899	53.50%	$67.71	$9,250	658.1
10年期债券	$39,344	899	52.84%	$43.76	$7,531	522.4
5年期债券	$26,813	926	52.81%	$28.96	$4,266	628.5
日元	$5,575	953	50.47%	$5.85	$9,900	56.3
欧元	$12,063	946	50.32%	$12.75	$17,725	68.1
瑞士法郎	$20,350	946	51.27%	$21.51	$14,813	137.4

表17.7　八个指标——+/–3或多数方向一致——从2001年1月4日到2005年11月19日

	净利润	#交易笔数	%胜率	每笔交易的利润	最大回撤	账户收益
标准普尔（标准合约）	$146,888	230	63.48%	$638.64	$20,800	706.2
纳斯达克（标准合约）	$129,900	199	58.79%	$652.76	$16,900	768.6
罗素（标准合约）	$67,525	201	52.74%	$335.95	$30,100	224.3
30年期债券	$25,563	235	59.15%	$108.78	$5,188	492.7
10年期债券	$23,656	244	58.20%	$96.95	$2,641	895.7
5年期债券	$16,125	238	59.24%	$67.75	$1,531	1,053.0
日元	$8,438	236	52.54%	$35.75	$3,788	222.8
欧元	$10,050	239	48.12%	$42.05	$6,138	163.7
瑞士法郎	$2,250	240	50.83%	$9.38	$11,037	20.4

产品的收益，这种收益是不是算大的呢？

我们已经做了很多前期工作，如果期货不配合我们，并不是因为我们没有做好计划。

第18章

用stop类型的订单进场

在开盘价进场、在收盘价出场的交易方式只是无数交易方式中的一种方法。无论我们谈论的是机械交易，还是主观交易，大部分交易者都采用了日内交易。

动量交易者使用stop类型的订单进场，这和所谓的“低买高卖”不同。动量交易者想在高价买入，在更高的价格卖出；或在低价做空，在更低的价格买入。他们在等待市场自己说话——等市场暴露自己的底牌。

一旦确定了进场点，我们可以用综合指标系统得到不同的结果，我们要关注的是八个指标的简单多数系统。不是在开盘价进场，我们可以用stop类型的订单，在开盘价以上一定的距离买入，或在开盘价下面同样的距离做空，同样还是在收盘价出场。

我们迟点会讨论，利用市场的动力触发器（译者注：动力和触发器都是美国交易者常用的名词，触发器可以理解为某些软件信号）是有优势的，也就是说动力触发器在某种程度上能捕捉到市场波动。我比较喜欢把三天振幅的均值作为我的标准。我过去总是认为前一天的振幅就很完美了，但是我后来发现节假日会影响这个结论。节假日会影响结果，这迫使我快速进场。而三日振幅的均值则可以平滑异常情况对资金曲线的影响。

把三日振幅的均值乘以一定的百分比，得到的数字就是一个距离，可以用来作为进场触发器，下stop类型的订单。表18.1显示了针对标准普尔优化距离的结果，这个距离的变化范围是三日振幅均值的0倍（也就是把前一天的开盘价作为进场点）到1.5倍，每次增加0.25。正如你所见，这个方法产生的收益比在开盘时进场的收益高，平均每笔交易的利润也比较高。

表18.1 优化日平均振幅以确定用stop类型订单进场——标准普尔——从2001年1月4日到2005年11月19日

倍数	净利润	#交易笔数	%胜率	每笔交易的利润	最大回撤	账户收益
0	$266,525	908	56%	$293.53	$41,800	637.6
0.25	$212,250	641	57%	$331.12	$24,050	882.5
0.5	$112,975	416	56%	$271.57	$20,775	543.8
0.75	$61,450	258	58%	$238.18	$22,350	274.9
1	$8,375	152	57%	$55.10	$18,275	45.8
1.25	$17,450	71	47%	$245.77	$5,175	337.2
1.5	$4,625	38	50%	$121.71	$5,025	92.0

表18.2 优化日平均振幅以确定用stop类型订单进场——八个指标——简单多数——纳斯达克——从2001年1月4日到2005年11月19日

倍数	净利润	#交易笔数	%胜率	每笔交易的利润	最大回撤	账户收益
0	$147,250	901	50%	$163.43	$92,250	159.6
0.25	$65,300	628	52%	$103.98	$53,650	121.7
0.5	$62,400	385	53%	$162.08	$39,800	156.8
0.75	$29,550	231	53%	$127.92	$13,550	218.1
1	$15,450	134	52%	$115.30	$5,900	261.9
1.25	($5,600)	68	48%	($82.35)	($13,900)	—
1.5	($1,600)	26	26%	($61.54)	($7,950)	—

用这个思路测试纳斯达克（表18.2）的结果不是太好，也不是太差。每次增加0.25倍，测试后的结果还不错。相反，新的进场点方法测试罗素的结果很好（请看表18.3）。倍数为0.25时收益最高，平均每笔交易的利润也不错，采用0.25倍时，净利润也比较大，这表明我们已经排除的数字对我们没好处。

优化后的结果表明系统是有活力的，只是增加的倍数要小。实

表18.3　优化日平均振幅以确定用stop类型订单进场——八个指标——简单多数——罗素——从2001年1月4日到2005年11月19日

倍数	净利润	#交易笔数	%胜率	每笔交易的利润	最大回撤	账户收益
0	$214,175	866	53%	$247.32	$39,350	544.3
0.25	$232,925	595	58%	$391.47	$23,500	991.2
0.5	$143,025	396	59%	$361.17	$16,000	893.9
0.75	$88,950	253	59%	$351.58	$10,825	821.7
1	$48,950	136	64%	$359.93	$10,575	462.9
1.25	$13,800	63	57%	$219.05	$7,225	191.0
1.5	$1,200	34	58%	$35.29	$10,600	11.3

际上，当我优化的时候，我发现三日平均振幅的33%是最优参数。

> 把开盘价加上前三天平均振幅的33%，用stop类型的订单在这个价格买入。
>
> 把开盘价减去前三天平均振幅的33%，用stop类型的订单在这个价格卖出。

很明显，使用这个系统时的交易笔数很少，被排除掉的交易会带来最大的亏损（因为市场对你不利时你永远不会进场的）。当然了，你牺牲的是新的进场点和开盘价之间的价差（现在你是在高买低卖）。

表18.4显示了33%的stop订单进场点在9个市场的测试结果。

表18.5显示了在+／−3（译者注：指其中至少三个指标给出多头信号或空头信号时交易）情况下的收益。和以前一样，我们提高了账户收益和平均每笔交易的利润，请注意，在某些市场系统取得了比较大的胜率。没错，我们的交易笔数减少了，但是胜率提高了。

表18.4 八个指标——简单多数——33%的stop订单进场点——从2001年1月4日到2005年11月19日

	净利润	#交易笔数	%胜率	每笔交易的利润	最大回撤	账户收益
标准普尔（标准合约）	$137,100	578	55.54%	$237.20	$29,625	462.9
纳斯达克（标准合约）	$97,850	533	53.85%	$183.58	$38,300	255.5
罗素（标准合约）	$216,475	520	60.38%	$416.30	$15,050	1,438.0
30年期债券	$31,219	534	56.55%	$58.46	$4,813	648.6
10年期债券	$27,781	526	55.70%	$52.82	$3,734	744.0
5年期债券	$18,188	521	54.13%	$34.91	$2,953	615.9
日元	$8,688	520	45.77%	$16.71	$5,538	156.9
欧元	$30,075	518	50.39%	$58.06	$5,888	510.8
瑞士法郎	$19,213	539	50.65%	$35.64	$4,638	414.3

表18.5 八个指标——33%进场点和+／-3的过滤器——从2001年1月4日到2005年11月19日

	净利润	#交易笔数	%胜率	每笔交易的利润	最大回撤	账户收益
标准普尔（标准合约）	$87,325	155	61.29%	$563.39	$10,425	837.6
纳斯达克（标准合约）	$73,250	132	56.82%	$554.92	$10,450	701.0
罗素（标准合约）	$79,575	119	66.39%	$668.70	$11,450	695.0
30年期债券	$12,125	149	61.07%	$81.38	$2,406	503.9
10年期债券	$18,625	153	66.67%	$121.73	$1,703	1,094.0
5年期债券	$13,547	139	66.91%	$97.46	$984	1,377.0
日元	$5,338	127	48.03%	$42.03	$3,825	139.6
欧元	$12,550	134	54.48%	$93.66	$3,868	324.5
瑞士法郎	$4,588	139	48.92%	$33.00	$5,763	79.6

第19章

用限价单进场

考虑到八个指标都很有活力，我们也许还可以考虑其他的进场方式。我说过，用stop订单进场的劣势在于，和开盘价相比，进场价位并不好。我们有办法找到比开盘价更好的进场价位吗？stop类型的订单有它的优势，也有它的劣势，我们现在讨论的则是限价单。我们再做一次测试，表19.1显示了把标准普尔三天平均振幅的倍数从0增加到1.5倍的结果，每次增加0.25倍。我们现在的建仓方式反过来了——开盘价减去这个数字作为买入点，开盘价加上这个数字作为卖出点。

然后，我们再看看纳斯达克（请看表19.2）的模拟测试结果。首先值得注意的是这两个限价方式都没有在开盘价进场好，并非9个金融产品都证明了这点，但是这说明一些事情：第一，当你想和可靠的动量思路（根据限价进场）反着做时，你可能会得到相反的结

表19.1　优化百分比数字——在低价买入，在高价卖出——标准普尔——从2001年1月2日到2005年11月19日

倍数	净利润	#交易笔数	%胜率	每笔交易的利润	最大回撤	账户收益
0	$266,525	908	56%	$293.53	$41,800	637.6
0.25	$83,500	586	53%	$142.49	$57,800	144.5
0.5	$13,800	347	48%	$39.77	$28,325	48.7
0.75	（$1,925）	198	45%	（$9.72）	$20,800	—
1	（$8,050）	109	44%	（$73.85）	$14,426	—
1.25	（$24,275）	48	35%	（$505.73）	$24,375	—
1.5	（$12,525）	27	29%	（$463.89）	$12,625	—

表19.2　优化百分比数字——纳斯达克——从2001年1月2日到2005年11月19日

倍数	净利润	#交易笔数	%胜率	每笔交易的利润	最大回撤	账户收益
0	$147,250	901	50%	$163.43	$92,250	159.6
0.25	$22,050	602	52%	$36.63	$78,600	28.1
0.5	($39,600)	357	46%	($110.92)	($60,800)	—
0.75	($20,650)	212	45%	($97.47)	($38,400)	—
1	($35,550)	108	40%	($329.17)	($38,550)	—
1.25	($10,950)	60	51%	($182.50)	($21,650)	—
1.5	($5,050)	25	36%	($202.00)	($19,850)	—

果；第二，虽然不是很好，任何坚持都是有价值的。也许这个思路不够好——要想做到分散，是需要很多条件配合的。这个方法的优势就是我们可以自己确定进场价。

所以我们继续前进。在“比较好”的价位买卖并没有明显的好处，我们恐怕也不会为此感到奇怪，我们很快就把最差的交易忘却了。场内交易者知道这个现象，就像是“如果我喜欢在7美元买入，那么我更喜欢在4美元买入！”老交易者都知道“坏”能变得“更坏”。

我们又做了最后一次分析，找到了一些优势，25是最优参数。表19.3表明了它在目标市场的测试结果，表19.4表明了加上+／−3过滤器的结果。

表19.3 25%的限价单进场——剩下来的市场——从2001年1月2日到2005年11月18日

	净利润	#交易笔数	%胜率	每笔交易的利润	最大回撤	账户收益
罗素（标准合约）	（$45,225）	560	46.96%	（$80.76）	$77,075	—
30年期债券	$24,000	572	51.05%	$41.96	$9,188	261.2
10年期债券	$21,188	584	55.82%	$36.28	$5,125	413.4
5年期债券	$12,891	571	50.61%	$22.58	$2,921	441.3
日元	$7,713	650	55.69%	$11.87	$6,513	118.4
欧元	$14,638	642	53.43%	$22.80	$10,038	145.8
瑞士法郎	$3,538	614	51.14%	$5.76	$9,213	38.4

表19.4 25%的限价进场单加上+／-3的限制条件——从2001年1月2日到2005年11月18日

	净利润	#交易笔数	%胜率	每笔交易的利润	最大回撤	账户收益
标准普尔（标准合约）	$46,725	136	58.82%	$343.57	$21,325	219.1
纳斯达克（标准合约）	$66,250	134	61.19%	$494.40	$22,350	296.4
罗素（标准合约）	（$4,400）	128	46.88%	（$34.37）	$27,450	—
30年期债券	$9,656	138	53.62%	$69.97	$3,343	288.8
10年期债券	$7,688	144	60.42%	$53.39	$2,453	313.4
5年期债券	$4,469	138	50.72%	$32.38	$2,734	163.5
日元	$6,663	162	54.32%	$39.27	$2,350	282.3
欧元	$15,750	170	57.06%	$92.65	$4,425	355.9
瑞士法郎	$1,400	157	52.23%	$8.92	$7,412	18.9

第20章

止损尝试（和实际应用）

止损有四种基本类型：

1. **资金管理**。你把风险用固定的金额确定下来，一旦价格到了某个价位，对应的亏损到了你决定的金额，你就平仓，再等待机会。

2. **跟踪止损**。你有一个初始止损点，这个作用和资金管理是一样的。如果交易不利，你会在确定的止损点出场；如果仓位对你有利，你就要建立一个门槛，当价格到了这个门槛时，你就兑现利润。如果你是做多的，跟踪止损点是向上逐渐抬高的；如果你是做空的，则向下降低。当市场对你有利时，你能保证自己既不会减少潜在的亏损，也能守住大部分利润。

3. **动态止损**（译者注：英文叫dynamic stop，国内没有固定的翻译）。因为这个方法是根据市场状况调整止损点，所以没有前面两个方法那么偏主观。这个方法采用了一些市场特点——主要是平均振幅。比如说，进场后，进场价加减日平均振幅的50%为止损点。相反，如果以1000美元的亏损幅度为止损点，那么交易标准普尔市场时，80年代基本上碰不到止损点，1999年到2000年就不行了，会常常止损。

4. **系统规则定义的止损点**。最简单的方法就是没有止损点——直接给出反转仓位的信号。在20天内的最高点买入，在相应的最低点做空，这完全是动量方法，用反转仓位的方法代替了止损。很明显，这个例子中的风险是很大的，有些系统中反转仓位信号和止损信号是分开的，也能做到如此简洁。

任何方法都有它的优点和缺点，但是记住一条规则，止损的主观成分越少就越好。市场环境在变化，你的止损点也应该相应地灵活变化。

让我们再回到图17.3，这张图显示了纳斯达克八个综合指标系统（简单综合）。有一个统计数字我们没有考虑，那就是单笔交易的最大亏损。目前我们认为这个数字还算可以。如果某天亏损了13650美元会如何？如果最终收益是147250美元，这个亏损金额不算太差。

你在交易时的感觉会有所不同——每天都会有不同的体验。无论最终账户会有多少资金，不想把钱亏掉的想法都是自然的。交易账户是每天结算的，市场回调时你就会有回吐利润的感觉。如果周一你的账户是6.5万美元，到了周二就变成了5万美元，此时你是很难保持冷静的。

即使你想改进最差交易的数字，请记住：还有更差的在等着你呢。格言说“最大回撤总是在等着你”，这句话对最大单笔亏损也是适用的。如果你交易的时间足够长，“差的”迟早会变成“最差的”，止损单就能缓解这种情况。

只要有可能，请尽量设计灵活性的止损点，不要设计死板的止损点。表20.1显示了针对标准普尔前三天平均振幅百分比优化止损点的测试结果。我们按照前面八个指标系统一样的方法进场，但是我们现在在当天收盘前出场。多头仓位的进场价减去我们优化的分

表20.1　八个指标的止损出场点优化——标准普尔——从2001年1月4日到2005年11月19日

倍数	净利润	#交易笔数	%胜率	每笔交易的利润	最大回撤	账户收益
No Stop	$266,538	908	56%	$293.54	$38,675	689.2
0.25	$183,038	908	33%	$201.58	$35,725	512.4
0.5	$252,738	908	49%	$278.35	$26,250	962.8
0.75	$268,463	908	54%	$295.66	$28,875	929.7
1	$274,588	908	56%	$302.41	$36,175	759.1
1.25	$290,813	908	56%	$320.28	$34,025	854.7
1.5	$279,063	908	56%	$307.34	$36,800	758.3

数（或倍数）就是卖出止损点（请记住，进场点是开盘价）。对于空头仓位，止损点在进场价（开盘价）加上这个数字。表20.2显示了针对纳斯达克的模拟测试结果。

我们已经确认了66%是最佳参数（很奇怪啊，33.33%总是最有活力的参数，难道是斐波那契数列）。

表20.3显示了9个市场不使用止损和使用66%止损点的结果。这些止损点很有活力，无论是像2005年夏季那样的横盘市场，还是像2000年左右的泡沫市场，它们的表现都是一样的，它们和当前环境相关。

表20.2　八个指标的止损出场点优化——纳斯达克——从2001年1月4日到2005年11月19日

倍数	净利润	#交易笔数	%胜率	每笔交易的利润	最大回撤	账户收益
No Stop	$147,250	901	51%	$163.43	$90,950	161.9
0.25	$125,200	901	30%	$138.96	$33,100	378.2
0.5	$186,850	901	45%	$207.38	$62,500	299.0
0.75	$167,900	901	49%	$186.35	$69,300	242.3
1	$182,800	901	50%	$202.89	$72,600	251.8
1.25	$158,200	901	50%	$175.58	$84,450	187.3
1.5	$152,300	901	50%	$169.03	$93,050	163.7

表20.3 八个指标——简单综合，加上66%的止损点——从2001年1月4日到2005年11月19日

	净利润	#交易笔数	%胜率	每笔交易的利润	最大回撤	账户收益
标准普尔（标准合约）						
No Stop	$266,538	908	56.28%	$293.54	$38,675	689.2
66% Stop	$276,038	908	53.30%	$304.01	$25,725	1,073.0
纳斯达克（标准合约）						
No Stop	$147,250	901	50.94%	$163.43	$90,950	161.9
66% Stop	$169,600	901	48.17%	$188.24	$59,100	287.0
罗素（标准合约）						
No Stop	$214,175	866	53.12%	$247.32	$36,500	586.8
66% Stop	$230,025	866	50.23%	$265.62	$31,025	741.4
30年期债券						
No Stop	$60,875	899	53.50%	$67.71	$9,250	658.1
66% Stop	$56,469	899	50.83%	$62.81	$7,844	719.9
10年期债券						
No Stop	$39,344	899	52.84%	$43.76	$7,531	522.4
66% Stop	$34,813	899	49.72%	$38.72	$7,109	489.7
5年期债券						
No Stop	$26,813	926	52.81%	$28.96	$4,266	628.5
66% Stop	$23,313	926	49.46%	$25.18	$3,859	604.1
日元						
No Stop	$5,575	953	50.47%	$5.85	$9,900	56.3
66% Stop	$6,113	953	47.95%	$6.41	$8,288	73.8
欧元						
No Stop	$12,063	946	50.32%	$12.75	$17,725	68.1
66% Stop	$3,713	946	47.15%	$3.92	$17,325	21.4
瑞士法郎						
No Stop	$20,350	946	51.27%	$21.51	$14,813	137.4
66% Stop	$22,400	946	48.84%	$23.68	$10,100	221.8

第21章

价格目标的好处和坏处（形成另一个有效的系统）

我们之前谈到了价格目标，对于包括我在内的很多人来说，这个思路很诱惑人，人们都喜欢兑现利润，抓住财富。有些很赚钱的系统是有价格目标的，但是很多研究者会告诉你，很多时候，如果不使用价格目标，赚的钱会更多。通常，我们都会讨论如何才能做到合理的分散，但是都忘了要去除价格目标。

这个现实让人感到恼怒。我有几个日内交易系统，这些系统在收盘前的表现都是最好的。我们采用不同的系统，但是这些系统的结果都差不多。虽然动量系统和我们的直觉倾向有冲突，但动量系统却比较流行。用动量系统交易时，我们确实会回吐利润，问题是在什么水平交易？通常都是比我们预想的要好，它定义了数字游戏的成功动力。

我们已经注意到了用限价单的优势，那就是不会在成交时出现滑点亏损。因为我们对特点的价格不一定会坚持，所以这个方法的最大缺点是我们没有去交易。请记住，无论是在场内交易，还是通过网络交易，我们的对手都是用限价单的（他们会在市场中挂出买入价和卖出价）。

我们不但在交易时会遇到这个问题，而且在研究的时候也会遇到这个问题。所有的模拟信号都是可以在实战时采用的，但是在实战时却没有采用。我们会认为软件提供的胜率不可靠，而想自己调整。很明显，系统的预测肯定没有想象中的那么精准。

我们会通过一个例子说明这个问题，还会用另一个系统说明解决问题的方法，我们把这个系统叫做“第二最高／最低出场”系统。这个系统综合了五个单选指标。如果要做多：

1. 收盘价大于40天均值的收盘价。

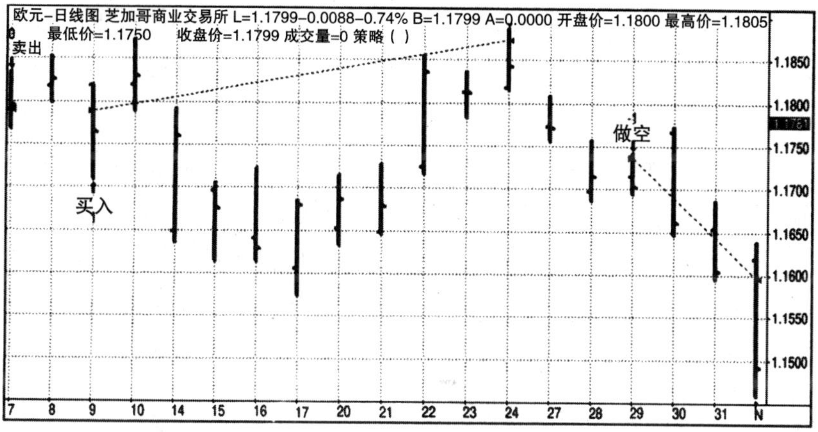

Tradestation生成图表

图21.1　第二个最低价／最高价出场：欧元日线数据

2. 2天均值的收盘价小于5天均值的收盘价。

3. 50天内的最高价出现在50天内的最低价之前。

4. 振幅小于10天平均振幅，收盘价比较高；或振幅大于10天平均振幅，收盘价比较低（小的振幅意味着“跟随”，大的振幅意味着反着做）。

5. 收盘价大于15天的中点均值（15天最高平均价加最低平均价，再除以2）。

和之前综合系统一样，这五个指标的大多数决定方向，这次再加上第二个限制条件。收盘价必须大丁20天均值，这样我们才买入。如果收盘价大于20天均值，五个指标也是看多的，那么我们第二天以开盘价减去三天平均振幅的33%作为进场点，设置限价单。

这是我们的第一个非日内系统，我们不在收盘时平掉所有的仓位。

第一天进场后，请注意最高价，最高价就是我们的利润目标。除非我们的止损单被执行了，最高价就是我们的目标。如果收盘价在最低价20天均值收盘价之下，这就是止损点，第二天开盘时出场。和之前一样，做空则相反。

图21.1显示了赚钱的交易，买卖都是根据三天振幅的33%用限价单执行的。对于第一笔交易，市场在第二天就到了进场那天的最

高价。7天后，市场又穿过了这个价格，只是第二天的最高价没有穿过。按照这个模式的定义，第二天的最高价就是利润目标，在两天后就实现了。

第二笔交易是做空。第二天就到了第一天的最低点，第三天就到了第二天的最低点，第二天就实现了目标。

如果要求限价单碰到价格，不是穿过价格（这样没有被执行的价格就可以等着在以后被执行），那么我们就很有可能在绝对的最高价／最低价执行交易。图21.2显示了针对标准普尔的毫无争议的进场和出场，这是比较典型的情况。

表21.1是完全的“第二个最高价／最低价出场”的结果，很不错，平均每笔交易的利润很大。这再次说明，这些数字总体上不受价格滑点的影响，这给我们加强了保障，是不是？让我们看看图21.3。

请注意在图21.3中强调的交易。在2002年10月16日做空2002年12月份的五年期债券合约，价格是11216——这是当天的最高价。在整个持仓期间——七个交易日——再也看不见这个最高价了。然后市场一直创造新低，直到2002年10月24日为止，根据这张图表，在11109.5可以兑现利润。很碰巧这个出场价也是极限价格——当天的

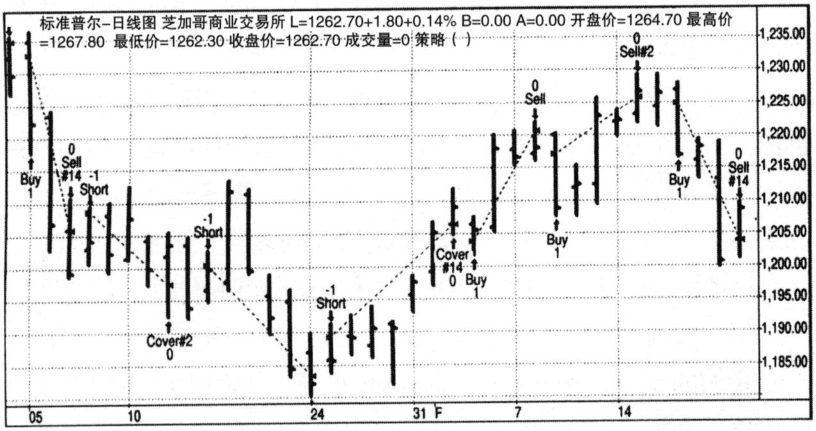

Tradestation生成图表

图21.2　第二个最高价／最低价出场——毫无争论——所有的买入／卖出价位都被穿过了：标准普尔的日线数据（Buy：买入 Sell：卖出 Short：做空 Cover：回补）

来源：© Tradestation技术公司，1991年—2006年。保留所有权利。

表21.1　第二最高价／最低价出场——日线数据——从2001年1月2日到2005年11月19日

	净利润	#交易笔数	%胜率	每笔交易的利润	最大回撤	账户收益
标准普尔（标准合约）	$221,475	199	54.27%	$1,112.94	$36,425	608.0
纳斯达克（标准合约）	$113,100	198	50.51%	$571.21	$56,500	200.2
罗素（标准合约）	$228,650	204	57.35%	$1,120.83	$57,500	1,997.0
30年期债券	$14,875	161	49.07%	$92.39	$14,906	99.8
10年期债券	$8,672	169	49.70%	$51.31	$8,641	100.4
5年期债券	$11,938	180	51.11%	$66.32	$5,766	207.0
日元	（$10,100）	181	45.86%	（$55.80）	$17,188	—
欧元	$22,225	198	52.02%	$112.25	$18,313	121.4
瑞士法郎	（$6,450）	204	41.67%	（$31.62）	$18,475	—

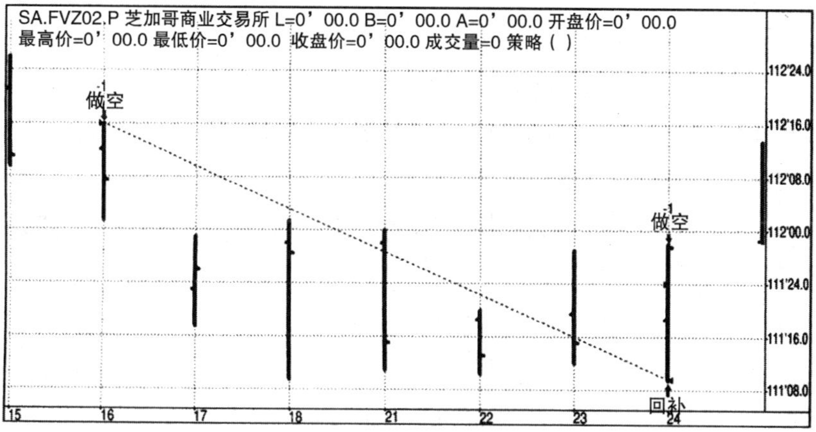

Tradestation生成图表

图21.3　五年期债券日线数据：这笔交易会被执行吗？

最低价，但是我不想在这个上面过多纠缠。我们的软件告诉我们，这笔交易的理论利润应该是每份合约1203.13美元。也就是说当我们进场后，我们就得到了回报。

在现实中，老交易者会告诉你，如果市场碰到了你的限价单，但并没有穿过，那么订单有可能没有被成交，这个订单只是无数订单中的一份而已。一些交易的卖家的订单会被成交，但是大部分订单不会被成交。大部分流行的软件在这种情况下都认为订单已经成交量。

特别麻烦的是，根据定义，我们只能讨论有争议的赢利交易。任何时刻，一旦一笔交易是亏钱的，它就会被成交，在业绩中就会显示出来。如果我们想知道成功的方法，如果我们想知道什么样的规则才是现实的，那么我们就要知道这种计算潜在利润的方法是有缺陷的，我们该怎么办？

我们可以创建一个理论化的环境，这个环境要比真实情况苛刻一点。如果我们想在昨天的最低价买入某个品种，我们就把昨天的最低价再减去一个基点；如果我们想在昨天的最高价卖出，我们就把昨天的最高价再加上一个基点。对于任何限价单，要决定好特定的价格，然后在做模拟测试时低一个基点“买入”或高一个基点“卖出”，其他则保持不变。

如此一来，我们就不会争论交易是否会被真的执行了。如果说开盘价减去三日平均振幅的33%，再减一个基点，那么只要市场到了开盘价减去三日平均振幅的33%，任何订单都可以被成交了。交易所保证穿过的订单都会被成交的，例外情况就是如果“市场波动太快”，那还是无法成交，纽约的市场也是例外，由于各种原因，它们似乎没有工业标准。

实际上，我们还会遇到一些不确定的事，不仅仅是有些潜在的赢利交易无法显现出来。我们目前会发现只有一部分订单会被成交——都是价格至少差一个基点的订单，如果不满足这个条件，那么交易就不会成交——软件会认为和限价差一个基点。我们的实际订单“宽松”了一个基点，因此，有些碰到了，但没有穿过的订单会被成交。

我们不但要计算这些交易对利润的影响，其他交易有时候也会在比理论买点低的价位成交，或在理论卖点高的价位成交。这样情况都要考虑在内，这是比较好的计算有争议的赢利交易的方式。此时业绩总结报表就比较接近真实情况了，也许更好，这样就和我们的怀疑态度一致了。

因为我们要让一个基点进行交易，所以我们还要进一步做调整。我们还要考虑到滑点亏损和佣金（都会影响我们的利润），因为系统使用限价单（在利润目标）出场，进场也是同理，那么我们还要减去一个基点。目前，对于每笔交易来说，我们减少了两个基点的利润。有时候我们是用stop类型的订单出场，这意味着没有必要让两个基点，但是这么做更接近事实。现在就很难产生让人吃惊的数字了，但是如果我们有足够的活力，收益还是不错的。

表21.2显示了系统对恶劣条件的忍受能力。考虑到交易的笔数相对较少，但结果差别并不大。我们在后面会谈到日内交易思路，这些思路的日内信号就很多，在这些状况下，调整的意义就很重大。如果研究过头了，很多系统会爆仓的。在实战前，我们最好就知道这些问题。

表21.2　第二最高价／最低价出场加上滑点亏损——从2001年1月2日到2005年11月19日

	净利润	#交易笔数	%胜率	每笔交易的利润	最大回撤	账户收益
标准普尔（标准合约）*	$221,475	199	54.27%	$1,112.94	$36,425	608.0
纳斯达克（标准合约）**	$113,100	198	50.51%	$571.21	$56,500	200.2
罗素（标准合约）**	$228,650	204	57.35%	$1,120.83	$57,500	397.7
30年期债券***	$14,875	161	49.07%	$92.39	$14,906	99.8
10年期债券***	$8,672	169	49.70%	$51.31	$8,641	100.4
5年期债券***	$11,938	180	51.11%	$66.32	$5,766	207.0
日元****	（$10,100）	181	45.86%	（$55.80）	$17,188	—
欧元****	$22,225	198	52.02%	$112.25	$18,313	121.4
瑞士法郎****	（$23,763）	200	40.50%	（$68.81）	$24,988	—

*Dock $50 **Dock $100 ***Dock $62.50 ****Dock $25

第22章

两个最高价／最低价出场技术的其他应用（确实是真实的！）

可以说，本书是一种接近于实战的练习。我在写作本书之前就开发了一些技术，自己还在不停地做模拟测试，研究一个又一个的交易思路（只要使用模拟测试软件，我就在研究新思路）。本书和我的研究是互补的关系。因此，虽然针对写作的主题有所偏离，我还是想回头谈谈前面讲到的出场技术。我在这方面做了很多研究，可以说是研究很深了。

回到最基本的方法总是有好处的——在本例中，我们会回到动量思路。动量思路自古有之，或许大家都知道动量思路的效率不高（几乎没有人可以靠系统提高业绩，也许我可以让几个基本的、流行的思路起作用）。

也许新的出场策略可以给我们的方法注入活力。虽然利润目标会降低资金曲线，但也许我们可以找到例外。要想找到有效的机械交易系统，这条道路是很艰难的，是曲折的。我只能反复声明，在不完美的世界里，是可以获得利润的。

我们把这个系统叫做“第二个最高价／最低价出场二号”。如果收盘价大于25天均值的收盘价，那么就把开盘价加三日平均振幅的50%作为stop类型订单的买入价。再次说明，如果第一天的最高价被两次穿过，那么就用限价单在更高的最高价出场；如果市场的收盘价小于25天最低价的均值，那么就在第二天用市价单出场。卖出也是同理。

表22.1更加确定了双重最高价／最低价出场是很不错的方法。

“第二最高价／最低价出场三号”是这样决定买入的：如果收盘价大于前一天的最高价，还大于40天均值的收盘价，那么就以市

表22.1 第二最高价／最低价二号——日线数据——从2001年1月2日到2005年11月19日

	净利润	#交易笔数	%胜率	每笔交易的利润	最大回撤	账户收益
标准普尔（标准合约）	$166,250	234	43.59%	$710.47	$29,825	557.4
纳斯达克（标准合约）	$88,650	229	43.67%	$387.12	$80,800	109.7
罗素（标准合约）	$174,500	241	43.15%	$724.07	$44,225	394.6
30年期债券	$10,094	217	41.94%	$46.51	$15,094	66.9
10年期债券	$8,890	217	41.47%	$40.97	$13,438	66.2
5年期债券	$16,578	213	42.72%	$77.83	$4,641	357.2
日元	（$8,250）	188	40.96%	（$43.88）	$19,750	—
欧元	$14,950	214	43.93%	$69.86	$23,713	63.1
瑞士法郎	（$213）	208	41.83%	（$1.02）	$16,338	—

价单买入；如果收盘价小于40天内的最低价并使用相同的利润目标（译者注：这句原文可能有误，不知利润目标指什么），那么就在第二天出场。卖出也是同理。表22.2更加证实了双重最高价／最低价概念。

我们是否可以把这个概念引申到限价单进场？第二最高价／最低价出场四号（表22.3）说，如果收盘价大于40天均值的收盘价，那么第二天就在开盘价减去三日平均振幅的50%买入，出场点和止损点（40天）是一样的。

有些数字让人印象深刻——平均每笔交易的利润有几千元，胜率有60%或更高……在限价单系统中，这些数字是很难看见的。快速浏览以后，我们知道之前谈到的让出一个基点和滑点的方法是可行的。

在低价买入，在高价买入——这些都不重要。这些都会让我们的交易没那么可怕了，交易变得更加确定了，更加可行了，我们要尽量抓住每个优势。

表22.2　第二最高价 / 最低价三号——从2001年1月2日到2005年11月19日

	净利润	#交易笔数	%胜率	每笔交易的利润	最大回撤	账户收益
标准普尔（标准合约）	$57,800	97	55.67%	$595.88	$33,525	172.4
纳斯达克（标准合约）	$49,550	99	55.56%	$500.51	$43,750	113.3
罗素（标准合约）	$162,075	124	58.06%	$1,307.06	$31,650	512.1
30年期债券	（$7,625）	107	48.60%	（$71.26）	$12,344	—
10年期债券	$9,859	101	54.46%	$97.62	$7,531	130.9
5年期债券	$3,625	94	56.38%	$38.56	$4,422	82.0
日元	$1,050	99	51.52%	$10.61	$21,563	4.9
欧元	$35,125	95	55.79%	$369.76	$12,900	272.3
瑞士法郎	$7,225	100	52.00%	$72.25	$14,488	49.9

表22.3　第二最高价 / 最低价四号——限价单——从2001年1月2日到2005年11月19日

	净利润	#交易笔数	%胜率	每笔交易的利润	最大回撤	账户收益
标准普尔（标准合约）	$183,775	99	63.64%	$1,856.31	$27,800	661.1
纳斯达克（标准合约）	$187,650	94	64.89%	$1,996.28	$78,950	237.7
罗素（标准合约）	$146,500	140	58.57%	$1,046.43	$49,675	294.9
30年期债券	（$5,594）	101	52.48%	（$55.38）	$18,656	—
10年期债券	$16,359	83	59.04%	$197.10	$4,922	332.4
5年期债券	$13,969	98	59.18%	$142.54	$4,656	300.0
日元	$10,900	118	57.63%	$92.37	$16,863	64.6
欧元	$29,712	104	54.81%	$285.70	$11,400	260.6
瑞士法郎	$12,038	97	53.61%	$124.10	$10,550	114.1

第23章

进一步优化，市场变化和原始数据

让我们再来检查谨慎的模拟测试和有勇无谋的模拟测试。我每次模拟测试都会测试这9个金融市场是有一定原因的（我们还会谈论更特殊的指数思路，但是暂时不谈），其他的市场确认了测试的活力。我希望我主要交易的市场，不管是标准普尔、债券或其他市场，都会有持续的预期收益。请记住，你最终的收益只能是接近于模拟测试报告的总收益。通常情况下，真实的业绩会低于预想中的业绩。

我希望我的思路在相关的市场也能赚钱——我不希望一个系统在日元市场是赚钱的，交易法郎或30年期债券就是亏损的。我并不指望9个市场都是赚钱的，但我至少希望大部分市场都是赚钱的。

我并不希望某个系统在一个市场赚钱，在其他市场就不赚钱了，我希望这个系统在大部分市场都能赚钱，这样我对未来就会更有信心。我总是希望系统在不同的市场都能赚钱。在其他条件都相同的情况下，20个品种赚钱总比10个品种赚钱要好，连续10年赚钱总比连续5年赚钱好。如果我们的目标是交易5年，这意味着其他条件并不相同——如果模拟测试的时期太短，那么就没有考虑到市场的变化会影响模拟测试的结果。看见前面5年的业绩很不错，可能没有想到后面5年会亏损，善于分析市场的人知道这个现象。

我们犯的最大错误之一是根据单独的市场调整自己的模拟测试结果。我们总是用这个方法来找到最好的参数，只在于有没有想到随机因素的影响。随机因素会如何影响？我们永远无法给出具体的答案，如果我们不想找到最普及的参数，而是具体问题具体对待，结果会好很多。

想象一下，在四个不同的房间里做掷硬币的实验。一个房间用1分钱的硬币，一个房间用5分钱的硬币，一个房间用10分钱的硬币，一个房间用25分钱的硬币。每个硬币都掷100次。假如说我们都不知道这些硬币的任何规律，我们也不知道概率——简而言之，我们没有意识到这些实验纯粹是随机的（我们只是认为没有任何硬币是有利的）。

如果我们像外星人一样，冷静地分析掷硬币的特点，我们可能会错误地认为每个硬币的面额是很大的决定因素。掷硬币100次后，并非是50次出现正面，50次出现反面。如果在掷1分钱硬币的时候52次是正面，在掷5分钱硬币的时候57次是反面，会如何？是不是认为它们的特点想法——把1分钱硬币作为“多头指标”，把5分钱硬币作为“空头指标”？

我们最好是掷400次，把这些硬币的抛掷结果看做是同一个实验。然后，也许结果有一定的偏向，我们最好是再做一次实验，也许第三次实验更加证明了这点，第四次实验还是如此，等等。

我在写作《战胜市场的人》的时候遇到的问题之一，是如果看待市场长期的本质。有些接受采访的人表示，他们的系统都是多年前开发的，他们没有作出修改。他们认为，一旦找到了方法，就没有必要再重新发明新方法了。

系统交易者都在坚守自己的方法，如果不这么做，那他们就和主观交易者的行为差不多了——到处寻找“最赚钱”的系统和建议——结果是原地踏步。如果一个人对交易策略作出了太多的改变，那等于说自己没有信心。如果说所有的系统都有亏损期——甚至亏损期很长——在感觉不妙的时候跳船有什么意义呢？市场压力无所不在，即使是我们最信任的系统也会让我们感到有压力。

因为在我们亏损的时候其他系统却能赚钱，我们就会被其他系统吸引。“还是采用赚钱的系统吧！”不过我还是要强调，任何系统都有资金曲线回撤的时候。如果你因为亏损了，就想去使用一个赚钱的突破系统，那么相反的情况也会出现——也许你最不想使用的就是最热门的系统。最火爆的系统可能受到了资金曲线回撤的影响，而表现一般的系统却没有受到这种影响。

系统交易者一直在讨论在什么时候应该提高警惕。当一个系统连续五笔赢利或亏损的时候，你会安心地执行系统吗？有些基金经理会抛弃前一两年亏损的系统。有些基金经理则相反，对于表现超常好的系统，他们会逐渐减少仓位——主要原因是系统会回到过去的业绩偏下的正常状态。有些基金经理则认为，系统最近的业绩并不能说明未来的业绩会如何。

人们在开发研究系统的时候已经确定了系统的各项指标，他们认为系统的业绩应该在这些指标范围之内，如果不在这些指标范围之内，就应该放弃这个系统。此外，如果系统的各项指标在正常范围之内，那么就不应该放弃这个系统。如果交易者感到焦虑，应该控制好自己的心态。

只是这种回答没有说明我们如何面对市场的变化。从宏观层次来说，我们都在玩同样的游戏。市场中不会永远存在像动量这样的有用的市场力量，人类心理总体上是不会改变的——总是同样的贪婪和恐惧。

优化系统是另一个方面，通过优化，可以选择特定的参数以保持系统的活力。如果随着时间的流逝系统一直在赚钱，交易者可能会发现，如果在前一年把参数5改成3，利润会翻倍。

从1982年到1985年，标准普尔的振幅都不会超过10点，在1999年，只有10天的振幅在10点之内。很明显，市场状况确实会变化。争论的焦点是，我们对市场的理解是否考虑了这些方面，这些方面是否是不重要的。

《战胜市场的人》中有大约一半的人认为要定期优化系统，有很多人认为要每年重新模拟测试系统。因为主观交易者在交易时会感到焦虑，就会时不时地去检查自己的工具，这个机械交易则不同。

定期优化系统的效果如何？有没有办法找到满意的答案？这个答案在我们还没有讨论到的话题——原始数据概念中。

模拟测试就是不断改装的过程。我们先想好思路，形成机械规则，写公式，然后用数据测试。从此时开始，我们就会对系统作出调整了，第一目标是希望把亏钱的系统调整成赚钱的系统，然后把赚钱的系统调整成更赚钱的系统。我们要尽量回避事后诸葛亮的行为，不过很难完全杜绝这个行为。对于任何参数，它带来的高收益也好，低收益也好，这都是公式根据过去的数据算出来的。

在研究系统的时候，最决定性的测试就是用其他数据做测试，这些数据在优化时没用过。一般人在模拟测试时都是使用最近的数据。比如说，今天是2005年11月1日，有些人在模拟测试时就会从1999年1月测试到2004年12月。完成必要的测试过程后，就会确定最终的参数，并在2005年做研究。请记住，这一段时期的数据并不是决定参数大小的因素，这只是原始数据——一段时期内的数据，可以用来做模拟测试，但对未来还是不可知的。

在像老虎鲨鱼这样的网站上写文章时，我展示了一些让我感到吃惊的模拟测试结果。其中一个例子就表明了，根据前面5年的数据做了优化以后，系统可以在一年时间内产生持续一致的利润。这违反了不要精雕细琢的说法。不过面对那样的业绩，我们很难去争论。

为了说明白我的观点，看看最初的三个单选指标，满足以下条件就做多（做空则相反）：

1. **收盘价大于40天均值的日收盘价**。参数从5开始递增，每次增加5，一直增加到50，进行优化选择，这个参数是E。

2. **2天均值收盘价小于5天均值收盘价**。参数从2开始增加，每次增加1，一直增加到4。对于比较大的参数，我们则做两次模拟测试，一次用5，一次用10。参数分别是N和P。

3. **50天内最高的收盘价出现在最低价之前**。参数从5开始增加，每次增加5，一直到50（参数是Q）。

对于同样的数据，不同参数会产生600个模拟测试结果。我们在模拟测试时只关心账户的最大收益。我们用从1998年到2002年的数据进行模拟测试，然后看看在2003年的收益如何。

对于1999年到2003年的数据来说，系统做了优化，优化后的数字用到了2004年。每次模拟测试的时间都是5年，模拟测试后的结果以一年为单位。表23.1显示了模拟测试后的“未来”结果，左边四栏是所采用的参数。

表23.1　一年原始数据的模拟测试结果

	E	N	P	Q	净值	#交易笔数	%胜率	平均每笔交易的利润	最大回撤	账户收益
标准普尔										
2001	50	2	10	30	$83,063	248	52.82%	$334.93	$33,950	245.0
2002	50	2	10	30	$37,325	252	50.40%	$148.12	$59,600	62.6
2003	50	2	10	30	$20,425	252	52.38%	$81.05	$24,950	81.9
2004	50	2	10	30	($15,550)	252	51.59%	($61.71)	$30,850	—
2005	30	2	10	25	$850	224	44.20%	$3.79	$29,150	2.9
总计					**$126,113**	**1,228**				
纳斯达克										
2001	40	3	5	30	($73,750)	248	47.98%	($297.38)	$145,550	—
2002	15	3	5	15	$80,900	251	52.59%	$322.31	$14,250	568.0
2003	15	3	5	15	($19,200)	251	47.81%	($76.49)	$41,050	—
2004	40	3	5	15	($7,900)	252	48.81%	($31.25)	$31,600	—
2005	40	3	5	15	($41,700)	224	43.30%	($186.16)	$44,550	—
总计					**($61,650)**	**1,226**				
罗素										
2001	45	4	10	50	$28,950	247	51.82%	$117.21	$33,725	85.8
2002	20	2	5	10	$8,675	252	50.40%	$34.42	$39,325	22.1
2003	20	2	5	10	$20,125	251	49.80%	$80.18	$29,150	69.0
2004	25	3	10	10	$19,550	252	49.21%	$77.58	$36,125	54.1
2005	25	3	10	10	$51,000	224	53.57%	$227.68	$28,900	176.0
总计					**$128,300**	**1,226**				

	E	N	P	Q	净值	#交易笔数	%胜率	平均每笔交易的利润	最大回撤	账户收益
30年期债券										
2001	10	4	10	50	$9,281	249	50.20%	$37.27	$10,625	87.4
2002	15	3	5	20	($3,563)	249	48.19%	($14.31)	$12,250	—
2003	20	4	5	50	($5,125)	248	47.58%	($20.67)	$8,406	—
2004	30	3	5	50	$5,938	249	50.60%	$23.85	$6,906	86.0
2005	30	2	5	20	($4,562)	221	48.87%	($20.64)	$6,125	—
总计					**$1,969**	**1,216**				
10年期债券										
2001	5	3	10	45	$6,594	249	51.41%	$26.48	$4,781	138.0
2002	15	3	10	45	$3,047	250	49.20%	$12.19	$7,781	39.2
2003	35	3	10	45	($125)	249	51.00%	($0.50)	$7,016	—
2004	35	2	5	45	$8,250	249	55.82%	$33.13	$4,188	197.0
2005	35	2	5	45	$7,141	221	49.77%	$32.13	$1,781	401.0
总计					$24,907	1,218				
5年期债券										
2001	5	3	5	45	$1,250	249	46.59%	$5.02	$3,188	39.2
2002	15	3	10	45	($31)	252	46.03%	($0.12)	$8,063	—
2003	35	3	5	45	$10,563	250	55.60%	$47.00	$1,891	559.0
2004	35	3	5	45	($2,469)	249	53.82%	($9.91)	$4,891	—
2005	35	2	5	45	$1,500	221	49.32%	$6.79	$2,563	58.5
总计					**$10,813**	**1,221**				

日元										
2001	40	2	5	45	($1,438)	250	47.60%	($5.75)	$9,175	—
2002	40	3	5	45	($5,150)	250	47.60%	($20.60)	$12,225	—
2003	30	2	5	45	$4,875	248	49.19%	$19.66	$6,750	72.2
2004	10	3	5	50	$7,388	249	50.60%	$29.67	$6,400	115.0
2005	25	2	5	50	$8,725	221	53.85%	$39.48	$4,138	211.0
总计					**$14,400**	**1,218**				
欧元										
2001	*									
2002	*									
2003	*									
2004	5	2	5	50	$3,475	249	50.60%	$13.96	$7,863	44.2
2005	5	2	5	50	$1,650	221	49.32%	$7.47	$8,063	20.5
总计					**$5,125**	**470**				
瑞士法郎										
2001	15	2	10	45	($1,500)	250	45.60%	($6.00)	$5,913	—
2002	15	2	10	40	($9,388)	251	43.43%	($37.40)	$10,838	—
2003	5	2	5	10	($2,113)	249	49.00%	($8.48)	$8,825	—
2004	5	2	10	10	$3,175	249	50.60%	$12.75	$6,213	51.1
2005	5	2	5	10	($5,125)	221	48.42%	($23.19)	$10,750	—
总计					**($14,951)**	**1,220**				

*没有完整的数据——合约开始于1999年。

也许这不是最终的结果，但确实说明了“定期优化”理论的重要性，关键是你模拟测试的指标要有活力。让我们总结一下。

我们确定了每个市场的优势，我们根据自己的交易思路在不同的市场利用一定时期的数据进行模拟测试以确定思路的活力，我们把思路认真地组合起来，看看是不是有什么遗漏之处。

一旦知道了市场在变化，我们就能在不改变规则的前提下改变参数。我们不会有时候支持动量系统，有时候又反对动量系统。我们做模拟测试的目的是确认系统能产生正收益，业绩是第一、第二、第三……第八都不重要，系统自然会产生各自的业绩。

你可以会问以下这些问题。

“嗯，很好。根据我们对市场动力的理解，我们可以让数字符合我们的意图，可以通过在系统中增加一些元素来让测试的结果显得很干净。如果我们在一开始就不改变参数，结果会如何？”（2001年）

问题很好，表23.2显示了从2001年开始的测试结果。

你可能会说：“每年都优化的好处在哪里？2001年的收益整体上已经非常好了！”这是很好的安慰——1996年到2001年的数据不错。

这种事后诸葛亮的做法会给我们一个错觉，我们以为可以一劳永逸了。如果我们保持2000年的参数不变，从2000年开始，模拟测试报告也是不错的。如果我们以1993年到1997年的参数为准，那么1998年会如何？表23.3显示了1989年的优化参数（来自1984年到1988年）在模拟测试2001年到2005年标准普尔数据的结果。

在本例中，如果我们每年都更新，我们会做得更好，其他的历史“参数”更差。事后看，每年优化也许并不能找到最好的参数，但是这才是我要说的要点，我们的收益并不是靠欺骗得来的。

优化的其他过程则没有如此客观。请记住，当你测试很多市场的数据时，你要决定哪个参数对所有的市场都合适，还要看看你的参数是不是对所有的板块都适用。我们迟点会更深入地探讨这些问题。

表23.2 用2001年的优化数据测试的结果

	E	N	P	Q	净值	#交易笔数	%胜率	平均每笔交易的利润	最大回撤	账户收益
标准普尔										
2001	50	2	10	30	$83,063	248	52.82%	$334.93	$33,950	245.0
2002	50	2	10	30	$58,275	252	50.79%	$231.25	$35,450	164.0
2003	50	2	10	30	$20,425	252	52.38%	$81.05	$24,950	81.9
2004	50	2	10	30	($15,550)	252	51.59%	($61.71)	$30,850	—
2005	50	2	10	30	$850	224	44.20%	$3.79	$29,150	2.9
总计					**$147,063**	**1,228**				
纳斯达克										
2001	40	3	5	30	$500	252	48.79%	($243.75)	$92,750	—
2002	40	3	5	30	$89,700	251	53.39%	$357.37	$16,550	542.0
2003	40	3	5	30	($8,700)	251	47.41%	($34.66)	$32,850	—
2004	40	3	5	30	($7,900)	252	48.81%	($31.25)	$31,600	—
2005	40	3	5	30	($41,700)	224	43.30%	($186.16)	$44,550	—
总计					**$31,900**	**1,230**				
罗素										
2001	45	4	10	50	$28,950	247	51.82%	$117.21	$33,725	85.8
2002	45	4	10	50	$22,925	252	51.19%	$90.97	$47,925	47.8
2003	45	4	10	50	($16,875)	251	46.22%	($67.23)	$44,275	—
2004	45	4	10	50	$120,550	252	54.37%	$54.37	$31,825	379.0
2005	45	4	10	50	$18,625	224	52.21%	$82.41	$52,850	35.2
总计					**$174,175**	**1,226**				

	E	N	P	Q	净值	#交易笔数	%胜率	平均每笔交易的利润	最大回撤	账户收益
30年期债券										
2001	10	4	10	50	$9,281	249	50.20%	$37.27	$10,625	87.4
2002	10	4	10	50	$2,125	249	49.40%	$8.53	$12,750	16.7
2003	10	4	10	50	$10,438	248	50.00%	$42.09	$8,875	118.0
2004	10	4	10	50	$3,313	249	47.79%	$13.30	$9,000	36.8
2005	10	4	10	50	$1,563	221	46.61%	$7.07	$6,656	23.5
总计					**$26,720**	**1,216**				
10年期债券										
2001	5	3	10	45	$6,594	249	51.41%	$26.48	$4,781	138.0
2002	5	3	10	45	($1,891)	250	46.80%	($7.56)	$10,000	—
2003	5	3	10	45	($5,375)	249	47.39%	($21.59)	$8,672	—
2004	5	3	10	45	($4,032)	249	47.39%	($16.19)	$9,813	—
2005	5	3	10	45	$5,442	221	49.32%	$24.53	$2,125	255.0
总计					**$718**	**1,218**				
5年期债券										
2001	5	3	5	45	$1,250	249	46.59%	$5.02	$3,188	39.2
2002	5	3	5	45	$688	252	45.63%	$2.73	$5,234	13.1
2003	5	3	5	45	$4,531	250	51.60%	$18.13	$2,844	159.0
2004	5	3	5	45	($7,656)	249	46.59%	($30.75)	$8,234	—
2005	5	3	5	45	$2,313	221	50.68%	$10.46	$2,453	94.3
总计					**$1,126**	**1,221**				

日元										
2001	40	2	5	45	($1,438)	250	47.60%	($5.75)	$9,175	—
2002	40	2	5	45	$150	250	49.60%	$0.60	$10,100	1.5
2003	40	2	5	45	$5,725	248	49.60%	$23.08	$4,450	129.0
2004	40	2	5	45	$7,462	249	52.61%	$29.97	$4,288	174.0
2005	40	2	5	45	$3,075	221	51.58%	$13.91	$6,063	50.7
总计					**$14,974**	**1,218**				
欧元										
2001	*									
2002	*									
2003	*									
2004	5	2	5	50	$22,125	249	55.42%	$88.86	$8,875	249.0
2005	5	2	5	50	$6,925	221	55.20%	$31.33	$10,600	65.3
总计					**$29,050**	**470**				
瑞士法郎										
2001	15	2	10	45	($1,500)	250	45.60%	($6.00)	$5,913	—
2002	15	2	10	45	($11,613)	251	41.83%	($46.25)	$12,763	—
2003	15	2	10	45	$2,288	249	49.40%	$9.19	$5,450	42.0
2004	15	2	10	45	($3,950)	249	48.19%	($15.86)	$6,838	—
2005	15	2	10	45	$8,350	221	55.66%	$37.78	$5,563	150.0
总计					**($6,425)**	**1,220**				

*没有完整的数据——合约开始于1999年。

表23.3　1989年优化的参数用在标准普尔2001年到2005年的数据上

标准普尔	E	N	P	Q	净值	#交易笔数	%胜率	平均每笔交易的利润	最大回撤	账户收益
2001	5	4	5	25	$51,063	248	54.44%	$205.90	$36,800	139.1
2002	5	4	5	25	$21,625	252	50.40%	$85.81	$33,750	64.1
2003	5	4	5	25	($36,775)	252	48.02%	($145.93)	$59,575	—
2004	5	4	5	25	$39,800	252	52.78%	$157.94	$11,025	361.0
2005	5	4	5	25	($5,700)	224	45.54%	($25.45)	$36,400	—
总计					**$70,013**	**1,228**				

第24章

“全世界最好的系统”——（如果存在的话！）

常见的软件都允许你为不同的板块做优化。请注意，我比较喜欢参考“账户收益”（ROA）这个指标，这个指标是把净利润除以资金曲线最大的回撤，然后再乘以100，我们的study里面有这个函数，ROA能说明最优的参数、次优的参数等等。

有时候最好的ROA就是最大的净利润，但并非一直如此。如果你过滤了信号，那么结果会更加不同，当总交易笔数减少时，净利润就有可能变得很大。请注意，我们宁愿拥有一个能赚4万美元、最大回撤是8000美元的系统，也不能使用一个能赚10万美元、最大回撤是8万美元的系统。第一个系统和第二个系统相比，在交易三份合约的时候会更安全，更加赚钱（利润是12万美元，风险是2.4万美元）。

如果你有很多目标，想解决很多问题，那么你就要做很多不同的测试。你是不是会质疑统计数字的有效性？如果你有这种担心，就不要把目标定得太具体。你优化的study也许会告诉你“总交易笔数”和业绩的关系，你会不会根据连续赢利的笔数或连续亏损的笔数改变仓位大小？你会发现如果控制这些笔数，你就不会亏钱。也许你会选择特定的连续赢利的笔数或连续亏损的笔数，也许你会把平均赢利额或平均亏损额编入你的函数。

我经常思考日内交易的优势在哪里（有时候我会研究几千笔交易），然后进行实战。平均每笔交易的利润必须大于滑点亏损加上佣金。如果你使用限价单，你要作出必要的调整，以保证订单会被成交。

如果我看见了一个很大的优势，我会想办法去利用这个优势，之前讨论的杯子和盖子策略就是一个例子。如果在收盘时进场，在开盘时出场，这个做法产生的利润无法弥补滑点亏损和佣金。除此之外，形态也能表明是我看见的优势。

这里亏几个基点，那里亏几个基点，次数多了，难免就会失败。我喜欢给自己提出各种问题，比如，夜间盘对我的交易有什么影响？如果你认为为了提高收益，可以跳过一些亏损的交易，该怎么办？

我们再过滤一下——杯子要足够低，最好是当月的最低价；或足够高，最好是当月的最高价。也许杯子的形状要有所不同——杯子要像酒杯，第二天的价格要在底部。各种可能性都有。我不明白为什么有人会轻视这个理论。当你系统对你说“我非常有优势”的时候，你再重新检查一下系统并没有什么不妥啊。

也许有些分析者有很多很好的思路，也许他们并不想再混入其他思路，也许我太疯狂了。为什么我没有挽起袖子自己开发确定的study呢——我不得不承认，我没这个能力。在编程之前，我还要手工做一些增加和调整。这并不是说我不会去编程。

假如说一个人要做交易，他是根据自己的理想蓝图做交易，他并没有根据市场的行情——没有根据上涨或下跌的行情做交易，结果会如何（虽然我拥护机械交易，恐怕此时要另当别论了。不过不要恐慌，我们是在做头脑风暴而已）？产生理想的蓝图是很容易的，难就难在如何进行实战。

我发明了一招，在交易标准普尔迷你合约的时候，看一分钟图，在中部时间上午8：45到下午2：55，对于每条柱线，开盘价减去5条柱线开盘价到最低价价差的平均值，在这个价位买入；开盘价加上5条柱线最高价减去开盘价的均值，在这个价位卖出。在3：00平掉所有的仓位。一整天都这么做，直到最后。

你会交易很多笔。图24.1显示了这种交易行为。

市场有很多快速的上下波动——有时候在有利的价位，有时候不在有利的价位。总体而言，买入的笔数似乎小于卖出的笔数。当你研究所有数据的时候，你会得到非常相似的结果。

图24.2显示了资金曲线图——从第一天开始的账户资金变化。

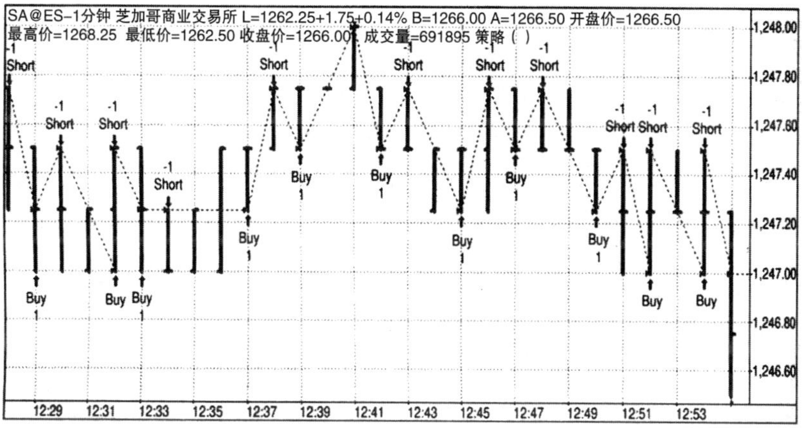

Tradestation生成图表

图24.1　很多理论上的买卖交易，系统：标准普尔迷你合约1分钟图

（Short：做空 Buy：买入）

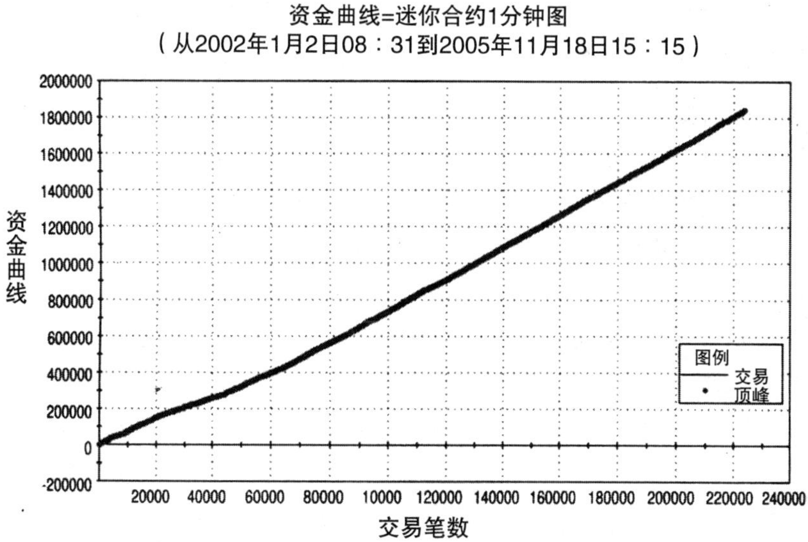

Tradestation生成图表

图24.2　系统资金曲线图：标准普尔迷你合约

不要惊讶，这是一条45度斜向上的线，看起来很完美——就像在2001年大赚一样。

然后我们再看看业绩总结报表。表24.1显示了从2002年1月到2005年11月19日的结果。这次，我们给每笔交易多算了5美元的佣金成本，tradestation软件有这个功能。因为佣金占每笔交易的百分比比较大，所以没有理由不考虑佣金。

另外，我有一个蓝图，这个蓝图在理论上是很完美的。在模拟

表24.1　百万系统——一分钟柱线图——每笔交易的佣金是5美元。从2002年1月到2005年11月19日

来源：© Tradestation技术公司，1991年—2006年。保留所有权利。

净利润总和	$1,840,357.50	利润因素	2.13
毛利润	$3,471,697.50	毛亏损	（$1,631,340.00）
总交易笔数	22,926	胜率	69.42%
赢利的交易笔数	154,758	亏损的交易笔数	68,168
打平的交易笔数	0		
平均每笔交易的净利润	$8.26	平均利润和平均亏损的比率	0.94
赢利交易的平均利润	$22.43	亏损交易的平均亏损	（$23.93）
赢利交易的最大利润	$507.50	亏损交易的最大亏损	（$755.00）
最大连续赢利笔数	47	最大连续亏损笔数	20
赢利交易的平均柱线数	2.22	亏损交易的平均柱线数	3.46
每笔交易的平均柱线数	2.60		
最大的股数／合约数	1	账户大小要求	$2,947.50
起始资金的收益	1,840.36%	年收益率	76.48%
收益回撤比率	1.30	RI—指数	478,469.64
交易期间	3年10个月加15天 5小时53分钟	在市的时间百分比	20.63%
资金曲线的最大上涨	$1,840,520.00		
资金曲线的最大回撤（日内，从波峰到波谷）		**资金曲线的最大回撤（两笔交易之间的）**	
值	（$3,022.50）	值	（$2,947.50）
净利润占回撤的百分比	60,888.59%	净利润占回撤的百分比	62,437.91%

测试时，我发现做日内交易，资金曲线从波峰到波谷的最大回撤只有3023美元。96%的交易应该是赚钱的，有超过四分之一的交易的平均利润是8.26美元。即使是最愿意冒险的交易者也会认为这个系统不错，不会让人感到痛苦。

再回到平均每笔交易的利润这个指标，我们知道有点两难。不是因为有滑点亏损——我们用限价单交易，几乎一整天都在反转仓位。问题是，价格碰到了我们的限价，但是订单却没有被成交。在实战时，这样的情况发生的频率有多高？对于没有成交的订单，怎么处理？当这个理论让我们反转仓位，但我们的订单却没有被成交的时候，我们该怎么办？我们是不是要继续持有原来的仓位？持有多长时间？我们在什么情况下会呼叫救兵呢（也许我们会找主观博士帮忙）？

表24.1表明了我们要“付出”多少。你可以计算出平均每天交易多少笔，平均每天的利润是多少。你应该有一个比较理想的目标。实战一般会让人失望的，没有那么理想，但是你要想尽一切办法生存下来。

如果价格碰到了我们的限价，但是10分钟过去了还没有成交，我们能得到什么帮助吗？假如说我们没有理会，然后反向的订单也被成交了（这样一来，我们有时候持有的多头或空头仓位就不止一个单位了）。就像图24.3显示的那样，我们可以迟点把“多余的仓位处理掉”。因为随后的市场价格难免会比理论上的买入进场价位要低，即使买入订单一开始没有被成交，订单在后面还是可以被成交的。也就是说，订单在第一条柱线上没有在最低点被成交的话，还是有希望有后面10条柱线中被成交的。同理，卖出的订单在后面的10条柱线中也会被成交的，一分钟图中，总会有某条柱线的价格超过了最空信号所在那条柱线的最高价。再次说明，有时候订单不会按照既定的顺序被成交，有时候会在10分钟以内才被成交，这都不重要。在图24.3中，我们的实际利润和预期利润是很接近的。

看起来是不是很完美？如果说图24.4是现实存在的，那么图24.3就不算完美。我们现在看见了试图寻找最好方法也有不利的一面。当市场显示残酷一面的时候，我们基本上都在犯错。在理论上，在

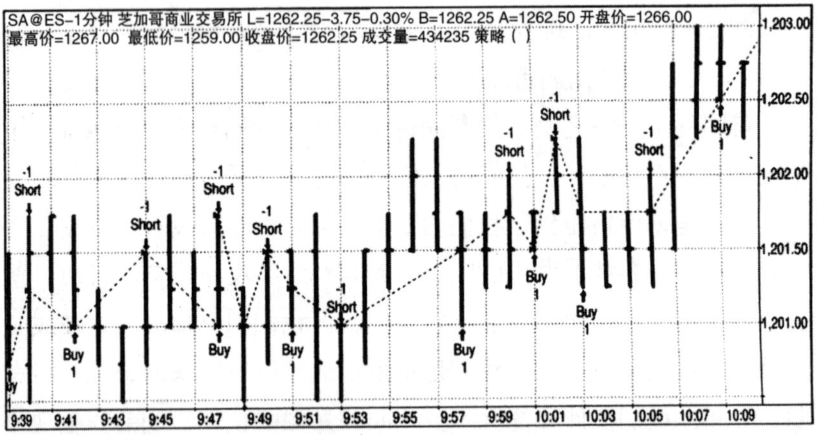

Tradestation生成图表

图24.3　百万系统，标准普尔迷你合约：所有的在10条柱线内成交的买盘和卖盘（Short：做空 Buy：买入）

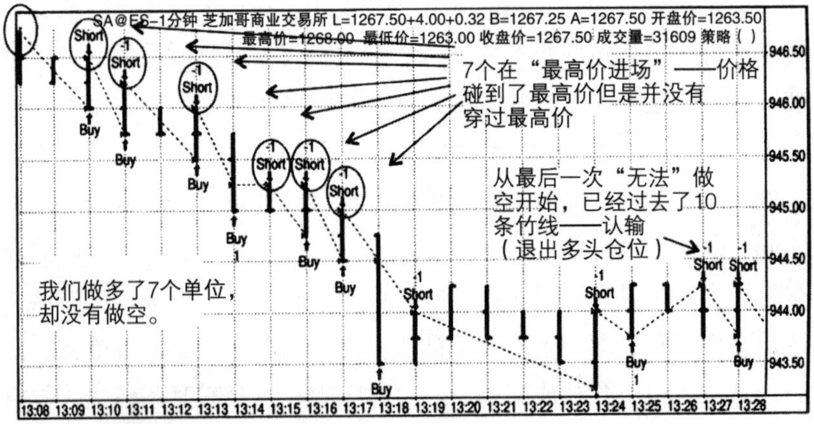

图24.4　百万系统：市场碰到了7个卖出订单的价格，但是没有穿过（Short：做空 Buy：买入）

一系列的低价位上做空是很成功的，但在实战时，我们会错过一些交易。

同时，当市场越来越低时，买入是没有问题的。我们错过了7次做空的机会，到了空头行情的末端，也就是最低价附近，我们只好平掉7个多头仓位。

如果你有机会赚到利润报表中20%或10%或5%的利润，最大回撤是10倍，你会交易吗（算上我吧）？如果有这种交易方法，这个方法应该是比较复杂的。你的方法是错的，但是你有办法去追行情，或放弃某些交易，你的方法能让你判断一些趋势和不同的交易环境，也许你有两种方法，或是不同的方法……

我讲得有点多。也许“有点”就是关键字眼，也许不是。感觉没有我们看到的那么难，不过我们的“感觉”常常是错的。也许我的一位专攻技术的朋友说的对，他说我们有更好的打发时间的方式。如果哪位天才有非常好的想法——我愿意听你的（我愿意付电话费）。

第25章

寻找目标板块

我们的模拟测试越全面，我们就对结果越有信心。假如说有两种方法，第一种方法的某个参数在所有市场都能赚钱，第二种方法则要不停地调整参数，一个市场对应一个特定参数才能赚钱，那么第二种方法迟早会失败的。

对不同板块进行分析时，我们就会发现有些参数对所有品种都适用，有些参数只适用于一个品种。如果针对外汇选一个参数，针对债券选一个参数，针对指数选一个参数，那么我们的结果更像是随机的，很难得到持续一致的利润。我们必须面对这个问题，当我们在调整系统的时候，如何才能提高系统的利润，如何才能提高系统的可靠性?

很明显，我们首先要问问自己是不是有充足的理由去寻找目标板块，我们是不是在玩弄数字。我采访过的一些专业人士对此也有不同的看法。有些“战胜市场的人”认为要坚守自己的交易模型，他们都有自己的交易方法和交易对象，无论你怎么说，这些人是不愿意随便调整系统的。

其他人则指出不同市场，不同板块会有不同的特点。我常常听见别人争论说，指数——股指期货——和商品期货完全不同。商品期货更容易受供求关系的影响。举例说明，对于谷物，当到了某个季节时，很多市场参与者都会作出一定的反应——你会看见谷物市场在艰难跋涉，此时直觉交易是有一定道理的。指数则相反，指数更多地受心理的影响。考虑到华尔街、金融市场和政治上的煽风点火本质，指数很容易受心理的影响。人们还会这样评价，说商品期货有趋势，指数则喜欢出现逆势行情。这里谈到的“趋势”是一个模糊的概念，但是我认为，根据传统的期货特征，设计一个突破系统是很轻松的。

商品期货和指数还有一个不同的特点，它们的趋势和外汇都不一样。如果你想交易外汇赚钱，你应该重点考虑做长线。你可以使用别人常用的简单方法——开盘价突破（译者注：原文是opening price expansion，在本章后面，还把expansion翻译成了振幅，请读者留意），这个方法能得到很好的收益。让我们来看看这个最基本的方法——这是一个永远在市的系统，不是做多，就是做空——用在周线图上：

> 用stop订单，周一开盘价加上上一周的振幅作为买入价。
> 用stop订单，周一开盘价减去上一周的振幅作为卖出价。

要想实现表25.1的结果，最大的问题是我们根据周线图做交易，在没有止损的前提下，这里的振幅是很大的。过去的历史能不能告诉我们风险有多大？针对日元，在过去23年的模拟测试中，最大的单笔亏损是7125美元，净利润是16万，最大回撤不到1.8万。当然了，我们并没有考虑滑点亏损和佣金成本，这样和其他优势小的系统才比较好对比。经过计算，如果平均每笔交易的成本是100美元，那么总利润会少2.1万美元。对于一份期货合约来说，一个基点的变化相当于12.50美元，算下来每笔交易的平均利润是670美元。

当你根据纯粹的动量交易时，风险会做自我调整的。也许这个风险就是N天的风险极限。因为市场在下跌的时候迟早会跌到N天最低价之下，你迟早会止损的。关于区间突破系统，系统有可能会大亏（因为市场会一天天地向相反的方向慢慢走去，但是还没有走到反转仓位的价位），但是从实战的角度来说，我们会控制风险的。当市场向相反的方向越走越远时，指标一般会比较早地给出反转的信号，这看起来似乎是不言而喻的，但是很多策略并没有这个自动反转功能。我和我的伙伴使用的很多系统就是和每天的均值反着做的（译者注：原文是fading daily averages）。对于这样的方法，当持仓的亏损很大的时候，最初的进场信号还没变。如此一来，我们只好采用主观交易，但是结果又不是很好。

请注意在图25.1中，有些行情对你不利，导致你亏损，但是从8月初开始，市场就能带来利润了。在8月之前，做空后常常会遇到市场反弹。

表25.1 区间突破：日元周线图——从合约一开始到2005年11月19日

来源：© Tradestation技术公司，1991年—2006年。保留所有权利。

净利润总和	$160,287.50	利润因素	1.76
毛利润	$370,637.50	毛亏损	（$210,350.00）
总交易笔数	208	胜率	48.08%
赢利的交易笔数	100	亏损的交易笔数	108
打平的交易笔数	0		
平均每笔交易的净利润	$770.61	平均利润和平均亏损的比率	1.90
赢利交易的平均利润	$3,706.38	亏损交易的平均亏损	（$1,947.69）
赢利交易的最大利润	$20,775.00	亏损交易的最大亏损	（$7,125.00）
最大连续赢利笔数	5	最大连续亏损笔数	6
赢利交易的平均柱线数	9.10	亏损交易的平均柱线数	4.74
每笔交易的平均柱线数	6.84		
最大的股数/合约数	1	账户大小要求	$17,987.50
起始资金的收益	160.29%	年收益率	4.07%
收益回撤比率	0.08	RI—指数	101.66
交易期间	23年5个月加28天	在市的时间百分比	99.92%
资金曲线的最大上涨	—		
资金曲线最大的回撤（日内，从波峰到波谷）值	（$20,825.00）	**资金曲线最大的回撤（两笔交易之间的）**值	（$17,987.50）

图25.2展示了从合约一开始到现在的资金曲线，看起来像45度斜向上的曲线。

要想了解更多的信息，请看按照年度细分的报表（表25.2）。

这个思路的目标就是看清市场动力——一旦某个外汇品种有了行情，它就会以特定的方式持续下去，其他市场则不会这么做。如果用这个思路交易非外汇品种的结果并不好，我们还可以看看报表中的其他数字有什么可取之处。让人吃惊的是，表25.3说明了针对金融市场的模拟测试结果很好。没错，和外汇品种相比，其他金融品种的账户收益比较小，风险比较大，但是我们并没有必要用这个

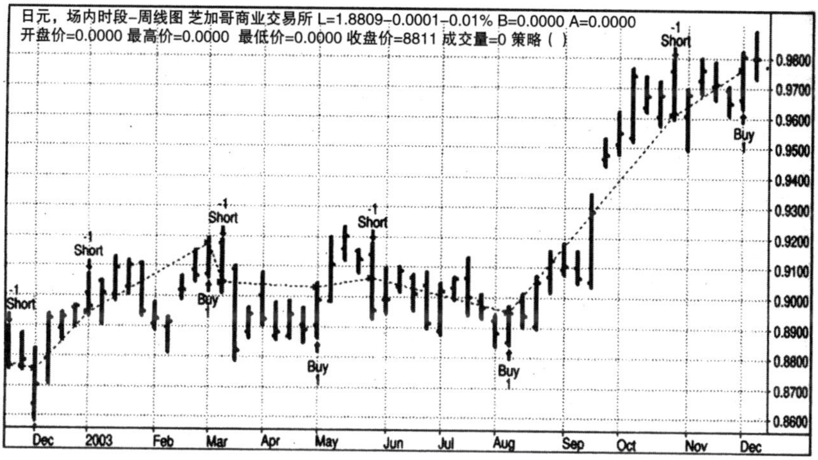

Tradestation生成图表

图25.1　区间突破：日元周线图，柱线图（Short：做空 Buy：买入）

来源：© Tradestation技术公司，1991年—2006年。保留所有权利。

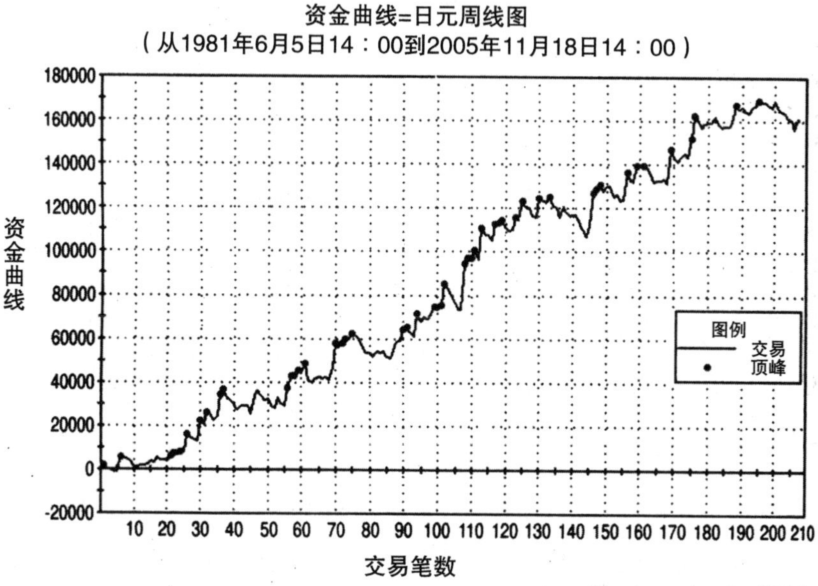

Tradestation生成图表

图25.2　区间突破。日元周线图，资金曲线图

来源：© Tradestation技术公司，1991年—2006年。保留所有权利。

表25.2 区间突破——日元——按年度细分

	净利润	%收益百分比	利润因素	#交易笔数	%胜率
1982	$6,413	6.41%	2.76	6	66.67%
1983	($4,463)	-4.19%	0.21	9	22.22%
1984	$2,600	2.55%	2.02	8	62.50%
1985	$10,713	10.25%	6.99	7	51.14%
1986	$538	8.27%	2.17	10	40.00%
1987	$8,663	6.94%	1.65	11	45.45%
1988	$6,238	4.68%	1.49	12	50.00%
1989	$2,050	1.47%	1.2	11	63.64%
1990	$19,025	13.42%	6.6	7	71.43%
1991	($8,925)	-5.55%	0.4	14	35.71%
1992	$11,888	7.83%	6.17	7	71.43%
1993	$13,400	8.18%	2.69	10	50.00%
1994	($3,375)	-1.91%	0.75	8	37.50%
1995	$33,550	19.31%	4.42	10	60.00%
1996	$10,063	4.85%	2.66	9	66.67%
1997	$1,775	82.00%	1.09	14	28.57%
1998	$10,563	4.82%	1.8	12	50.00%
1999	$2,900	1.26%	1.21	10	50.00%
2000	$5,538	2.38%	1.5	12	41.67%
2001	$12,188	5.12%	2.67	7	57.14%
2002	$11,738	4.69%	3.15	8	75.00%
2003	$4,538	1.73%	1.67	9	55.56%
2004	($3,050)	-1.14%	0.74	15	33.33%
2005	$4,850	1.84%	1.59	6	33.33%

系统交易所有的品种。我们只是通过模拟测试确认了系统是有效的，这样我们就感到满意了。如果其他市场也能确认这个系统的有效性，那更好。

不同债券合约的结果和外汇的结果很接近，平均每笔交易的利润都超过了100美元这个门槛，净利润都不少，账户收益也不差，除非你希望15~20年以后得到更多的利润（也比存在银行的

表25.3　一周突破——从合约一开始到2005年11月19日

	净利润	#交易笔数	%胜率	每笔交易的利润	最大回撤	账户收益
纳斯达克（标准合约）	（$199,925）	189	57.81%	（$1,058.00）	$333,500	—
罗素（标准合约）	$46,000	64	42.19%	$718.75	$141,150	32.6
30年期债券	$163,700	94	44.68%	$1,741.49	$104,000	157.4
10年期债券	$85,406	211	47.87%	$404.77	$20,031	426.4
5年期债券	$62,625	179	43.58%	$349.86	$16,594	377.4
日元	$25,625	136	43.38%	$188.42	$10,234	250.4
欧元	$82,425	42	54.76%	$1,962.50	$7,100	1,160.9
瑞士法郎	$120,925	266	45.86%	$454.61	$29,700	407.2

收益多）。

债券和外汇不同，债券合约市场波动性大，流动性也大。有很多大人物在操作债券，包括全世界的政府部门。债券和有些市场不同——比如和标准普尔就不同——债券是不会从目前价位开始翻几倍的。因为利率的影响，债券的价格是不会涨三倍的。当利率下降时，债券就会上涨，很明显，利率不会永远下降的。没有人能确定地知道债券会涨到哪里，但是所有的交易者都知道债券的涨幅是有限的。

因为和外汇（和其他品种）相比，债券的趋势没那么明显，通过观察日线级别的柱线图，也许我们可以找到实用的债券思路——也就是说回到日线级别做分析。也许我们可以使用动量的方法，但是要作出具体的限制。和日元系统相比，这个系统要能有办法平仓或反转仓位。以下的系统通过测试历史数据取得了很好的结果：

> 如果收盘价大于25天收盘价均值，那么在第二条柱线上下stop订单，以开盘价加上前一天振幅的1.5倍作为买入价。在任意时刻，如果市场的价格小于开盘价减去前一天振幅的1.5倍，就卖出（但不反转仓位）。

如果收盘价小于25天收盘价均值，那么以开盘价减去前一天振幅的1.5倍作为做空的价格；如果市场的价格大于开盘价加前一天振幅的1.5倍，就止损。

我们根据动量买卖，但是一个过滤器很快就改变了这种状况（开盘价加减前一天振幅的1.5倍）。我们都知道市场有趋势，但很少出现大行情。和外汇不同，我们把周线级别改成了日线级别，这说明我们想在日线级别赚钱。表25.4包含了测试结果。

表25.5再次展示了其他市场，也证明了系统的有效性。如果不是因为账户收益太高，有些人可能会认为原来的系统是针对指数或外汇市场开发的。

我们在下一章谈到的指数就不会这么好赚钱了，你很快就能知道原因的。从很多方面来说，这些市场本身就是另外一个世界。

表25.4　一天振幅的1.5倍——债券——从合约一开始到2005年11月19日

	净利润	#交易笔数	%胜率	每笔交易的利润	最大回撤	账户收益
30年期债券	$125,250	304	50.00%	$412.01	$8,625	1,452.0
10年期债券	$72,344	265	49.43%	$273.00	$13,688	528.5
5年期债券	$39,687	229	49.78%	$173.31	$3,609	1,100.0

表25.5　1.5倍振幅——其他市场——从合约一开始到2005年11月19日

	净利润	#交易笔数	%胜率	每笔交易的利润	最大回撤	账户收益
标准普尔（标准合约）	$54,500	229	36.24%	$237.99	$139,975	39.0
纳斯达克（标准合约）	$61,000	58	39.66%	$1,051.72	$111,800	54.6
罗素（标准合约）	$209,925	178	40.45%	$1,179.35	$71,800	292.4
日元	$77,200	270	44.07%	$285.93	$30,313	254.7
欧元	$22,463	70	47.14%	$320.89	$20,900	107.5
瑞士法郎	$93,800	367	41.96%	$255.59	$21,650	433.3

第26章 指数优势　第一部分——周之日

我要再次强调，对于任何思路，你越能证明它的有效性就越好。一个系统应该在多种市场中都赚钱，尤其是在相关的市场要赚钱。我接触过的一些专业人士强调要重视近期的市场，不要太重视以前的市场。即使是他们，如果一个系统在过去业绩很差，然后慢慢地有了一点收益，到了最近五年取得了超级收益，那么他们会感到很高兴的。

在其他条件都一样的前提下，系统测试的时间越长越好，测试的市场越多越好，测试的板块越多越好，一个系统越有普及性就越好。这样就能很好地证明你的优势不是随机的，也不是反常的。

谨慎优化的第四条原则——了解市场动力——确实说明了了解市场的重要性。我的主要精力放在股票指数上面。我使用的系统有几个，大部分系统在其他金融产品中也具有持续一致性，尤其是债券。在其他市场的收益不好是有一定原因的。

让我们来看看股票交易。和其他金融产品相比，股票更容易受心理的驱动。整个世界都参与了股票市场，所有的板块都受到了影响。无论是交易者用高级软件推动了很多股票的波动，还是中国的农民在考虑自己的福利问题，蝴蝶效应会渗透到方方面面。华尔街以及其他慢慢崛起的世界金融中心都反映和影响了我们的生活。

对于各种各样的指数——标准普尔、道琼斯或纳斯达克等——有趣的是它们之间非常独立。没错，如果道琼斯崩跌了300点，所有的指数肯定都要下跌的。然而在很多交易日中，道琼斯上涨了几点，其他市场却跌得很厉害。如果一个系统在测试标准普尔时很赚钱，那么当你再测试其他指数时，你就无法得到同样的结果。

为什么要关注指数？正如我所指出的，指数是波动所在。棉花的最大行情一般不会出现在头版头条。全世界对债券有兴趣，也许农作物的下跌在中部和西部地区是很大的新闻，但是没有什么品种能比得上包罗万象的股票市场。

指数除了上面所说的一些特点之外，恐怕还是唯一的有足够波动性和流动性的市场，它非常适合做日内交易。网上交易时，你的stop类型的订单能很快成交。在我们展示出来的业绩表中，你会注意到，交易标准普尔、纳斯达克和罗素时，平均每笔交易的利润都超过了100美元的门槛（如果是迷你合约，门槛是20美元）。你在其他市场并不拥有这种优势，所以你很难在其他市场用日内交易的方法赚钱。

再来分析市场。考虑到股票持有者有强势的，有弱势的，那有没有什么潜在的心理价位，这个价位会促使大家一边倒地买入或卖出？我在这里举一个很普通的例子。曾经有一段时期，在周一进行交易很赚钱，有时候100%左右的净利润都是在周一赚来的，一周之内剩下来的几天就表现平平，周五则会亏损。我过去就按照这个规律进行交易，我会在周五的开盘价卖出，然后在收盘价买回来，到了周一，我则做多。

针对市场的波动，这个赚钱的思路很一般，尤其是“在周五卖出”的思路很一般。在这里可以使用我假想的市场动力理论——也许在周五这天，很多人对周末感到恐慌。

然而，对于每周内的每一天，都是有相应的优势的。让我们从周一开始。如果周五的收盘价比较高，那么你就在周一做多；反之做空。表26.1显示了交易标准普尔的结果，根据周五波动方向的净变化（收盘价相对于收盘价的变化）在周一进场，并在收盘价平仓，平均每笔交易的利润说明了这个系统是成熟的。有趣的是，这个思路的胜率不高（胜率是46.72%），不过总利润减去总亏损后还是很赚钱的。

表26.2显示了这个思路在其他三个指数市场也是有效的。请注意，在模拟测试纳斯达克时，平均每笔交易的利润真的很大。这并非是市场的泡沫造成的，实际上，这个利润在每年都是持续一致的。在最近5年，没有一年是亏损的。罗素的模拟测试结果基本上也是如

表26.1 周一规则——标准普尔标准合约日线数据——从2001年1月2日到2005年11月19日

来源：© Tradestation技术公司，1991年—2006年。保留所有权利。

净利润总和	$29,400.00	利润因素	1.12
毛利润	$280,500.00	毛亏损	（$251,100.00）
总交易笔数	244	胜率	46.72%
赢利的交易笔数	114	亏损的交易笔数	129
打平的交易笔数	1		
平均每笔交易的净利润	$120.49	平均利润和平均亏损的比率	1.26
赢利交易的平均利润	$2,460.53	亏损交易的平均亏损	（$1,946.51）
赢利交易的最大利润	$10,125.00	亏损交易的最大亏损	（$6,800.00）
最大连续赢利笔数	8	最大连续亏损笔数	9
赢利交易的平均柱线数	1.00	亏损交易的平均柱线数	1.00
每笔交易的平均柱线数	1.00		
最大的股数／合约数	1	账户大小要求	$22,750.00
起始资金的收益	29.40%	年收益率	5.27%
收益回撤比率	0.19	RI—指数	0.00
交易期间	4年10个月加19天	在市的时间百分比	0.00%
资金曲线的最大上涨	$52,500.00		
资金曲线的最大回撤（日内，从波峰到波谷）		**资金曲线的最大回撤（两笔交易之间的）**	
值	（$27,050.00）	值	（$22,750.00）
净利润占回撤的百分比	108.69%	净利润占回撤的百分比	129.23%
交易的最大回撤	（$7,375.00）		

表26.2 周一规则——其他市场——从2001年1月2日到2005年11月19日

	净利润	#交易笔数	%胜率	每笔交易的利润	最大回撤	账户收益
纳斯达克	$91,450	242	52.48%	$377.89	$24,150	378.7
罗素	$59,725	245	51.02%	$243.78	$26,850	222.4
道琼斯	$11,700	243	50.21%	$48.15	$8,260	141.6

此。考虑到在市时间只有20%，账户收益算是让人印象深刻了。

接下来，让我们再看看一个古老的格言“周二反转”，其思路是周二的方向和周一相反。我们在科学地研究市场，我们训练有素，我们可以怀疑过去的观点。当然了，并非所有过去的观点都是错的对吧？否则，我们只要和过去的所有格言反着做就行了。

至少针对股指期货而言，周二反转确实是正确的。表26.3说明了测试四个指数的令人信服的结果。

表26.3 周二反转——和周一的方向反着做——从2001年1月2日到2005年11月19日

标准合约	净利润	#交易笔数	%胜率	每笔交易的利润	最大回撤	账户收益
标准普尔	$21,550	229	50.66%	$94.10	$18,850	114.3
纳斯达克	$92,300	229	55.02%	$403.06	$23,800	387.8
罗素	$32,100	232	52.16%	$138.06	$34,275	93.7
道琼斯	$16,940	229	51.53%	$73.97	$6,770	250.2

模拟测试表明周二反转的思路是正确的，在其他周都是如此。简而言之，过了周一以后，我们就要重点关注从开盘价到收盘价的最大变化在哪天出现。我们使用的是反向指标。在周三，和前两天开盘价到收盘价最大的变化方向反着做。在周四，也用同样的办法。在周五，也是同理，看前面四天开盘价到收盘价的最大变化。表26.4显示了当周最后三天的测试结果，表26.5则把五天合在一起形成了一个简单的系统。

简而言之，周一的指标是跟随指标，剩下来的几天基本上都认为“市场向一个方向走得太远了，我们就反着做”。很明显，我们谈论的是笼统的倾向，否则有趋势的市场是不可能存在的。对于指数，有什么赚钱的线索？我认为以上所说的周之日指标是有效的工具。

表26.4 周三到周五——和开盘价到收盘价的最大变化反着做——从2001年1月2日到2005年11月19日

标准合约	净利润	#交易笔数	%胜率	每笔交易的利润	最大回撤	账户收益
标准普尔	$196,938	749	54.34%	$262.93	$31,525	624.7
纳斯达克	$97,000	737	49.93%	$131.61	$67,750	143.2
罗素	$46,400	740	49.86%	$62.70	$73,800	62.9
道琼斯	$68,750	744	53.36%	$92.41	$17,030	403.7

表26.5 完整的周之日系统——从2001年1月2日到2005年11月19日

标准合约	净利润	#交易笔数	%胜率	每笔交易的利润	最大回撤	账户收益
标准普尔	$247,888	1,222	52.13%	$202.85	$56,925	435.5
纳斯达克	$280,750	1,208	51.41%	$232.41	$57,000	492.5
罗素	$138,225	1,217	50.53%	$113.58	$71,050	194.5
道琼斯	$97,390	1,216	52.38%	$80.09	$18,470	527.3

第27章

指数优势　第二部分——月之日（或如何战胜标准普尔领先指标）

我在演讲的时候会问这个问题：在过去20年中，对于标准普尔股指期货，如果只做空会如何？然后我会提醒大家，股市在过去几乎都是无情上涨的（千禧年股市泡沫破裂是例外）。虽然现在股指期货合约的价位是历史最高价的20%左右，如果从合约的开始做到现在，收益差不多也有9倍。

更有趣的是，你可以用50%左右的时间做空股指期货。图27.1显示了连续多年的日线图，图上还有触发器信号。市场的走势像向上的山坡一样，系统产生了净利润，但是信号的方向却和主趋势完全是相反的，怎么会这样呢？

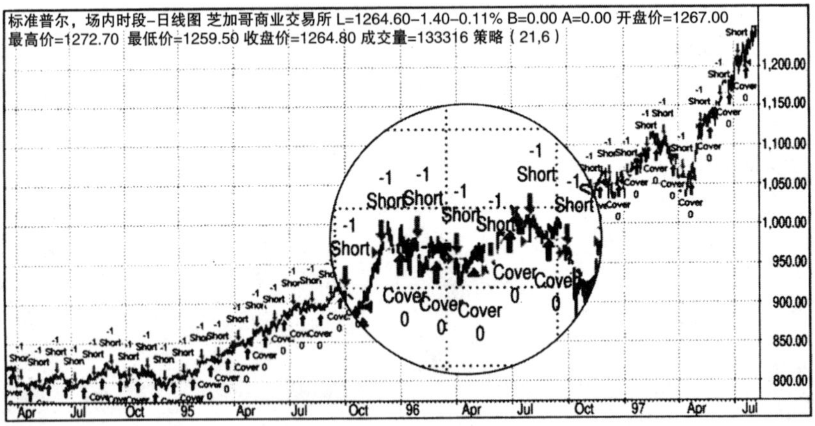

Tradestation生成图表

图27.1　在标准普尔一味上涨的市场中赚取利润的方法……什么都没做，就是做空而已！（Short：做空 Cover：回补）

来源：© Tradestation技术公司，1991年—2006年。保留所有权利。

表27.1　永久地做空标准普尔——从合约一开始到2005年11月19日

来源：© Tradestation技术公司，1991年——2006年。保留所有权利。

净利润总和	$80,675.00	利润因素	1.15
毛利润	$623,375.00	毛亏损	（$542,700.00）
总交易笔数	280	胜率	48.21%
赢利的交易笔数	135	亏损的交易笔数	143
打平的交易笔数	2		
平均每笔交易的净利润	$288.13	平均利润和平均亏损的比率	1.22
赢利交易的平均利润	$4,617.59	亏损交易的平均亏损	（$3,795.10）
赢利交易的最大利润	$38,250.00	亏损交易的最大亏损	（$23,575.00）
最大连续赢利笔数	6	最大连续亏损笔数	7
赢利交易的平均柱线数	11.53	亏损交易的平均柱线数	11.56
每笔交易的平均柱线数	11.55		
最大的股数／合约数	1	账户大小要求 $119,762.50	
起始资金的收益	80.68%	年收益率	2.53%
收益回撤比率	0.04	RI—指数	（28.34）
交易期间	23年4个月加17天	在市的时间百分比	49.33%
资金曲线的最大上涨	$208,375.00		
资金曲线的最大回撤（日内，从波峰到波谷）		**资金曲线的最大回撤（两笔交易之间的）**	
值	（$128,162.50）	值	（$119,762.50）
净利润占回撤的百分比	62.95%	净利润占回撤的百分比	67.36%
交易的最大回撤	（$31,300.00）		

表27.1中的标准普尔和表27.2中的其他指数都确认了这个思路是有效的。总之，如果做多的话，做多产生的收益是做空产生的收益的很多倍。这到底说明了什么？

在每个月内，市场有时候上涨，有时候下跌，这是很明显的倾向。在月底市场会上涨，在月中市场会下跌。

这个现象背后有很明显的市场动力，这和每个月（基金公司）

表27.2 做空其他指数——从合约一开始到2005年11月19日

标准合约	净利润	#交易笔数	%胜率	每笔交易的利润	最大回撤	账户收益
纳斯达克	$56,470	112	50.89%	$504.20	$188,165	30.0
罗素	$136,775	150	51.33%	$911.83	$62,150	220.1
道琼斯	$30,520	94	56.38%	$56.38	$23,210	131.5

美化财务报表有关系，基金经理可以宣传基金的持股情况和客户情况等等。在每个月底，基金经理只要宣传还在持有某些热门股票就行了，因为这个原因，基金经理的行为有点像促销上的诡计，在换月（尤其是换季）的时候，基金经理都倾向于拉高股票的价格，他们希望全世界都知道他们买了热门股票（并非一定如此）。

如果说在某段时期内业绩很好，那么就有理由相信在另一段时期内业绩会下降。你可能以为我说的是某段时期内收益会比较少，但我实际上要说的是在某段时期内会亏损。我在做模拟测试时制订了几条规则。也许你认为多头仓位的持有时间要比空头仓位的持有时间长，但我的规则则不同。我希望持仓时间是一样的，这样就能防止在某些特定的日期产生了侥幸的结果。

我研究了（基金公司）美化财务报表的动力——换句话说，我想在月底做多，看看结果如何。很明显，这个方法有效。在模拟测试时，可以规定在换月时做多，或在换月的前后的第X天开始做多。如此一来，现在要决定的就是多头仓位和空头仓位的持有时间。通过模拟测试，我认为以下条件是可以的：

如果今天的日期是21号（或是随后接近某个周末和节假日的日期），那么第二天在开盘价买入。持有这个多头仓位，一直持有到月底，再继续持有到下个月6号。

如果今天是6号（或是随后的某个日期），那么就在第二天开盘时反转仓位并做空。持有空头仓位并一直持有到21号。

表27.3　月之日指标（译者注：作者编名词时没解释）——永久在市——从2001年1月2日到2005年11月19日

标准合约	净利润	#交易笔数	%胜率	每笔交易的利润	最大回撤	账户收益
标准普尔	$181,625	116	60.34%	$1,565.73	$64,150	283.1
纳斯达克	$66,100	116	54.31%	$569.83	$69,200	95.5
罗素	$244,325	116	58.62%	$2,106.25	$34,200	714.4
道琼斯	$60,070	116	56.03%	$517.84	$20,080	299.2

表27.3显示了测试标准普尔时产生的让人印象深刻的利润，其他市场也进一步证明了这个系统能赚钱。罗素的账户收益引人注目，只是可能过分乐观了。如果它的收益只有一半，我们可能会更开心些。

我们能看见平均每笔交易的利润很丰厚。这些数字比我们关注的日内交易系统的收益要大，但是即使是日间交易系统，这个系统的收益也是很高的。系统的胜率——标准普尔为60%，其他品种是50%多，系统很不错。

再次说明，这并不是日内交易系统，这是一个长期做多或做空的系统，差不多每笔交易的持仓时间是15天。我得承认，如果不在止损方法作出一定调整的话，人们很难用这个系统坚持交易下去，但是目前来说，我们还是把注意力放在它的优势上面。

表27.4　月之日指标做日内交易——从2001年1月2日到2005年11月19日

标准合约	净利润	#交易笔数	%胜率	每笔交易的利润	最大回撤	账户收益
标准普尔	$123,963	1,228	50.90%	$100.95	$89,925	137.9
纳斯达克	$57,550	1,226	50.08%	$46.94	$85,850	67.0
罗素	$201,850	1,226	51.63%	$164.64	$42,800	471.6
道琼斯	$45,510	1,228	49.84%	$37.06	$31,390	145.0

对于月之日指标，如果我们用来做日内交易，它也有一定的持续一致性。表27.4显示了从22号到下个月的6号，每天进场做多，并在收盘价平仓，从7号到21号则相应地做空的测试结果。

事实表明市场在夜间的波动并不影响这个系统的业绩，这有利于开发日内交易系统。

如果再加上一个简单的过滤器，我们就会得到表27.5所展示的更好的账户收益。这个过滤器就是在出现比较低的收盘价之后做多，在比较高的收盘价之后做空。

表27.5　月之日——在比较低的收盘价出现后买入，在比较高的收盘价出现后卖出——从2001年1月2日到2005年11月19日

标准合约	净利润	#交易笔数	%胜率	每笔交易的利润	最大回撤	账户收益
标准普尔	$103,938	583	52.14%	$178.28	$46,675	222.7
纳斯达克	$11,500	598	50.33%	$19.23	$65,200	17.6
罗素	$137,150	564	52.48%	$243.17	$36,300	377.8
道琼斯	$46,850	601	51.75%	$77.95	$10,180	460.2

第28章

指数优势　第三部分——年之月指标

指数市场还有一个倾向，这个倾向和每月的交易日一样，这个思路也是把所有的数据分成相等的两部分。如果我们每年在同样长的时期内分别做多和做空，持仓的时间也基本差不多长，且多头仓位和空头仓位都赚钱了，那么就值得我们去探究了。模拟测试的过程是这样的：从11月2日（或其后很接近的日期）开始做多，并一直持有到5月1日；从5月2日开始做空，一直持有到11月1日。表28.1显示了测试指数的结果。

考虑到每笔交易持仓的时间长度，我们必须尽量研究更多的数据。我们要研究每份合约的所有历史数据，也就是从1982年的标准普尔和1998年左右的道琼斯开始研究。除了数据要多之外，在每个市场要做很多笔交易。我们必须控制自己的激情，另外，还要注意以下几件事：

1. 参数要和已知的真实情况相符合。9月到10月期间容易出现古怪的事情——大部分市场会崩跌。夏季的几个月也会让人感到不

表28.1　年之月指标——从合约一开始到2005年11月19日

标准合约	净利润	#交易笔数	%胜率	每笔交易的利润	最大回撤	账户收益
标准普尔	$202,713	46	54.35%	$4,407.00	$49,325	411.0
纳斯达克	$55,365	18	44.44%	$3,076.00	$143,100	38.7
罗素	$123,600	25	64.00%	$4,944.00	$99,800	123.8
道琼斯	$61,960	15	66.67%	$4,131.00	$16,040	386.3

舒服。我们在模拟测试做空时就感觉到了这点。相反，从传统的圣诞节到新年期间我们要做多，有时候常识确实有用。

2. 四个市场的结果是一致的。不但净利润的持续性要基本上一致，而且在每年的细分总表中，赚钱的规律也要基本一致（表28.2）。

我还知道一个优势，只是不太有效（风险有点大）。和之前一样，我们可以开始思考如何结合其他元素使用这个优势。表28.3显

表28.2 年之月——每年细分

标准合约	标准普尔净利润	纳斯达克净利润	罗素净利润	道琼斯净利润	总的净利润
1982	$875				$875
1983	$4,900				$4,900
1984	($2,913)				($2,913)
1985	$4,350				$4,350
1986	$2,038				$2,038
1987	$19,888				$19,888
1988	$25				$25
1989	$3,763				$3,763
1990	$6,425				$6,425
1991	$17,713				$17,713
1992	$300				$300
1993	($5,738)	($19,075)			($24,813)
1994	($9,513)	($2,975)			($12,488)
1995	$2,825	($25)			$2,800
1996	$3,025	$5,625	$32,300		$40,950
1997	($8,300)	($13,695)	($56,500)		($78,495)
1998	$77,975	$50,045	$89,275	$10,270	$227,565
1999	$55,950	$87,935	$42,825	$29,660	$216,370
2000	($22,600)	($37,745)	$5,150	($10,230)	($65,425)
2001	$50,700	$30,200	$55,200	$24,850	$160,950
2002	$19,225	($16,450)	$69,300	$12,670	$84,745
2003	($14,125)	($16,350)	($51,800)	($7,280)	($89,555)
2004	$17,975	($100)	$22,100	$8,550	$48,525
2005	($10,200)	($23,600)	($47,825)	($2,760)	($84,385)

表28.3　结合年之月和月之日指标——从合约一开始到2005年11月19日

标准合约	净利润	#交易笔数	%胜率	每笔交易的利润	最大回撤	账户收益
标准普尔	$273,050	300	56.67%	$910.17	$40,375	676.3
纳斯达克	$97,045	118	50.00%	$822.42	$95,275	101.9
罗素	$271,825	163	57.67%	$1,667.64	$41,700	651.9
道琼斯	$66,920	98	63.27%	$682.86	$20,130	332.4

示了如果我们结合月之日和年之月信号的测试结果。

> 如果日期在11月1日和4月30日（包含）之间，且在当月21日和下月5日之间，那么就在第二天用市价买入。
>
> 如果日期在5月1日和10月31日之间，且日期在6日和20日之间，那么就在第二天用市价做空。
>
> 对于多头和空头仓位，如果以上条件改变了，就在第二天开盘价出场。

当我们把月之日和年之月信号结合起来的时候，我们真的得到了一个非常好的日内交易系统。除了在每个收盘价平仓之外，唯一增加的过滤器就是买入时开盘价必须比之前的收盘价低，卖出则相反。表28.4显示了用日间交易方法（译者注：下面又说是日内交易，有点矛盾，应该是日内交易）交易五年的结果——这个结果你很少见到。请注意回撤和账户收益这两个数字。对于大部分人来

表28.4　结合年之月指标和月之日指标——日内交易，从2001年1月2日到2005年11月19日

标准合约	净利润	#交易笔数	%胜率	每笔交易的利润	最大回撤	账户收益
标准普尔	$94,725	263	54.75%	$360.17	$16,375	578.5
纳斯达克	$77,450	260	52.31%	$297.88	$13,700	565.3
罗素	$69,575	251	52.19%	$277.19	$24,050	289.3
道琼斯	$15,300	267	57.30%	$57.30	$15,060	101.6

说，这个系统是可行的（尤其是在交易迷你合约的时候）。

让我们再回到日间交易方法。如果三个日历指标都给出了一致的信号，那我们要如何进场？如果周之日指标在11月2日到5月1日之间给出了多头信号，而且日期在21日和5日之间，那么就买入；如果情况相反，就卖出。如果在任何收盘价，三个信号不再一致，那么就在第二天的开盘价平仓。为了做对比，我们研究了前五年的日间双日历信号（请看表28.5）。

另外还有一个日内交易的变形系统（表28.6），这个系统是在三个指标中的大部分指标方向一致的前提下进场，使用和以前一样的过滤器（在低一点的价格买入，在高一点的价格卖出），在收盘价出场。

表28.5　前面两个日历指标一致，三个指标一致——日间交易——从2001年1月2日到2005年11月19日

标准合约	净利润	#交易笔数	%胜率	每笔交易的利润	最大回撤	账户收益
标准普尔						
2个指标一致	$105,350	59	62.71%	$1,785.59	$40,375	260.9
三个指标一致	$82,525	120	60.83%	$687.71	$27,575	299.3
纳斯达克						
2个指标一致	$47,900	59	52.54%	$811.86	$39,100	122.5
三个指标一致	$31,300	113	56.64%	$276.99	$28,950	108.1
罗素						
2个指标一致	$128,425	59	64.41%	$2,176.69	$41,700	308.0
三个指标一致	$127,250	120	60.83%	$1,060.42	$40,950	310.7
道琼斯						
2个指标一致	$36,680	59	55.93%	$621.69	$20,130	182.2
三个指标一致	$41,820	110	60.91%	$380.18	$14,600	286.4

表28.6　三个日历指标中至少两个一致，加上和开盘价反着做——日内系统——从2001年1月2日到2005年11月19日

标准合约	净利润	#交易笔数	%胜率	每笔交易的利润	最大回撤	账户收益
标准普尔	$163,250	547	53.02%	$298.45	$27,850	586.2
纳斯达克	$183,550	566	51.77%	$324.29	$41,100	446.6
罗素	$90,850	548	48.72%	$165.78	$40,575	223.9
道琼斯	$45,630	575	52.17%	$79.36	$14,770	308.9

第29章

指数优势 第四部分——结合周之日、月之日和前面的八个指标

让我们再来尝试一个混搭的方法。对每月的日期赋值为+1或-1，对每周的日子也同样赋值，对前面的八个指标系统的方向也同样赋值，“总体”的效果会比单个的系统效果好吗？表29.1显示了这样的系统测试标准普尔的结果。三个指标中至少有两个指标一致时就在开盘价进场。一旦进场了，就继续持有，当大部分指标给出反转信号时，就反转仓位。这个系统是永远在市的系统，不是做多，就是做空。结果很好，我们几乎都忘了这个系统没有严谨的风险控制（我说的是“几乎”）。

表29.2显示了每个系统和综合系统的比较结果。

总体来看，综合系统的净利润最多，一半的账户收益超过了单个系统的账户收益。单个指标系统都不是很具有优势，所以，比较理性的选择就是三个指标系统各自交易一份合约，或用综合系统交易一份合约。如果用综合系统交易纳斯达克，回撤是5.55万美元，收益是32.05万美元。相比较而言，如果用三个系统交易，收益是55.68万美元，但风险是原先的3倍。这再次说明了，只要结合单个指标系统做分析，我们就能明显地提升系统的业绩。

表29.1　月之日、周之日和八个指标的结合——标准普尔——从2001年1月2日到2005年11月19日

来源：© Tradestation技术公司，1991年—2006年。保留所有权利。

净利润总和	$400,950.00	利润因素	1.77
毛利润	$918,900.00	毛亏损	（$517,950.00）
总交易笔数	376	胜率	58.51%
赢利的交易笔数	220	亏损的交易笔数	156
打平的交易笔数	0		
平均每笔交易的净利润	$1,066.36	平均利润和平均亏损的比率	1.26
赢利交易的平均利润	$4,176.82	亏损交易的平均亏损	（$3,320.19）
赢利交易的最大利润	$38,250.00	亏损交易的最大亏损	（$22,500.00）
最大连续赢利笔数	9	最大连续亏损笔数	5
赢利交易的平均柱线数	4.45	亏损交易的平均柱线数	4.01
每笔交易的平均柱线数	4.26		
最大的股数／合约数	1	账户大小要求	$55,200.00
起始资金的收益	400.95%	年收益率	32.97%
收益回撤比率	0.57	RI—指数	（102.70）
交易期间	4年10个月加19天	在市的时间百分比	99.78%
资金曲线的最大上涨	$455,900.00		
资金曲线的最大回撤（日内，从波峰到波谷）		**资金曲线的最大回撤（两笔交易之间的）**	
值	（$59,275.00）	值	（$55,200.00）
净利润占回撤的百分比	676.42%	净利润占回撤的百分比	726.36%

表29.2 月之日、周之日和八个指标——单独的和综合的结果——从2001年1月2日到2006年11月19日（译者注：从整书来看，应该是2005年）

标准合约	净利润	#交易笔数	%胜率	每笔交易的利润	最大回撤	账户收益
标准普尔						
周之日	$247,888	1,222	52.13%	$202.85	$56,925	435.5
月之日	$181,625	116	60.34%	$1,565.73	$64,150	283.1
八个指标多数	$290,138	910	56.37%	$318.83	$38,675	750.2
综合系统	**$400,950**	**376**	**58.51%**	**$1,066.36**	**$55,200**	**726.4**
纳斯达克						
周之日	$280,750	1,208	51.41%	$232.41	$57,000	492.5
月之日	$66,100	116	54.31%	$569.83	$69,200	95.5
八个指标多数	$209,950	903	51.05%	$232.50	$90,950	230.8
综合系统	**$320,500**	**359**	**60.72%**	**$892.76**	**$55,500**	**577.5**
罗素						
周之日	$138,225	1,217	50.53%	$113.58	$71,050	194.5
月之日	$244,325	116	58.62%	$2,106.25	$34,200	714.4
八个指标多数	$217,500	868	53.11%	$250.58	$36,500	595.9
综合系统	**$239,100**	**361**	**54.02%**	**$662.33**	**$57,600**	**455.0**
道琼斯						
周之日	$97,390	1,216	52.38%	$80.09	$18,470	527.3
月之日	$60,070	116	56.03%	$517.84	$20,080	299.2
八个指标多数	$41,810	911	51.48%	$54.68	$14,600	286.4
综合系统	**$100,980**	**370**	**54.86%**	**$272.92**	**$18,060**	**559.1**

第30章

道琼斯和标准普尔的差别——“早就这样告诉你了！”

我和伙伴们互相开玩笑时喜欢说“早就这样告诉你了”。我曾经很喜欢一个思路，还宣传过这个思路，后来还测试了这个思路，结果我对这个思路产生了一定的怀疑。我曾经宣称——道琼斯-标准普尔指标（译者注：本书作者喜欢自创名词，原文是-Spoo）是“全世界最好的信号”，虽然我现在没有过去那么肯定了，但是这个指标还是不错的。我的伙伴们过去喜欢对这个指标冷言冷语的，最后也不得不承认这个指标还不错。

这里还要解释一下——spoo就是指标准普尔，当你在纸上写标准普尔500（S&P 500）的时候，看起来就有点像spoo。

再来讲这个方法——标准普尔走在道琼斯前面。我不能保证这种现象一定会发生——不过过去多年来，场内交易者却经常这么说，并成为一句格言。我们来做一个横向比较，你要把这两个市场分别看成是两个不同的品种。标准普尔的1个点（标准普尔股指期货标准合约是10个基点，迷你合约则是4个基点）大约相当于道琼斯的8个点。一旦确认了这个比例关系，当市场上涨时，你就能判断出标准普尔和道琼斯的相对强弱。如果标准普尔涨了5点，道琼斯涨了16点，那么就说明标准普尔比较强；如果标准普尔涨了2点，道琼斯涨了24点，那么就说明道琼斯比较强。

市场下跌也是同理，一个市场会走在另一个市场的前面。领先指标的概念意味着，如果标准普尔在上涨或下跌时比较强，那么你的信心可以大点。如果道琼斯在快速地上涨或下跌，交易者应该对波动表示怀疑，甚至可以怀疑市场即将转向。

多年来，我一直在观察市场关系，我发现标准普尔系统和我的规则是一致的。

如果我在做多，标准普尔在领导市场，那么就可以期待收盘时赚到更多的利润，如果道琼斯在领导市场，我就会感到焦虑——常常为自己寻找继续持仓的理由。

最终，我会选择离开交易所的场内，我要在线做模拟测试。我不会考虑标准普尔的1点等于道琼斯的8点——我想知道每个市场每天的净变化百分比（把净变化除以前一天的收盘价）。关于这些变

表30.1 道琼斯–标准普尔永久在市：标准普尔迷你合约和道琼斯迷你合约——5分钟图，从2002年4月5日到2005年11月19日

来源：© Tradestation技术公司，1991年——2006年。保留所有权利。

净利润总和	$52,962.50	利润因素	1.22
毛利润	$297,550.00	毛亏损	（$244,587.50）
总交易笔数	4,644	胜率	41.67%
赢利的交易笔数	1,935	亏损的交易笔数	2,326
打平的交易笔数	383		
平均每笔交易的净利润	$11.40	平均利润和平均亏损的比率	1.46
赢利交易的平均利润	$153.77	亏损交易的平均亏损	（$105.15）
赢利交易的最大利润	$3,250.00	亏损交易的最大亏损	（$2,025.00）
最大连续赢利笔数	9	最大连续亏损笔数	16
赢利交易的平均柱线数	22.51	亏损交易的平均柱线数	14.18
每笔交易的平均柱线数	16.87		
最大的股数／合约数	1	账户大小要求	$7,275.00
起始资金的收益	52.96%	年收益率	8.36%
收益回撤比率	0.45	RI—指数	（74.76）
交易期间	5年30天2小时30分	在市的时间百分比	71.24%
资金曲线的最大上涨	$58,275.00		
资金曲线的最大回撤（日内，从波峰到波谷）		**资金曲线的最大回撤（两笔交易之间的）**	
值	（$7,712.50）	值	（$7,275.00）
净利润占回撤的百分比	686.71%	净利润占回撤的百分比	728.01%
交易的最大回撤	（$2,725.00）		

化，根本不用手算的，行情软件系统会自动计算的。

我研究了几个技术，这些技术都得出了同样的结论——标准普尔相对于道琼斯的强弱是比较可靠的。表30.1显示了标准普尔迷你合约和道琼斯迷你合约的5分钟图，这个图确认了这个概念是能赚钱的，你可以永远在市——如果标准普尔比道琼斯强就做多，比道琼斯弱就做空。

对于日内图表，请记住要调整图表，以显示正确的交易时

表30.2 道琼斯-标准普尔指标日内交易版——从2002年4月5日到2005年11月19日

来源：© Tradestation技术公司，1991年—2006年。保留所有权利。

净利润总和	$59,437.50	利润因素	1.25
毛利润	$292,700.00	毛亏损	（$233,262.50）
总交易笔数	4,556	胜率	42.65%
赢利的交易笔数	1,943	亏损的交易笔数	22,240
打平的交易笔数	373		
平均每笔交易的净利润	$13.05	平均利润和平均亏损的比率	1.45
赢利交易的平均利润	$150.64	亏损交易的平均亏损	（$104.14）
赢利交易的最大利润	$1,750.00	亏损交易的最大亏损	（$3,412.50）
最大连续赢利笔数	9	最大连续亏损笔数	13
赢利交易的平均柱线数	20.65	亏损交易的平均柱线数	13.60
每笔交易的平均柱线数	15.99		
最大的股数/合约数	1	账户大小要求	$5,062.50
起始资金的收益	59.44%	年收益率	9.17%
收益回撤比率	0.45	RI—指数	664.75
交易期间	5年30天2小时30分	在市的时间百分比	14.68%
资金曲线的最大上涨	$63,812.50		
资金曲线的最大回撤（日内，从波峰到波谷）		**资金曲线的最大回撤（两笔交易之间的）**	
值	（$5,687.50）	值	（$5,062.50）
净利润占回撤的百分比	1,045.05%	净利润占回撤的百分比	1,174.07%

间——也就是中部标准时间从上午8：30到下午3：15。

虽然我们根据前一天的收盘价来确定变化的净值，但是，道琼斯-标准普尔指标作为日内交易方法是有道理的。表30.2显示了这个方法的变形方法。在8：45到2：45的任意时刻根据道琼斯-标准普尔指标的方向进场——在3：00出场。你可以任意决定开始和结束的时间。因为这个概念能赚钱，所以条件放得比较宽——既然可以多做交易，为什么不把所有的交易都做了？

一般你很少能在把一个系统转化成日内交易系统之后就提升业绩，这次是例外情况。在表30.2中，净利润、胜率、平均每笔交易的利润、最大回撤和账户收益都很不错。很明显，这种市场动力适合做日内交易。

在业绩总表中，我们看见总交易笔数的数字特别大。图30.1显示了我们的交易情况——有时候，信号会来回反转很多次。

在其他时间，早盘就把当天的基调定下来了，其他时间到收盘时就是按照这个基调进行的。图30.2显示了一笔利润丰厚的多头交易，在早上8：45分之后，就可以进场了，然后在下午3：00出场。

在测试纳斯达克和罗素的时候，道琼斯-标准普尔指标也是有用的（请看表30.3，再次说明，这里使用的是迷你合约）。在表30.3

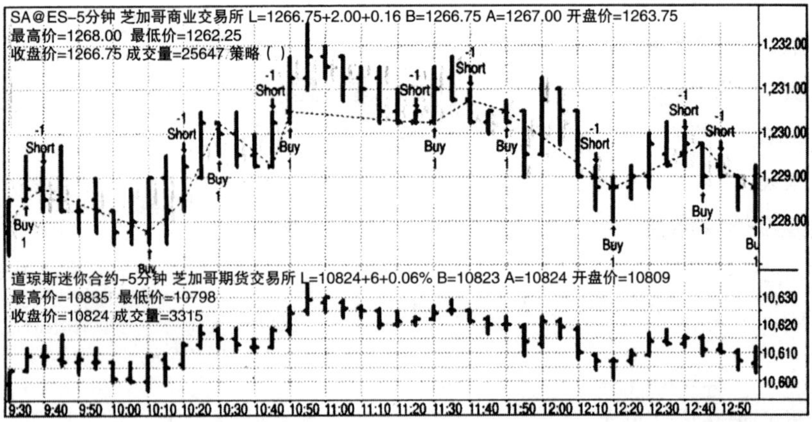

Tradestation生成图表

图30.1 道琼斯-标准普尔在振荡的时期（Short：做空 Buy：买入）

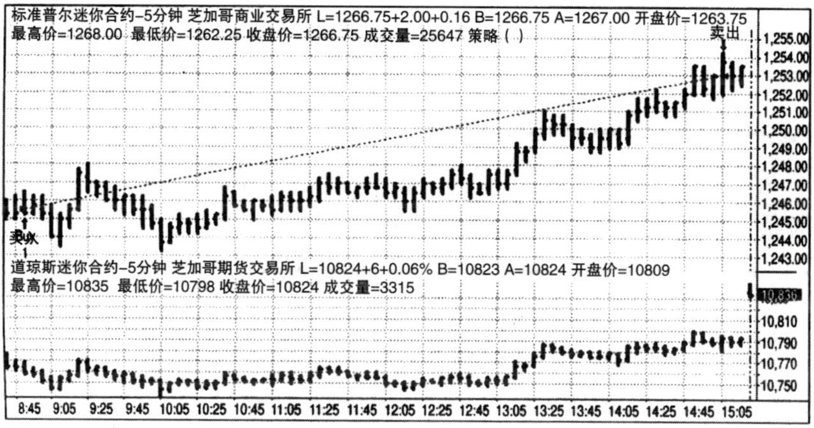

Tradestation生成图表

图30.2 道琼斯-标准普尔在有趋势的模式中

表30.3 道琼斯-标准普尔对纳斯达克和罗素也有用——永久在市和日内交易，从2001年1月2日到2005年11月19日

迷你合约	净利润	#交易笔数	%胜率	每笔交易的利润	最大回撤	账户收益
纳斯达克						
永久在市	$16,770	3,255	30.51%	$5.15	$8,390	199.9
日内交易	$33,630	3,250	33.66%	$10.35	$4,380	767.8
罗素						
永久在市	$58,910	3,776	37.10%	$15.60	$11,020	534.6
日内交易	$67,770	3,683	39.56%	$18.40	$7,610	890.5

中，永久在市系统在上面，日内交易系统在下面。

在本节，即使我提到的市场不是标准普尔，但我所指的系统也是道琼斯-标准普尔系统，特此说明。我的写作手法就是简短。

你要记住，道琼斯就是用来做比较的市场。道琼斯比其他市场慢，没有其他市场活跃。为什么会这样？市场的动力是什么？很明显，道琼斯指数只包含了30支股票，它相对于其他指数来说，对市场的变化反应要慢点。或者换个说法，可能是因为30支蓝筹股的持有者对市场噪音不敏感，因此不太愿意对仓位作出调整。这是有一定道理的。市场崩盘的时候，也是人们参与最积极的时候。一开始是小震动，然后影响到一些意志比较薄弱的人，再影响到意志坚强的人，直到最后，你才会被影响。如果很多人都买了很多股票，当发生恐慌的时候，所有人都在忙着出场，就会引发灾难。

无论最终的真相是什么，道琼斯-标准普尔是一个有活力的概念。我们将会看到，在各种情况下，这个概念都是有效的。对于新手来说，无论使用什么样的时间框架都行。表30.4显示了在不同时

表30.4　道琼斯-标准普尔日内交易——不同的时间框架——从2002年4月5日到2005年11月19日

迷你合约	净利润	#交易笔数	%胜率	每笔交易的利润	最大回撤	账户收益
标准普尔						
1分钟	$42,700	14,922	36.26%	$2.86	$7,300	584.9
5分钟	$59,438	4,556	42.65%	$13.05	$5,063	1,174.0
10分钟	$63,887	2,977	46.52%	$21.46	$4,925	1,297.2
15分钟	$69,688	2,518	48.33%	$27.69	$4,975	1,400.8
30分钟	$56,463	1,809	50.03%	$31.21	$4,963	1,137.7
纳斯达克						
1分钟	$24,780	7,810	25.86%	$3.17	$7,920	312.9
5分钟	$33,630	3,250	33.66%	$10.35	$4,380	767.8
10分钟	$33,370	2,406	37.53%	$14.02	$3,210	1,039.6
15分钟	$35,390	2,162	39.82%	$16.37	$3,650	969.6
30分钟	$29,100	1,643	44.37%	$17.71	$3,360	866.1
罗素						
1分钟	$50,890	7,932	35.05%	$6.42	$10,010	508.4
5分钟	$67,770	3,683	39.56%	$18.40	$7,610	890.5
10分钟	$69,450	2,676	42.53%	$25.95	$7,020	989.3
15分钟	$72,290	2,373	43.53%	$30.46	$9,150	790.1
30分钟	$64,830	1,791	47.01%	$36.20	$8,790	737.5

表30.5　道琼斯-标准普尔，优化柱线数——日内交易，从2002年4月5日到2005年11月19日

柱线数	净利润	#交易笔数	%胜率	每笔交易的利润	最大回撤	账户收益
1	$36,325	3,812	42%	$9.53	$5,100	712.3
2	$46,200	1,900	48%	$24.32	$4,763	970.0
3	$49,075	1,508	51%	$32.54	$4,338	1,131.0
4	$45,038	1,378	51%	$32.68	$4,738	950.6
5	$41,575	1,290	52%	$32.23	$4,900	848.5
6	$40,113	1,244	52%	$32.16	$5,113	784.5
7	$41,400	1,186	52%	$34.91	$5,050	819.8
8	$40,413	1,145	51%	$35.29	$6,125	659.8
9	$40,988	1,109	52%	$36.96	$6,338	646.7
10	$36,103	1,089	53%	$33.07	$7,063	511.2
11	$35,963	1,076	53%	$33.42	$6,700	536.8
12	$38,375	1,058	53%	$36.27	$6,525	588.1

间框架内的日内交易不同结果，时间框架从1分钟开始慢慢变大。在三个目标市场中，这个系统基本上是赚钱的。

我们下一步开始调整进场条件，看看结果如何。在任何价位，市场都倾向于在买卖信号之间上下摆动。我们能不能根据柱线的数量决定进场条件呢？这样可以缓解被洗盘的频率。

表30.5显示了优化和道琼斯-标准普尔方向一致的柱线条数的测试结果。另外，开始的时间被调整到了9：30。如此一来，当我们把柱线的条数从1条到12条测试的时候，我们接触的是当天的道琼斯-标准普尔信号。

和之前一样，我们在测试时寻找最大的账户收益，从本例中可以看出3是最优参数。平均每笔交易的利润在这里显得特别可怕——利润太少了，而且我们还没有考虑滑点亏损和佣金成本。然而，对于迷你合约，每笔交易的滑点亏损和佣金成本是20美元，大部分测试还是能通过这个门槛的。

表30.6　优化道琼斯-纳斯达克——从2002年4月5日到2005年11月19日

柱线数	净利润	#交易笔数	%胜率	每笔交易的利润	最大回撤	账户收益
1	$14,890	2,639	35%	$5.64	$4,700	316.8
2	$20,100	1,721	40%	$11.68	$4,990	402.8
3	$21,000	1,454	43%	$14.44	$4,240	495.3
4	$15,840	1,350	45%	$11.73	$4,330	365.8
5	$17,640	1,281	46%	$13.77	$4,470	394.6
6	$14,650	1,226	46%	$11.95	$5,560	263.5
7	$14,630	1,193	48%	$12.26	$5,560	263.1
8	$12,040	1,152	47%	$10.45	$5,870	205.1
9	$11,640	1,133	48%	$10.27	$5,710	203.9
10	$12,020	1,111	48%	$10.82	$5,320	225.9
11	$9,980	1,101	49%	$9.06	$4,870	204.9
12	$12,480	1,090	49%	$11.45	$4,220	295.7

表30.7　优化道琼斯-罗素——从2002年4月5日到2005年11月19日

柱线数	净利润	#交易笔数	%胜率	每笔交易的利润	最大回撤	账户收益
1	$53,170	3,034	41%	$17.52	$6,740	788.9
2	$55,720	1,907	44%	$29.22	$5,910	942.8
3	$52,030	1,567	46%	$33.20	$7,430	700.3
4	$48,990	1,433	46%	$34.19	$7,210	679.5
5	$50,170	1,357	49%	$36.97	$6,830	734.6
6	$49,350	1,298	49%	$38.02	$6,920	713.2
7	$43,970	1,248	48%	$35.23	$7,190	611.5
8	$42,200	1,215	49%	$34.73	$7,280	579.7
9	$36,880	1,199	48%	$30.76	$7,440	495.7
10	$31,170	1,178	48%	$26.46	$7,290	427.6
11	$31,500	1,147	48%	$27.46	$7,370	427.4
12	$32,340	1,132	49%	$28.57	$7,200	449.2

对纳斯达克的优化（表30.6）显示了相似的结果，只是平均每笔交易的利润不够多，不足以支持实战。不过，在理论上是可以赚钱的。罗素的收益（表30.7）则表明可以进行实战。我们能看出，3到5等参数的收益比较多，3应该是比较理想的通用参数。

让我们再来分析日间交易。有一个策略，这个策略使平均每笔交易的利润很大。也是用在5分钟图中。在中部标准时间上午9：00到下午2：45之间，如果收盘价第一次大于50条柱线收盘价均值，且道琼斯–标准普尔是看涨的，那么就在下一条柱线买入，如果收盘价小于50条柱线均值（之前的并非如此）且道琼斯–标准普尔向下，则做空。表30.8显示了，即使没有止损点，最大的亏损是2438美元，最大回撤是7563美元，账户收益是621%，很不错。考虑到这个策略并没有做过任何调整，这个收益算是很好的了。

表30.9表明罗素确认了这个系统的有效性，至少纳斯达克的数字是正数。我和我的伙伴有过争论，那就是在做投资的时候要不要重视纳斯达克。纳斯达克最近确实动作缓慢，但是我的伙伴提了个问题：“是不是科技股永远都不行了？”我认为这是一个复杂的问题。

这里还有一个日内交易方法。在中部夏令时间上午9：00到下午2：30，如果连续6条柱线确认了道琼斯–标准普尔的方向，那么用stop类型的订单在6条柱线的最高价买入；反之则做空，在下午3：00出场。

我们知道用stop类型的订单在n条柱线的最高价／最低价买入／卖出是有效的（这是最出名的系统之一，也是简单的机械系统。在70年代，商品市场的火爆给系统带来了动力，让几个交易者致富了）。很明显，我们也更加确信“标准普尔走在道琼斯前面”的规则是有效的。简而言之，这个基本规则是可信的。表30.10显示了这个方法是赚钱的。

这个方法还有一个变形的方法，开盘15分钟后，如果收盘价大于前面六个最高价的均值，且道琼斯–标准普尔向上，那么就在收盘价减去均值一半的价位买入。如果收盘价小于最近六个最低价的均值，在收盘价加上均值一半的价位做空。我们还是使用5分钟图，所

表30.8 道琼斯-标准普尔和50天均值——永久在市——从2002年4月5日到2005年11月19日

净利润总和	$46,962.50	利润因素	1.50
毛利润	$140,450.00	毛亏损	($93,487.50)
总交易笔数	614	胜率	42.35%
赢利的交易笔数	260	亏损的交易笔数	338
打平的交易笔数	16		
平均每笔交易的净利润	$76.59	平均利润和平均亏损的比率	1.95
赢利交易的平均利润	$540.19	亏损交易的平均亏损	($276.59)
赢利交易的最大利润	$4,062.50	亏损交易的最大亏损	($2,437.50)
最大连续赢利笔数	6	最大连续亏损笔数	11
赢利交易的平均柱线数	161.25	亏损交易的平均柱线数	93.25
每笔交易的平均柱线数	120.95		
最大的股数 / 合约数	1	账户大小要求	$7,562.50
起始资金的收益	46.96%	年收益率	7.57%
收益回撤比率	0.41	RI—指数	130.64
交易期间	5年30天2小时30分	在市的时间百分比	71.24%
资金曲线的最大上涨	$48,712.50		
资金曲线的最大回撤（日内，从波峰到波谷）		**资金曲线的最大回撤（两笔交易之间的）**	
值	($8,075.00)	值	($7,562.50)
净利润占回撤的百分比	581.58%	净利润占回撤的百分比	620.99%
交易的最大回撤	($2,737.50)		

表30.9 道琼斯-纳斯达克和道琼斯-罗素，加上50天均值——从2002年4月5日到2005年11月19日

迷你合约	净利润	#交易笔数	%胜率	每笔交易的利润	最大回撤	账户收益
纳斯达克	$5,010	625	35.20%	$8.02	$13,200	38.0
罗素	$44,880	556	41.73%	$80.72	$12,140	369.7

表30.10 道琼斯-标准普尔——6条柱线的最高价/最低价，用stop类型订单——日内交易系统——从2002年4月5日到2005年11月19日

迷你合约	净利润	#交易笔数	%胜率	每笔交易的利润	最大回撤	账户收益
标准普尔	$34,950	1,126	51.07%	$31.04	$6,963	501.9
纳斯达克	$10,690	1,092	48.63%	$9.79	$5,280	202.5
罗素	$50,090	1,134	50.00%	$44.17	$7,440	673.3

以对于前面三笔交易，有些最高价/最低价的数值来自前一天。在下午3：00出场（请看表30.11）。

有趣的是，第一眼看上去似乎这个方法是对用stop订单进场的一种改善，这和大部分以动量为基础的交易思路不同。此外，不要忘了我们之前讨论的限价单的陷阱，因为有滑点亏损，再加上纳斯达克反应比较慢，所以容易亏钱，这样就很难知道哪一种系统最好。

还有一个道琼斯-标准普尔系统，这个系统只看当天的动力信息。换句话说，如果刚建仓，我们只看几条柱线，不看前一天的数据。随着时间的推移，柱线的数量会越来越多，我们就可以参考这些数据。虽然这里使用的公式并不是从进场时就开始运算的，但基本上就是模仿这个算法。从上午9：30到9：55，之前的12条柱线必须确定道琼斯-标准普尔的方向，然后才能进场。连续的时间框架能决定柱线的条数，以下数字供参考。

表30.11 道琼斯-标准普尔——6条柱线的最高价/最低价，用限价单——日内交易——从2002年4月5日到2005年11月19日

迷你合约	净利润	#交易笔数	%胜率	每笔交易的利润	最大回撤	账户收益
标准普尔	$63,825	1,723	49.10%	$37.04	$4,675	1365.0
纳斯达克	$34,250	1,868	41.54%	$18.34	$4,150	825.3
罗素	$67,740	1,869	44.52%	$36.24	$5,990	1131.0

10：00–10：25—18

10：30–10：55—24

11：00–11：25—30

11：30–11：55—36

12：00–12：25—42

12：30–12：55—48

请看表30.12。

表30.12 动力道琼斯-标准普尔——日内交易——从2002年4月5日到2005年11月19日

迷你合约	净利润	#交易笔数	%胜率	每笔交易的利润	最大回撤	账户收益
标准普尔	$39,887	1,168	52.57%	$34.15	$7,963	500.9
纳斯达克	$13,340	1,190	47.65%	$11.21	$4,680	285.0
罗素	$26,980	1,182	48.65%	$22.83	$9,430	286.1

在任意时刻，你根据道琼斯-标准普尔的方向和柱线数决定用市价单进场，在下午3：00出场。

我就是这样慢慢研究探索的，不过我承认，这不是我想要的。然而，根据道琼斯-标准普尔思路，我们能实现分散的目的，不仅仅是因为要借助柱线的灵活性，还是因为用市价单进场。无论是采用这个方法，还是用stop类型的订单，或用限价单，我们都能得到很好的收益。我们要做很多模拟测试，通过模拟测试，我们就能通过很多数据确认系统能赚钱。

请把道琼斯-标准普尔想像成是一种做汤的佐料——这个方法对N天或区间突破等老方法有所改善。无论你使用什么样的指数系统，道琼斯-标准普尔能让它变得更好，即使单独使用道琼斯-标准普尔，这个方法也是有效的。

第31章

日内交易 第一部分：最有意义的价格

> 请注意：为了研究日内交易，我们使用小时图，所以你要在tradestation软件的“自定义”功能中进行相应的调整。对于指数，把中部标准时间上午8：30到下午3：15作为开始和结束的时间。对于其他金融产品，则把开始和结束的时间调整为上午7：20到下午2：00。

很明显，机械交易有很多种可能性，每天交易的方向性选择只占其中很小的一部分。专业交易者只对当前的市场波动作出反应。机械交易者、场内交易者或其他交易者都是如此。市场在波动，一直在变化。正如我所说的，市场大多是随机的噪音，但是这并非说明市场中就没有可以挖掘的宝藏。

我们再来看一个非常简单的指标，这个指标超级有效，却被人忽略了。在每个交易期间，都有一个价格可以用来做界线。如果市场价格在界线的某一边，你可以买入；如果市场价格在界线的另一边，你可以卖出。那么这个具体的价格是多少呢？

那就是每天的开盘价。如果市场价格大于开盘价，那么市场就有向上的压力。这并非意味着你就不应该跟随与此相反的系统。这只是意味着在其他条件一样的前提下，在这条线之上买入比较好，你应该找机会做多。相反，如果市场在开盘价之下徘徊，你应该更多地考虑卖出。

我为什么要这么说？请想象一下，在标准普尔迷你合约的30分钟图中，我们进行了一些交易。第一笔交易是在中部夏令时间上午9：00进场的，如果收盘价大于每天的开盘价（8：30），那么就买入；如果收盘价小于开盘价，那么就卖出（译者注：根据上下文分析，这里的收盘价应该是指前一条柱线的收盘价）。第二笔交易是在9：30进场，第三笔交易是在10：00进场的，以此类推，一直到下午2：30。在收盘价（中部夏令时间3：15）平掉所有的仓位。对于每笔交易的时间，可以用图表表达出来。表31.1显示了测试结果。

表31.1　根据每天开盘价的相对方向进场——标准普尔迷你合约——30分钟图，从2000年10月24日到2005年11月19日

时间	净利润	#交易笔数	%胜率	每笔交易的利润	最大回撤	账户收益
9：00	$14,788	1,213	51.53%	$12.19	$19,325	76.5
9：30	$15,763	1,235	51.98%	$12.76	$12,413	127.0
10：00	$88	1,244	50.40%	$0.07	$10,600	0.8
10：30	$31,088	1,244	53.14%	$24.29	$6,825	455.5
11：00	（$5,338）	1,244	51.85%	（$4.29）	$19,613	—
11：30	（$1,988）	1,242	51.29%	（$1.60）	$16,800	—
12：00	$24,825	1,243	53.26%	$19.97	$12,538	198.0
12：30	$15,088	1,232	53.08%	$12.25	$17,250	87.5
1：00	$23,825	1,238	54.36%	$19.24	$8,963	265.8
1：30	$29,638	1,236	54.29%	$23.98	$5,000	592.8
2：00	$23,988	1,243	52.29%	$19.30	$4,300	557.9
2：30	$8,525	1,247	50.36%	$6.84	$5,988	142.4

当我们对其他指数进行模拟测试时，也会得到相似的结果（我估计你会同意把时间调整为每个小时交易一次），我们现在要测试其他的金融品种，不过要对每天的开盘和收盘时间作出调整，调整的原则是一样的。

表31.2显示了其他市场的测试结果。除了外汇品种的几个结果不太确定外，这个概念还是很不错的——如果市场价格大于开盘价，就做多；如果市场价格小于开盘价，就做空。

我们把这个原则再用到另一个系统上面，这次使用60分钟图。

表31.2　根据每天的开盘价进场——30分钟图——从2000年10月24日到2005年11月19日

时间	净利润	#交易笔数	%胜率	每笔交易的利润	最大回撤	账户收益
纳斯达克（迷你合约）						
9：30	$35,080	1,235	52.23%	$28.40	$14,370	244.1
10：30	（$9,730）	1,247	49.48%	（$7.80）	$16,350	—
11：30	$12,200	1,247	51.08%	$9.78	$17,680	69.1
12：30	$8,950	1,249	51.32%	$7.17	$14,650	61.1
13：30	$8,850	1,245	52.21%	$7.11	$12,750	69.4
14：30	$640	1,242	48.47%	$0.52	$10,170	6.3
罗素（迷你合约）						
9：30	$8,190	995	51.96%	$8.23	$10,660	76.8
10：30	$14,120	983	52.80%	$14.36	$9,590	147.2
11：30	$31,330	990	54.95%	$31.65	$8,390	373.4
12：30	$55,580	993	57.30%	$55.97	$5,630	987.2
13：30	$50,100	987	58.97%	$50.76	$3,050	1643.0
14：30	$24,020	995	53.97%	$24.14	$4,270	562.5
30年期债券						
8：20	（$16,563）	1,026	50.68%	（$16.14）	$24,125	—
9：20	$26,000	1,047	53.01%	$24.83	$14,188	183.3
10：20	$34,125	1,052	54.09%	$32.44	$7,813	436.8
11：20	$19,188	1,059	50.33%	$18.12	$10,781	178.0
12：20	$28,281	1,060	51.70%	$26.68	$6,938	407.6
13：20	$34,656	1,171	50.90%	$29.60	$5,031	688.8
10年期债券						
8：20	（$18,959）	1,049	47.76%	（$17.98）	$22,453	–84.4
9：20	$19,563	1,060	53.14%	$24.29	$6,825	286.6
10：20	$26,000	1,047	53.01%	$24.83	$14,188	183.3
11：20	$26,000	1,047	53.01%	$24.83	$14,188	183.3
12：20	$26,000	1,047	53.01%	$24.83	$14,188	183.3
13：20	$26,000	1,047	53.01%	$24.83	$14,188	183.3

时间	净利润	#交易笔数	%胜率	每笔交易的利润	最大回撤	账户收益
5年期债券						
8：20	($18,959)	1,049	47.76%	($17.98)	$22,453	—
9：20	$19,563	1,060	53.14%	$24.29	$6,825	286.6
10：20	$31,109	1,060	55.94%	$29.35	$4,563	681.8
11：20	$17,015	1,059	51.46%	$16.07	$6,156	276.4
12：20	$20,671	1,061	52.31%	$19.48	$4,922	420.0
13：20	$7,828	1,050	49.24%	$7.46	$3,531	221.7
日元						
8：20	($5,050)	1,080	44.17%	($4.68)	$9,250	—
9：20	($575)	1,087	49.22%	($0.53)	$13,000	—
10：20	($2,238)	1,106	42.68%	($2.02)	$10,850	—
11：20	($9,038)	1,108	42.24%	($8.16)	$13,613	—
12：20	($11,063)	1,101	42.33%	($10.05)	$15,663	—
13：20	($5,050)	1,080	44.17%	($4.48)	$9,250	—
欧元						
8：20	($10,788)	1,093	41.17%	($9.87)	$13,363	—
9：20	$26,588	1,102	50.18%	$24.13	$9,825	270.6
10：20	$9,888	1,107	48.51%	$8.93	$10,388	95.2
11：20	($17,263)	1,104	46.47%	($15.64)	$22,000	—
12：20	$2,813	1,105	46.61%	$2.55	$9,963	28.2
13：20	($10,788)	1,093	41.17%	($9.87)	$13,363	—
瑞士法郎						
8：20	$21,913	1,065	50.14%	$20.58	$9,950	220.2
9：20	$16,738	1,082	50.18%	$15.47	$6,125	273.3
10：20	$7,750	1,085	47.83%	$7.14	$9,488	81.7
11：20	($12,488)	1,087	43.51%	($11.49)	$16,950	—
12：20	($13,100)	1,084	43.36%	($12.08)	$18,413	—
13：20	($7,013)	1,072	40.58%	($6.54)	$11,975	—

"连续两条柱线和开盘价"系统的规则如下：

> 开盘两小时后，如果两条柱线的收盘价都大于开盘价，最后一条柱线的收盘价也大于前一条柱线，那么在下一条柱线用市价单进场。在收盘前最后一个小时的两小时前进场（对于指数是1：30，对于其他金融产品，则是12：20），在一个小时后出场（对于指数是2：30，对于其他金融产品是1：20）。表31.3显示了对于很多品种，这个概念几千笔的模拟测试都表明是赚钱的。请注意，模拟测试的结果中没有负数。

表31.3　连续两条柱线和开盘价——60分钟图——指数是从2000年10月24日到2005年11月19日，其他品种是从2001年5月24日到2005年11月19日

迷你合约	净利润	#交易笔数	%胜率	每笔交易的利润	最大回撤	账户收益
标准普尔（迷你合约）	$12,138	1,186	51.94%	$10.23	$7,588	160.0
纳斯达克（迷你合约）	$9,280	1,200	50.75%	$7.73	$9,720	95.4
罗素（迷你合约）	$22,470	963	51.82%	$11.91	$5,670	396.3
30年期债券	$22,250	1,045	51.58%	$21.29	$6,031	368.9
10年期债券	$22,000	1,033	53.34%	$21.30	$5,625	391.1
5年期债券	$10,218	967	51.09%	$10.57	$4,000	255.5
日元	$4,075	1,076	46.10%	$3.79	$7,263	56.1
欧元	$27,413	1,088	49.08%	$25.20	$6,900	397.3
瑞士法郎	$17,800	1,075	48.28%	$16.56	$8,088	220.1

这个系统还有一个变形系统，叫"最后的三分之一系统"。把一个交易日分成三等份。指数的交易时间长达405分钟，也就是135条柱线。其他金融产品的交易时间是从中部夏令时间上午7：20到下午2：00——410分钟，正好可以分成几段长度为135分钟的时期。对于指数来说，135分钟的柱线结束的时间点是10：45和1：00；对

于其他金融产品来说，则分别是9：35和11：50。如果指数的时间是1：00，其他品种的是11：50——那就是说，在交易日的后三分之一时段的开始时间——前面两条柱线的收盘价大于当天的开盘价，那么就用市价单买入；如果两条柱线的收盘价都小于开盘价，那么就做空。在当天收盘价平掉所有仓位。表31.4显示了模拟测试的结果。

除了外汇之外，根据开盘价的方向就可以赚钱。为什么要反对这个方法呢？开盘价就像风一样在后面吹着你前进。

表31.4　在最后的三分之一时段进场，从2001年1月2日到2005年11月19日（指数）；从2001年6月7日到2005年11月19日（其他品种）

	净利润	#交易笔数	%胜率	每笔交易的利润	最大回撤	账户收益
标准普尔（迷你合约）	$23,213	951	55.84%	$24.41	$6,175	375.9
纳斯达克（迷你合约）	$11,260	970	53.51%	$11.61	$12,030	93.6
罗素（迷你合约）	$43,280	796	60.05%	$54.37	$3,970	1,090.0
30年期债券	$2,437	852	50.35%	$2.86	$10,844	22.5
10年期债券	$9,828	849	50.65%	$11.58	$6,031	163.0
5年期债券	$5,390	823	49.70%	$6.55	$3,125	172.5
日元	（$16,713）	867	39.45%	（$19.28）	$17,413	—
欧元	（$13,825）	888	46.85%	（$15.57）	$16,213	—
瑞士法郎	（$6,138）	877	45.15%	（$7.00）	$9,788	—

第32章

日内交易　第二部分——转换（能保证预测到赚钱的交易环境吗？）

机械系统的缺点之一是，在有些市场环境中很赚钱，在有些市场环境中会导致爆仓。就是因为这个原因，很多交易者在一开始都不愿意采用机械交易方法。我过去在场内交易的时候，就是教条式地交易的。我必须承认，对于有些交易，虽然其他交易者都一致认同，我也交易了，但是我并不喜欢我的仓位——系统这次是错的，我为什么要持有仓位呢？

我告诉他们我是系统交易者，是经常亏损的。有一次，我听了他们的意见，违反了系统，市场反转了，涨得很厉害，可惜我没建仓。墨菲定律就是这个意思。我想说的重点是，对于旁观者来说，系统交易并不是最完美的。大部分人倾向于认为有合乎逻辑的办法预测到糟糕的交易，他们不想成为受虐狂。他们不想用机械交易的第二个主要原因是机械交易太辛苦，喜欢用机械交易的交易者知道必须直接面对这个问题。

当机械交易者回顾自己过去的交易时，他们会发现自己生活在双重现实之中：有时候会觉得交易异常简单；有时候又觉得交易太难，机械交易者甚至会怀疑这个世界上是否还有比交易更难的事业了。

这两种环境有什么不同吗？很多时候人们的感觉是真实的。当你根据动量成功地交易的时候，你会觉得市场涨了又涨，或者是跌了又跌。

在很多时候，无论是日内，还是日间，最高价后面还有最高价，最低价后面还有最低价。你会记得，某天做日内交易时，一开始你错过了机会，后来又有第二次或第三次机会进场。一旦行情真的开始了，行情就会不停地持续下去，期间很少出现假动作，也许振幅会比较大。

你只有提前知道要回避什么样的环境，你才能回避这样的环境。你可以像冬眠的熊一样，先休息几周或几个月，保存体力，然后精力充沛地返回市场。

对于这个在交易时“转换”的概念，机械交易者也有不同的看法。有些交易者说，如果你能设计一个方法，能预测交易环境的变化，那么你就能统治这个世界了，言下之意就是说这是不可能的。还有些交易者则认为虽然这个想法不能做到包罗万象，但是可以作为一个很好的过滤器。机械系统每天都会用到过滤器。“如果RSI指数太高了，就不要做多”，“如果成交量小于前面5天内的最小成交量，就不要建仓”。这里的转换就是指在交易环境中，有些事会来回变化。

举例说明，我们来看看一个久违的市场——大豆。作为农产品，大豆的特点和金融产品有所不同。虽然大豆属于农产品，但是它有自己的特点，可以认为大豆另属别类。

多年来，大豆市场很温和，一直在横盘振荡。然后，某些基本面发生了重大变化，这些基本面一般都和天气有关。然后你就会发现咖啡市场停滞不前，原油出现了短缺，股市崩跌（是机会）。

对于这样的整体环境，你有什么看法？这样的市场环境一般比较短暂。在柱线图上，天气原因引起的市场变化看起来就是柱线的上下引线特别长。一般情况下市场会上涨，也就是价格越来越高。谷物的熊市也很磨人，价格不会在突然之间上涨或下跌的，也许上周的最低点是4.65美元，本周跌到了4.57美元——对于多头来说，这是一种慢慢的折磨（另一方面，当市场猛烈上涨之后，之后可能会发生痛苦的下跌）。

基本上可以这么认为，当市场疯狂之后，就会进入比平时宽的横盘振荡区间并上下振荡，这样的市场需要非常宽的空间以用来上下波动。也许这和我们之前讨论的压缩弹簧是矛盾的，但是现在讨论的前提已经发生了变化。如果横盘振荡的区间很狭窄，那么随后可能会有行情；如果区间很宽广，那么市场就有可能在宽广的区间内波动（如果是狭窄的振荡区间，用一个系统去做突破，会成功；但是如果把这个系统用到宽广的振荡区间，我能想象到后果，不过这已经偏题了）。我想说的重点是，如果没有巨大的价格波动，那么就很难去预测好的交易机会。

所以，我们要有一个衡量的标准，然后根据这个标准来判断何时转换。如果要编程的话，必须有类似这样的语句："如果3天的平均振幅大于或等于200天日振幅均值的2倍"，那么就把这作为进场的过滤器。也可以是类似这样的语句："如果收盘价大于或等于7美元……"从历史表现来看，当价格到达7美元之后，大豆的市场会有不同的表现；但是如果大豆市场有某种表现——比如区间在扩大或缩小，那么最好是相信系统。

下面谈到的这个系统根据理论上的交易时间框架定义了进场规则。我们在前面谈到的两个过滤器都用到了——一是价格倾向于越来越高，不是越来越低，二是最近的振幅比较大。

两种情况——确定买入和卖出——（并非指反之亦然）。

1. 过去20天内的最高价减去收盘价等于或小于20天振幅的10%。

2. 5天的平均振幅至少是前面20天振幅均值的2倍（20天的均值从25天前开始到6天前——不包括最近5天的日期）

如果满足了两者中的任意一条，用stop类型的订单买入，买入价设置为开盘价加上前一天的振幅，做空价则为开盘价减去同样的振幅。无论你持有多头仓位的时间长短，利润目标就是第二天的开盘价加上20天振幅的50%（如果连续几天价格越来越低，当然就不能赚钱了）。止损点则是开盘价减去振幅的40%（并非一定是亏损的）。反之则卖出。

图32.1显示了这个系统的交易情况。一开始的一些信号与上涨的行情和1988年春季的干旱是相符的。最高价右边的出场箭头代表了有两个月没有交易行为。从那里开始，一旦建仓后，持仓的时间都比较长，因为市场的走势不会让交易者平仓的。最后的出场日期是1989年2月17日（译者注：图中看不出来）。此图没有完整地显示出来，但是下一个卖出信号——直到1989年7月6日才出现。换句话

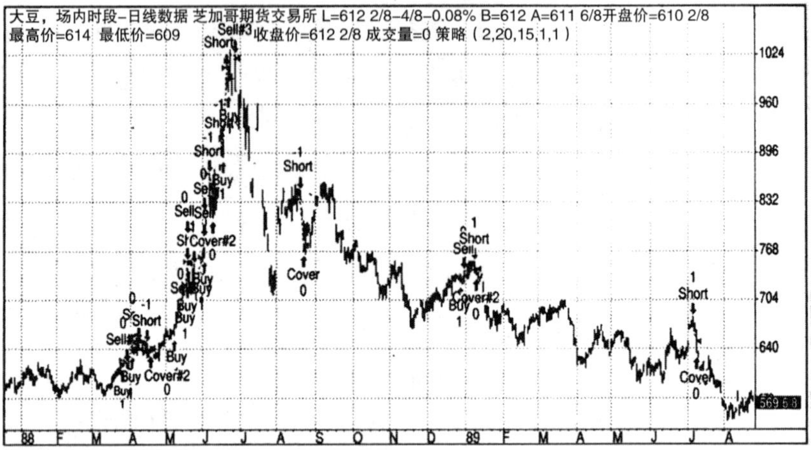

Tradestation生成图表

图32.1 大豆的转换导致在一定时间框架内的交易很频繁卖盘

（Sell：卖出 Short：做空 Buy：买入 Cover：回补）

说，行情结束了，不能再使用这个系统了。

这种先出现行情，随后恢复平静的现象很普遍，20年来经常出现。表32.1显示了模拟测试的结果。账户很赚钱，平均每笔交易的利润很多，我们的在市时间只有54%。总交易笔数（110）比过去看到的要少，但另一方面，我们能提前知道我们在寻找什么。正如我所说的，当你在做测试的时候，确认市场动力的时候不要太肯定。

现在谈到的思路也许更特别，更不流行，但是这个思路在其他市场有持续性。小麦与玉米都是和大豆相关度很高的农产品，用这个思路交易它们也能产生净利润；用这个思路交易黄金、白银和其他几个国外的品种也是赚钱的；用这个思路交易肉类品种是亏损的，考虑到这些品种长期横盘，亏钱也是正常的；用这个思路交易一些金融产品也能赚钱。对于大多数交易金融产品的思路来说，外汇都不太容易赚钱，不过我这次把外汇算进来了，只是我们很少看到日元有这么好的收益。这个世界并不完美，但是我们看到了思路的持续一致性。请看表32.2。

表32.1　大豆的转换——从1986年到2005年11月19日

来源：© Tradestation技术公司，1991年—2006年。保留所有权利。

净利润总和	$70,043.75	利润因素	2.59
毛利润	$114,081.25	毛亏损	（$44,037.50）
总交易笔数	110	胜率	54.55%
赢利的交易笔数	60	亏损的交易笔数	48
打平的交易笔数	2		
平均每笔交易的净利润	$636.76	平均利润和平均亏损的比率	2.07
赢利交易的平均利润	$1,901.35	亏损交易的平均亏损	（$917.45）
赢利交易的最大利润	$11,950.00	亏损交易的最大亏损	（$3,187.50）
最大连续赢利笔数	5	最大连续亏损笔数	4
赢利交易的平均柱线数	30.27	亏损交易的平均柱线数	21.02
每笔交易的平均柱线数	25.70		
最大的股数／合约数	1	账户大小要求	$5,000.00
起始资金的收益	70.04%	年收益率	2.67%
收益回撤比率	0.11	RI—指数	142.26
交易期间	19年10个月加17天	在市的时间百分比	54.31%
资金曲线的最大上涨	$75,750.00		
资金曲线的最大回撤（日内，从波峰到波谷）		**资金曲线的最大回撤（两笔交易之间的）**	
值	（$7,875.00）	值	（$5,000.00）
净利润占回撤的百分比	889.44%	净利润占回撤的百分比	1,400.88%
交易的最大回撤	（$5,787.50）		

表32.2 大豆的转换应用到其他市场——从1986年1月2日到2005年11月19日

	净利润	#交易笔数	%胜率	每笔交易的利润	最大回撤	账户收益
小麦	$17,250	124	42.74%	$139.11	$5,413	318.7
玉米	$7,725	123	34.96%	$62.80	$5,325	145.1
咖啡	$62,670	129	45.74%	$485.81	$64,808	96.7
可可	$19,270	174	34.48%	$110.75	$9,280	207.7
橘子汁	$3,552	177	35.59%	$20.07	$11,378	31.2
黄金	$8,342	106	40.57%	$78.70	$14,384	58.0
白银	$32,285	95	41.05%	$339.84	$12,100	266.8
日元	$57,013	164	44.51%	$347.64	$18,275	312.0
欧元	$7,388	59	42.37%	$125.21	$16,150	45.8
瑞士法郎	（$15,863）	155	39.35%	（$102.34）	$32,525	—

第33章

日内交易　第三部分——一个有效的指数的转换

在有趋势的时间框架里面，在上涨的趋势中，上涨的交易日后面大多还是上涨的交易日；在下跌的趋势中，下跌的交易日后面大多还是下跌的交易日。当行情不太好定义的时候，上涨的行情之后大多就会下跌，反之亦然。

让我们来看看一个交易思路，这个思路在交易股票指数的时候很赚钱。每天，把开盘价加上前3天平均振幅的50%作为买入价，把开盘价减去同样的距离作为做空价，永久在市，不是做多，就是做空，不停地反转仓位。

我还有一个修改过的版本，那就是再加一个过滤器。我们设置一个变数x，只要连续两个收盘价的方向一致，那么x=1；如果收盘价先是上涨的，然后又下跌，或情况相反，那么x=0；如果在某些交易日内，x的值大于或等于某个特定的数字，那么我们就认为是突破并进场。

我研究后发现一个比较有活力的数字就是0.6。如果最近20天内x的平均值大于或小于0.6，我们就在第二天下单交易。一旦建仓了，无论价格是否符合过滤器的标准，市场逆向走动到0.5就止损出场。过滤器只影响进场规则，并不影响出场规则。表33.1对比了使用过滤器和不使用过滤器的不同突破结果，这次采用了10年的数据，样本数应该是足够的。

对于道琼斯，这个过滤器排除了14%的交易，把5.8万美元的亏损变成了8200美元的利润。对于四个市场来说，因为我们已经过滤了80%的交易，那么总体的净利润会减少，但是，我们要用相对的眼光来看待问题。你愿意在交易纳斯达克的时候忍受12.54万美元的回

表33.1 区间突破，带“两者一致”过滤器和不带“两者一致”过滤器——日线图，标准普尔是从1996年1月2日到2005年11月19日；其他品种则是从合约一开始到2005年11月19日

标准合约	净利润	#交易笔数	%胜率	每笔交易的利润	最大回撤	账户收益
标准普尔						
不带过滤器	$153,575	1,155	40.43%	$132.97	$181,800	84.5
带过滤器	$60,425	216	40.28%	$279.75	$33,325	181.3
纳斯达克						
不带过滤器	$344,300	1,069	44.15%	$322.08	$125,400	274.6
带过滤器	$201,250	246	49.59%	$818.09	$31,000	649.2
罗素						
不带过滤器	$715,975	1,120	45.89%	$639.26	$84,225	850.1
带过滤器	$259,475	280	46.79%	$926.70	$29,425	881.8
道琼斯						
不带过滤器	($58,000)	938	36.14%	($61.83)	$99,030	—
带过滤器	$8,200	134	41.79%	$61.19	$22,670	36.2

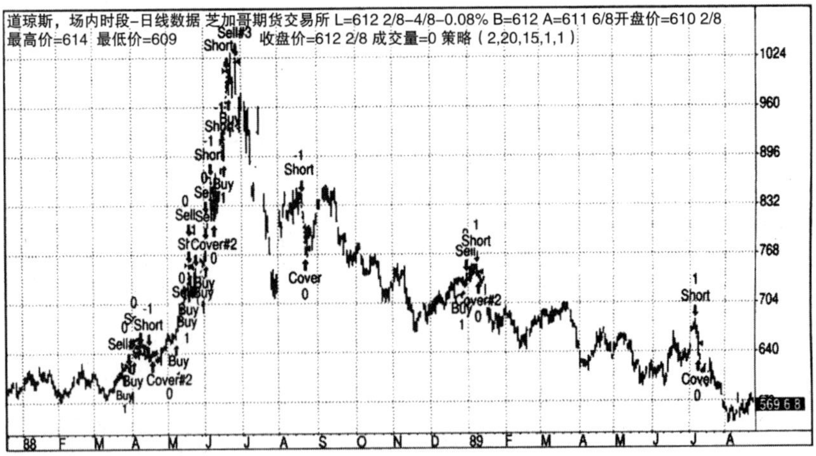

Tradestation生成图表

图33.1 指数的转换：日线图，道琼斯标准合约

（Sell：卖出 Short：做空 Buy：买入 Cover：回补）

来源：Tradestation技术公司，1991年—2006年。保留所有权利。

撤并最终赚到34.43万美元吗？或是忍受3.1万美元的回撤并最终赚到20.125万美元呢？纳斯达克的账户收益涨了一倍有余，其他市场的账户收益也增加了，平均每笔交易的利润都增加了，采用过滤器并没有增加多少成本。图33.1显示了道琼斯的波动期和休眠期，让我们看到系统的转换过程——也就是市场动力。很明显，利用转换现象是可以赚钱的。

在哪里能找到类似的界线呢？在有趋势的市场中，我们倾向于在几天内的最高点或最低点附近交易，很少在中间的某个价位交易。每天的柱线看起来是一样的——在有趋势的市场中，收盘价就在最高价或最低价的x%之内。也许成交量能提供线索，或者是市场在一定时间框架内创造新高或新低的频率也能提供线索。我们可以把周线图上的信号用到日线图上，用来进场。我们可以比较上涨的收盘价（数量）和下跌的收盘价（数量），而不是注意连续两天收盘方向一致的（数量）。也许还有其他方法能告诉我们如何看待市场的行情速度。

你的想象力决定了你的潜力。

第34章

日内交易　第四部分——一个金融产品的转换

我在前面已经讲了，除了少数人受上天保佑之外，大部分人都不适合做主观交易（如果过了这么久，你还在怀疑之中，那就说明你不适合做主观交易）。通过对交易的回顾，可以帮助你开发交易系统，可以帮助你了解市场动力。有时候，你对市场倾向的认知是错的，如果你做了模拟测试，就能知道自己的谬误在哪里，这样就不会把真金白银亏掉了。如果你有很好的交易思路，模拟测试就能确认你的交易思路。

这里有一个和转换概念一致的例子。如果你曾经交易了足够长的时间，你肯定记得，在有些交易日里，当你的资金曲线稳稳当当地上涨时，你比较开心，感觉轻松。随后，你很确信在收盘时你会赚到更多的钱。这既不是超常的预测，也不是变戏法——这只是对市场动力的某种想法。和平常一样，它能帮助我们衡量市场动力并作出相应的反应。

在这些情况下，市场总是对你有利。如果你在做多，每天市场都会创新高，回调很浅，回调时间也不是很长，趋势有持续性。也许你需要某种过滤器帮助你捕捉到这样的交易日。“12：30进场系统”是这样要求的，在12：30，如果满足了三个条件，你就可以买入。

1. 每天的开盘价必须在总振幅最下面25%处。
2. 最高价必须比11：30分的价格高。
3. 11：30的高价必须比9：30分的价格高。

和之前一样，反之则卖出。除了收盘时间各自不同之外，同样的公式也能应用到9个市场，在收盘前10分钟平仓（指数是下午3：05，其他品种则是下午1：50）。当你在研究指数和其他市场的时候，开盘到目标时刻代表了一整天中的一段时间，这会影响到市场的对称性，也许各个品种共同的开市时间真的是最重要的。如果进场时间相对于整天的开市时间来说很有动力，我们要接受这个比较好的结果。正如表34.1所示，这个系统在不同市场是有效的。这个系统和前面谈到的“最后的三分之一”系统很接近，只是对于这个系统，我们更关心的是市场价格和每天开盘价之间的关系。

表34.1　12：30进场——5分钟图——从2001年1月2日到2005年11月19日（指数）；从2001年5月15日到2005年11月19日（其他品种）

标准合约	净利润	#交易笔数	%胜率	每笔交易的利润	最大回撤	账户收益
标准普尔（迷你合约）	$4,075	216	57.87%	$18.87	$7,275	56.01
纳斯达克（迷你合约）	$5,340	205	56.10%	$26.05	$4,440	120.30
罗素（迷你合约）	$10,900	113	67.26%	$96.46	$1,640	664.60
30年期债券	$2,625	168	47.02%	$15.63	$2,313	113.50
10年期债券	$4,875	180	51.67%	$27.08	$1,156	421.70
5年期债券	$1,640	145	46.21%	$11.31	$1,406	116.60
日元	$1,863	94	55.32%	$19.81	$1,738	107.20
欧元	$675	128	44.53%	$5.27	$1,850	36.49
瑞士法郎	$1,300	101	45.54%	$12.87	$1,863	69.78

第35章

日内交易　第五部分——针对指数的四个进场信号的综合

如何确认并综合一些基本的日内优势？我们可能想交易指数——再次说明，日内交易是最好交易指数。和以前一样，我们要问自己市场的倾向如何，是做多还是做空。我们知道道琼斯-标准普尔是一个很有力的指标。如果开盘后市场在开盘价之上，我们见证过做多是明智的。

这里还有一个理论。如果市场环境适合做日内交易的多头，你可能就会看到大部分柱线的收盘价比开盘价高；反之则适合做空。如果收盘价大于开盘价，x=1，反之x=-1。我们要为天数做优化，以确定一个简单多数指标。在5分钟图中，9是显得很有活力的数字。从9：15开始交易，这样你就永远不会接触当天之外的数据。从9：15到2：45，根据9条柱线x均值的具体数值，你要么在做多，要么在做空，在下午3：00出场。

另外：本节谈到的模拟测试，测试的对象是道琼斯迷你合约。有些元素会涉及与标准普尔-道琼斯的关系，我希望在比较的时候都是横向比较的。然而，这种做法会减少tradestation读取的天数数据——因此在测试时的起始时间也会不同。

表35.1显示了测试标准普尔、纳斯达克和罗素等迷你合约的结果。无论结果有多么细微的差别，我们已经发现了一个优势。

我还有第二个使用开盘价技术的变形系统，这个系统同样是使用5分钟图，使用同样的时间框架，从上午9：15到下午2：45。在同样的时间框架中，当最后的收盘价在当天振幅的较高位置就做多；在较低位置就做空。这个系统很简单的，我们正好喜欢简单。表35.2显示了针对指数的测试结果。

表35.1 跟随9个开盘到收盘的多数方向——5分钟柱线——从2002年4月5日到2005年11月19日

迷你合约	净利润	#交易笔数	%胜率	每笔交易的利润	最大回撤	账户收益
标准普尔	\$9,338	7,724	34.36%	\$1.21	\$14,500	64.4
纳斯达克	\$5,410	7,614	34.21%	\$0.71	\$4,990	108.4
罗素	\$73,700	7,438	37.17%	\$9.91	\$8,550	862.0

表35.2 把每天振幅的中点当做界线——从2002年4月5日到2005年11月19日

迷你合约	净利润	#交易笔数	%胜率	每笔交易的利润	最大回撤	账户收益
标准普尔	\$25,513	4,881	21.53%	\$5.23	\$12,588	202.7
纳斯达克	\$21,960	4,587	22.30%	\$4.79	\$4,040	543.6
罗素	\$88,910	4,007	25.43%	\$22.19	\$3,640	2,443.0

系统的胜率在20%到25%之间，胜率很低。如果你总是沿着最近的最高价／最低价交易，那么你的方法还是以动量为基础的，你的思路就是动量思路。总体而言，动量是开发系统时要用到的一个元素。平均每笔交易的利润的数字是可以接受的，毕竟这个指标并不完整，我们测试的是迷你合约，净利润也让人印象深刻。测试罗素时的账户收益太高了，似乎其他综合系统都不能超越它。然而，对于每个市场，我们都要综合考虑平均每笔交易的利润数字。迷你合约的成本门槛是每笔交易20美元，如果你能打破这个门槛，那么你就要想办法提高平均每笔交易的利润数字。

对于指数，现在我们有几个日内交易的方法。让我们看看这些方法和之前的日内指标相比如何。我们的四个日内单选元素（做多的）是：

1. 最近的道琼斯-标准普尔在收盘时是向上的。
2. 收盘价比当天开盘价高。

3. 最近9个柱线中，大部分收盘价大于开盘价。

4. 收盘时收在当天振幅内比较高的价位。

如果是做多的状况，变数x=1，如果是相反的状况，则x=-1。当以上四个条件都符合时（4或-4），就进场。表35.3～35.5显示了比较理想的数字，标准普尔、纳斯达克和罗素的账户收益分别是396%、259%和881%。

表35.3　四个指标：5分钟图，标准普尔电子迷你合约——加入道琼斯迷你合约——从2002年4月5日到2005年11月19日

来源：© Tradestation技术公司，1991年—2006年。保留所有权利。

净利润总和	$35,237.50	利润因素	1.27
毛利润	$166,187.50	毛亏损	（$130,950.00）
总交易笔数	1,130	胜率	48.05%
赢利的交易笔数	543	亏损的交易笔数	573
打平的交易笔数	14		
平均每笔交易的净利润	$31.18	平均利润和平均亏损的比率	1.34
赢利交易的平均利润	$306.05	亏损交易的平均亏损	（$228.53）
赢利交易的最大利润	$1,712.50	亏损交易的最大亏损	（$1,712.50）
最大连续赢利笔数	8	最大连续亏损笔数	9
赢利交易的平均柱线数	56.98	亏损交易的平均柱线数	39.61
每笔交易的平均柱线数	48.10		
最大的股数/合约数	1	账户大小要求	$8,887.50
起始资金的收益	35.24%	年收益率	5.91%
收益回撤比率	0.44	RI—指数	922.79
交易期间	5年1个月8天2小时30分	在市的时间百分比	11.65%
资金曲线的最大上涨	$37,475.00		
资金曲线的最大回撤（日内，从波峰到波谷）		**资金曲线的最大回撤（两笔交易之间的）**	
值	（$8,950.00）	值	（$8,887.50）
净利润占回撤的百分比	393.72%	净利润占回撤的百分比	396.48%

表35.4　四个指标：5分钟图，纳斯达克迷你合约——加入道琼斯迷你合约——从2002年4月5日到2005年11月19日

来源：© Tradestation技术公司，1991年—2006年。保留所有权利。

净利润总和	$17,800.00	利润因素	1.16
毛利润	$127,640.00	毛亏损	($109,840.00)
总交易笔数	1,261	胜率	46.71%
赢利的交易笔数	589	亏损的交易笔数	645
打平的交易笔数	27		
平均每笔交易的净利润	$14.12	平均利润和平均亏损的比率	1.27
赢利交易的平均利润	$216.71	亏损交易的平均亏损	($170.29)
赢利交易的最大利润	$1,100.00	亏损交易的最大亏损	($860.00)
最大连续赢利笔数	9	最大连续亏损笔数	14
赢利交易的平均柱线数	58.01	亏损交易的平均柱线数	37.76
每笔交易的平均柱线数	47.40		
最大的股数／合约数	1	账户大小要求	$6,860.00
起始资金的收益	17.80%	年收益率	3.21%
收益回撤比率	0.37	RI—指数	548.01
交易期间	5年1个月8天2小时30分	在市的时间百分比	12.53%
资金曲线的最大上涨	$21,240.00		
资金曲线的最大回撤（日内，从波峰到波谷）		**资金曲线的最大回撤（两笔交易之间的）**	
值	($7,110.00)	值	($6,860.00)
净利润占回撤的百分比	**250.35%**	**净利润占回撤的百分比**	**259.48%**

表35.5　四个指标：5分钟图，罗素迷你合约——加入道琼斯迷你合约——从2002年4月5日到2005年11月19日

来源：© Tradestation技术公司，1991年—2006年。保留所有权利。

净利润总和	$56,650.00	利润因素	1.34
毛利润	$221,500.00	毛亏损	（$164,850.00）
总交易笔数	1,191	胜率	48.78%
赢利的交易笔数	581	亏损的交易笔数	600
打平的交易笔数	10		
平均每笔交易的净利润	$47.57	平均利润和平均亏损的比率	1.39
赢利交易的平均利润	$381.24	亏损交易的平均亏损	（$274.75）
赢利交易的最大利润	$1,610.00	亏损交易的最大亏损	（$1,140.00）
最大连续赢利笔数	9	最大连续亏损笔数	10
赢利交易的平均柱线数	57.91	亏损交易的平均柱线数	38.35
每笔交易的平均柱线数	48.01		
最大的股数／合约数	1	账户大小要求	$6,430.00
起始资金的收益	56.65%	年收益率	11.05%
收益回撤比率	0.45	RI—指数	1,255.18
交易期间	4年23年6小时5分	在市的时间百分比	15.19%
资金曲线的最大上涨	$59,140.00		
资金曲线的最大回撤（日内，从波峰到波谷）		**资金曲线的最大回撤（两笔交易之间的）**	
值	（$6,670.00）	值	（$6,430.00）
净利润占回撤的百分比	849.33%	净利润占回撤的百分比	881.03%

再次说明，要想提高系统收益，就要对系统作出小的改善，在本例中，就要增加出场过滤器。如果我们在做多，最后两个x的值小于0，或者是我们在做空，最后两个x的值大于0，那么就用市价单出场。表35.6比较了使用过滤器和不使用过滤器的测试结果。

表35.6　四个综合日内指数，加上出场规则——从2002年4月5日到2005年11月19日

迷你合约	净利润	#交易笔数	%胜率	每笔交易的利润	最大回撤	账户收益
标准普尔						
不用出场过滤器	$35,238	1,130	48.05%	$31.18	$8,888	396.5
用出场过滤器	$34,500	1,416	38.35%	$24.36	$6,350	543.3
纳斯达克						
不用出场过滤器	$17,800	1,261	46.71%	$14.12	$6,860	259.5
用出场过滤器	$17,620	1,553	37.80%	$11.35	$4,430	397.7
罗素						
不用出场过滤器	$56,650	1,191	48.78%	$47.57	$6,430	881.0
用出场过滤器	$64,130	1,383	42.44%	$46.37	$4,280	1,498.0

总体而言，增加的出场过滤器稍微减少了平均每笔交易的利润，因为过滤器会让我们时不时出场，从而增加了总交易笔数，账户收益增加得很多，很明显。总之，对罗素的测试结果非常好，标准普尔的结果也不错，纳斯达克至少能证明这个规则是有效的。总有一天，一旦完善了这个规则，这个规则也会帮助到这个思路和相似的思路。

第36章

当市场走到极限价位时——当五个收盘价方向相同时，我们该怎么办

大部分机械系统都综合了一定的动量元素在里面，不但趋势跟踪是最成功的技术之一，而且趋势是明显的可以加以利用的市场现象。没错，市场在大多数情况下是没有方向的，市场在60%左右的时间里都是振荡的，对研究市场的人来说，振荡的市场价值不大，要想得到可靠的业绩，交易者要等待突破行情的出现。

动量是全世界最成功的系统的基石，这些系统包括亿万富豪交易者红袜队的拥有者约翰·亨利的系统，还包括理查德·丹尼斯和海龟们的系统。《战胜市场的人》中采访的一些人断言任何技术都涉及到了动量，无论趋势时间长短，都归结到了趋势的延续。按照字面意思，只要捕捉到了价格波动并赢利了，就算是动量交易。

柱线图就像是一块白板。你有很多思路，都可以研究这些思路。我在一张图表上就能看出无处不在的风险和机会。即使是明显的牛市，也会常常出现很好的卖出机会，反之亦然。

也许这就是有些人相信的随机漫步，也许还有一些微妙的规则，不过都不重要，无论市场的本质如何，数字上的关联也许就是机会。

可能是因为我有赌博的倾向（也许这不是好事），当某事做过了头的时候，我就会表示怀疑。在赌轮盘的时候，连续20次出现红色并不意味着什么——下一轮转到黑色的概率是一样的——38次中会有18次，或是47.37%的概率。当你在市场看到相似的极端行情时，你就不会泰然处之了，请记住，人类的心理对市场的短期波动起着很大程度上的推波助澜的作用。赌博时，单个赌局的结果是独

立的，单笔交易的结果则没有如此独立。当人们根据自己交易的相关数字感到仓位过重并出货时，就会导致价格“恢复正常”。

我发现市场有某些倾向。这些倾向并不是简单的“如果连续x天收盘价上涨（或下跌），那么就反着做”——你还需要其他的方法作出具体的定义。

如果市场的收盘价连续5天下跌，且在第六天上涨，那么就在随后一天买入；反之亦然。市场第一次反向收盘等于在向世界宣称“是时候了！”，一般还需要多一天做确认。表36.1显示了模拟测试10年数据的结果。

表36.1　当连续5个收盘价方向一致后，跟随第一个反向的收盘价——日线图——从1996年1月2日到2005年11月19日

	净利润	#交易笔数	%胜率	每笔交易的利润	最大回撤	账户收益
标准普尔（标准合约）	$32,588	59	54.24%	$552.33	$15,525	209.9
纳斯达克（标准合约）	$19,925	61	45.90%	$326.64	$35,580	56.0
罗素（标准合约）	（$13,475）	64	46.88%	（$210.55）	$27,875	—
30年期债券	（$1,594）	69	40.58%	（$23.10）	$4,406	—
10年期债券	$1,688	67	46.27%	$25.19	$2,063	81.8
5年期债券	$4,219	62	54.84%	$68.04	$938	449.8
日元	$1,488	58	48.28%	$25.65	$5,450	27.3
欧元	$63	51	45.10%	$1.23	$2,675	2.4
瑞士法郎	（$25）	61	54.10%	（$0.41）	（$3,075）	—

即使回到10年前，交易的笔数也不多。正如我们想象的那样，市场通常不会向同一个方向连续走5天，即使是很出名的大牛市，期间也有短期的回调、下跌和死猫反弹。然而，市场内必定有“走过了头”的标记——关键是要确定统计学上的特点。采用这种思路的方法一般倾向于跟踪市场的变化。虽然反转点一定会出现，但是具

体出现情况不好说，也许是5条柱线、3条柱线或6条柱线。此外，5这个数字——正好一周有5条柱线——也值得我们思考。如果你想找到极端行情并在极端行情结束前反着做，那么在定期优化参数的时候一定要谨慎。

目前来说，在9个市场中，我们确定了6个市场能赚钱。对于指数，平均每笔交易的利润很高——罗素例外。市场动力是明显有用的——只是每个市场都会反复无常的。可以这么说——笼统地说——当交易者看到市场要转向时，他们会蜂拥进场，会对市场产生短期的影响。这再次说明了心理因素对市场的短期波动有影响。

有人可能会问，一旦极端行情要结束了，会不会是长时间的结束——会不会出现明显的底部或顶部（换句话说，市场5天的越轨行为证明了市场的极端行情到头了）？5天收盘价的异常会不会表明行情无法持续下去？一天的反转是不是暂时的？

后面的问题是对的——市场新的方向和之前的行情方向不同了——只是我们不能根据一天的行情作出更多的结论。在大的倾向里面会有小的倾向，反转就是一种，“如果市场连续5天的收盘价都是下跌的，那么就要注意了——市场很弱”。表36.2显示了在市场连续5天上涨，然后一天下跌后做多，且在相反情况下做空的测试结果。不过这次你不要在当天收盘价平仓，而是继续持有仓位，等出现反转信号时再反转仓位。

简而言之，我们的进场信号和以前一样，只是仓位方向相反，这样就赚钱了。只是持仓的时间要长——不是在第一天出场。

如果连续5天下跌，随后一天上涨时买入，当天做日内交易赚了钱，但在同样的环境下长线交易则需要卖出，那么可以这么说：连续5天收盘价下跌，随后的一天的市场上涨，上涨的这天不交易，然后再做空。因为我们（能在表36.1中）看出，建仓的第一天有反向的倾向，如果我们作出改进，把系统设计成永远在市的系统，我们就能得到像表36.2那样的结果。这个系统的技术是这样的：使用之前的和5天反着做系统，只是迟一天建仓且方向相反。和我们喜欢的基本方法相比，这个系统比较令人费解，但是我们已经说明了和两天行情反着做是有效的。我们把连续两天开盘价到收盘价的方向看

表36.2　顺着连续5个相同的收盘价的方向交易——做长线，永远在市，从1996年1月2日到2005年11月19日

	净利润	#交易笔数	%胜率	每笔交易的利润	最大回撤	账户收益
标准普尔（标准合约）	$270,863	24	58.33%	$11,286.00	$54,375	498.1
纳斯达克（标准合约）	$27,770	27	48.15%	$1,029.00	$183,925	15.1
罗素（标准合约）	$68,100	26	42.31%	$2,619.00	$75,425	90.3
30年期债券	$26,594	35	54.29%	$759.82	$17,156	155.0
10年期债券	$24,844	29	44.83%	$856.68	$10,938	227.1
5年期债券	$9,500	29	41.38%	$327.59	$11,984	79.3
日元	$56,626	26	53.85%	$2,175.00	$17,313	327.1
欧元	$19,938	22	63.64%	$906.25	$41,825	47.7
瑞士法郎	（$950）	32	37.50%	（$29.69）	$33,863	—

成是2天5天指标的一部分（和2天反着做，和5天顺着做）。这个系统是有效的。

也许还有更好的办法就简化这个概念。

> 连续5天收盘价的方向说明了市场的长期优势，市场大约需要2天的时间做出正常的逆势回调，那时再沿着主方向交易。

表36.3显示了连续5天的收盘价方向相同，然后有一天方向不同，后面一天的方向不重要。最终的信号就是大部分收盘价给出的方向或是目前的主要方向。上面一行是日内交易，下面一行是永久在市交易。和表36.2的结果相比，永久在市的系统提高了业绩——系统必须考虑到我们发现的方方面面。请注意，这个系统是对原来日内交易系统的改进。

表36.3　5天同一个方向收盘，1天反向，1天无关——日内交易和永久在市——从1996年1月2日到2005年11月19日

	净利润	#交易笔数	%胜率	每笔交易的利润	最大回撤	账户收益
标准普尔（标准合约）						
日内交易	$44,875	59	64.41%	$760.59	$14,175	316.6
永久在市	$320,438	24	66.67%	$13,351.56	$24,725	1,296.0
纳斯达克（标准合约）						
日内交易	$66,730	61	55.74%	$1,093.93	$20,300	328.7
永久在市	$59,855	27	51.85%	$2,217.00	$169,450	35.3
罗素（标准合约）						
日内交易	$46,600	65	61.54%	$716.92	$13,550	343.9
永久在市	$44,350	26	34.62%	$1,706.00	$79,025	56.1
30年期债券						
日内交易	$1,875	69	53.62%	$27.17	$7,094	26.4
永久在市	$18,906	35	45.71%	$540.18	$19,406	97.4
10年期债券						
日内交易	$7,453	67	56.72%	$111.24	$1,219	611.4
永久在市	$21,788	29	48.28%	$747.84	$10,813	201.5
5年期债券						
日内交易	$2,281	62	53.23%	$36.79	$1,578	144.6
永久在市	$10,781	29	44.83%	$371.77	$9,328	115.6
日元						
日内交易	$5,675	57	56.14%	$99.56	$2,600	218.3
永久在市	$53,000	26	53.85%	$2,038.00	$17,225	307.7
欧元						
日内交易	（$1,375）	51	50.98%	（$26.96）	（$3,575）	—
永久在市	$22,300	22	63.64%	$1,013.63	$41,238	54.1
瑞士法郎						
日内交易	$1,988	61	54.10%	$32.58	$2,963	67.1
永久在市	$8,575	32	37.50%	$267.97	$29,763	28.8

第37章

其他的反着做的思路

反着做的系统并不会让你赚大钱，但是功能不错，大部分系统是以动量为基础的，任何不同的系统就相当于多样化的工具。很多基金经理为了平滑自己的资金曲线和业绩，会增加一些不同的交易风格。和前面讲的一样，“和第三天反着做”也是个人简化的系统。

> 如果连续两天收盘价小于前一天的最低价，那么今天就下限价单，把开盘价减去3天平均振幅的50%作为买入点，持仓过夜。第二天在今天的最高价兑现利润，或把止损单设置在昨天最低价下面一个基点的地方。如果市场价格没有到达这两个价格，那么在收盘价出场，反之则卖出。

系统这么简单，到底说明了什么？我们内心告诉我们——无论趋势大小，它总有走过了头的时候。我们要做的就是一边衡量，一边调整。一旦看到了连续两天的收盘价在前一天的日振幅之下，我们就迫使市场第三次下跌。总体而言，在这个数字游戏中，三个指数中会有两个指数出现突然反转的行情，这样的行情给我们带来的收益可以弥补滑点亏损和佣金成本。我们要注意限价单带来的滑点亏损，不过标准普尔和纳斯达克影响不大，我们的收益很多。请看表37.1。

这个系统还有一个变形系统。这次，我们根据是否碰到了非常高／非常低的状况，再决定进出时间，用市价单，在下一个开盘价进场。以下是买入条件：

> 如果收盘价连续2天小于前一天的收盘价，且收盘价连续3天小于最低价的5天均值，那么就在第二天的开盘价买入，连续持仓过夜两次。在第三天，把前一天的最高价作为利润目标，止损点则是前一天的最低价减去一个基点。如果市场没有到达这两个价格，那么就在收盘价出场，反之则卖出。

请看表37.2。

表37.1　和第三天反着做——从1996年1月2日到2005年11月19日

	净利润	#交易笔数	%胜率	每笔交易的利润	最大回撤	账户收益
标准普尔（标准合约）	$106,188	219	51.14%	$487.87	$23,625	449.5
纳斯达克（标准合约）	$181,860	224	44.20%	$811.88	$48,520	374.8
罗素（标准合约）	（$21,125）	279	43.73%	（$75.72）	$64,600	—
30年期债券	$1,031	193	48.19%	$5.34	（$13,750）	—
10年期债券	$12,813	204	52.94%	$62.81	$3,094	414.1
5年期债券	$4,891	201	50.25%	$24.33	$3,844	127.2
日元	$7,188	241	46.06%	$29.82	$8,638	83.2
欧元	$2,363	132	44.70%	$17.90	$8,325	28.4
瑞士法郎	（$1,175）	184	45.11%	（$6.39）	$8,925	—

表37.2　收盘价在5天最低价／最高价均值之外——从1996年1月2日到2005年11月19日

	净利润	#交易笔数	%胜率	每笔交易的利润	最大回撤	账户收益
标准普尔（标准合约）	$181,313	187	55.98%	$969.69	$36,700	494.0
纳斯达克（标准合约）	$306,750	192	51.56%	$1,597.66	$36,125	849.1
罗素（标准合约）	$89,525	232	52.59%	$385.88	$39,175	228.5
30年期债券	$29,125	197	52.28%	$147.84	$7,969	365.5
10年期债券	$16,359	203	56.16%	$80.59	$3,750	436.2
5年期债券	$7,594	188	49.47%	$40.39	$4,391	172.9
日元	$11,263	220	51.82%	$51.19	$13,363	84.3
欧元	（$8,850）	145	51.72%	（$61.03）	$20,738	—
瑞士法郎	（$6,913）	177	53.67%	（$39.05）	$13,450	—

第38章 从另外一个角度看N天系统和其他的止损方法

N天是全世界最熟悉的交易系统之一。这个系统是动量跟踪系统——价格到达N天的最高价时用stop类型的订单建立多头仓位；价格到达N天的最低价时就做空。总之，这个系统没有止损出场点，只有反转，不是做多就是做空，永远在市。

"N"可以是任意数字。20这个数字比较受欢迎，主要原因是传奇人物理查德·丹尼斯和他的海龟徒弟们都使用这个数字。报道说，在"交易能力是天生的还是后天的"实验中，有几个人成为了百万富翁，据说这些人所使用的参数都涉及到了20天。

现在有人在互联网上销售"海龟系统"，丹尼斯为此感到不高兴。虽然丹尼斯在多年前已经改用了其他交易方法，但是他并不希望人们说他现在还在支持这个系统。他说这个系统在七八十年代是全盛期，现在市场早就发生了变化，过去可靠的方法现在已经没用了。

我用这个系统做过模拟测试，我的模拟测试过程很接近于实战情况。在两个月之内，我就能了解这个系统的核心，我目前正在研究，研究多少，我就写多少（我写作的时间和你阅读的时间应该不同，我正在忙）。

在研究的过程中，我想到了另外一个止损的方法。大部分情况下，系统会根据市场状况决定何时出场——市场出现了不利走势才出场。一般是在很低的价格——平掉多头仓位。能不能反过来操作？一笔赢利的交易应该具有正的x特点——如果数值小于x，你就应该出场。至少有一个简单的方法可以实现这点。在具体讲解这个之前，我们先研究一个现成的系统（像N天系统）。

丹尼斯认为N天系统再也不能赚钱了，也许他是对的，但是这个系统是不是彻底失效了，这又是另外一个问题。为了用好N天系统，我们必须监视最近的历史，而且不对系统增加任何元素。表38.1显示了9个市场每年的具体情况。

表38.1　参数是20天，N天系统——年度业绩总表

	净利润	%收益百分比	利润因素	#交易笔数	%胜率
标准普尔（标准合约）					
2001	$74,000	74.00%	5.12	6	66.67%
2002	$15,225	8.75%	1.37	9	33.33%
2003	($18,125)	–9.58%	0.73	10	30.00%
2004	($7,125)	–4.16%	0.78	9	33.33%
2005	($24,200)	–14.76%	0.34	11	27.27%
总计	**$39,775**				
纳斯达克（标准合约）					
2001	$32,650	32.65%	1.39	6	50.00%
2002	$27,850	21.00%	1.94	8	50.00%
2003	($31,250)	–19.47%	0.42	10	30.00%
2004	$15,600	12.07%	2.25	7	42.86%
2005	$5,900	4.07%	1.29	9	44.44%
总计	**$50,750**				
罗素（标准合约）					
2001	$69,600	69.60%	8.73	5	80.00%
2002	$13,950	8.23%	1.32	10	40.00%
2003	$26,200	14.27%	1.56	8	50.00%
2004	($19,800)	–9.44%	0.75	9	33.33%
2005	($17,125)	–9.02%	0.69	9	33.33%
总计	**$72,825**				
30年期债券					
2001	($8,906)	–8.91%	0.41	10	30.00%
2002	$2,938	3.22%	1.26	8	37.50%
2003	$2,500	2.66%	1.19	9	33.33%
2004	$5,094	5.28%	1.51	7	42.86%
2005	$5,938	5.84%	4.96	6	66.67%
总计	**$7,564**				

	净利润	%收益百分比	利润因素	#交易笔数	%胜率
10年期债券					
2001	$516	52.00%	1.08	8	50.00%
2002	$10,969	10.91%	5.78	6	33.33%
2003	$3,391	3.04%	1.85	7	42.86%
2004	$4,016	3.50%	1.66	7	42.86%
2005	$1,047	88.00%	1.30	8	50.00%
总计	**$19,939**				
5年期债券					
2001	$4,063	4.06%	3.06	6	66.67%
2002	$10,116	9.62%	9.43	6	66.67%
2003	$1,844	1.62%	1.65	7	42.86%
2004	$2,813	2.43%	1.75	7	42.86%
2005	$1,859	1.57%	2.10	8	50.00%
总计	**$20,695**				
日元					
2001	$3,363	3.36%	1.39	9	55.56%
2002	($475)	46.00%	0.95	8	50.00%
2003	($9,838)	−9.56%	0.40	11	18.18%
2004	($2,150)	−2.31%	0.77	9	22.22%
2005	$100	11.00%	1.01	8	37.50%
总计	**($9,000)**				
欧元					
2001	($2,738)	−2.74%	0.77	8	25.00%
2002	($3,513)	−3.61%	0.85	10	20.00%
2003	$21,363	22.79%	3.97	7	71.43%
2004	$9,788	8.50%	2.36	5	40.00%
2005	($2,738)	−1.91%	0.82	8	25.00%
总计	**$22,162**				
瑞士法郎					
2001	$4,100	4.10%	1.74	6	33.33%
2002	$538	52.00%	1.04	8	37.50%
2003	$2,988	2.86%	1.33	9	55.56%
2004	$1,988	1.85%	1.24	7	42.86%
2005	($1,788)	−1.63%	0.82	8	37.50%
总计	**$7,826**				

很明显，有几年，指数和这个概念不同步，即使是在板块内，我们也要观察它们之间的分歧在哪里。股市最近两年并不好，纳斯达克的收益却是正数。对于罗素，有一年很差，不过之前比较大的赢利可以弥补亏损。我们又吃惊地发现指数之间的关联度并不高。

对于其他市场，利润可以弥补回撤时的亏损。30年期债券说明了2001年的收益最差，2004年和2005年的收益则最多。三个外汇品种没有在任何一年是同时赚钱或亏钱的。对于总体业绩，只有日元是连续5年总体亏损的。

表38.2显示了利润和亏损每年的分布情况。为了更加接近于实战，我们默认每笔交易滑点亏损和佣金成本是100美元。

表38.2　N天系统，测试每年的数据——每笔交易的滑点亏损和佣金成本是100

	2001	2002	2003	2004	2005
标准普尔（标准合约）	$73,450	$14,425	（$19,025）	（$8,925）	（$25,200）
纳斯达克（标准合约）	$32,100	$27,150	（$32,150）	$15,000	$5,100
罗素（标准合约）	$69,150	$13,050	$25,500	（$20,600）	（$17,925）
30年期债券	（$9,856）	$2,238	$1,700	$4,494	$5,438
10年期债券	（$234）	$10,469	$2,791	$3,416	$347
5年期债券	$3,512	$9,516	$1,244	$2,213	$1,159
日元	$2,513	（$1,175）	（$10,838）	（$2,950）	（$600）
欧元	（$3,488）	（$4,413）	$20,763	$9,388	（$3,088）
瑞士法郎	$3,550	（$163）	$2,188	$1,388	（$2,488）
总计	**$170,697**	**$71,097**	**（$7,827）**	**$3,424**	**（$37,257）**

我们并不需要做很多模拟测试（因为在很久的过去，N天系统是有效的，我们就不必做模拟测试了），我们也不需要见证暴利。在过去3年里，系统是净亏损的。2005年的亏损最多，不过在2005年，很多品种都是亏损的。

很明显，最基本的动量系统并没有完全死掉。实际上，如果这个系统真的不行了，我们才应该感到吃惊。毕竟，在整本书中我们都在讲动量系统，而这个系统是动量系统的浓缩精华。

继续讲解——这里有一个新的止损思路。

> 如果你的多头仓位至少持有了10天，市场的最高价没有11天前的最高价高，收盘价也没有11天前的收盘价高，那么第二天在开盘价平仓。空头则反之。

当我们使用N天系统时，出现了合理的对称性。这个系统是根据20天最高价和最低价进行交易的，我们可以在中途一半的位置监视市场。如果市场没有出现极限行情，我们应该保持警惕——也许这笔交易走到头了。表38.3显示了N天系统使用新过滤器和不使用新过滤器的结果。

表38.3　N天系统，使用10天止损和不使用10天止损——从2001年1月2日到2005年11月19日

	净利润	#交易笔数	%胜率	每笔交易的利润	最大回撤	账户收益
标准普尔（标准合约）						
最初的	$31,725	40	32.50%	$793.17	$73,875	42.9
新的止损	$74,800	52	40.38%	$1,438.46	$77,725	96.2
纳斯达克（标准合约）						
最初的	$43,100	35	40.00%	$1,231.43	$82,200	52.4
新的止损	$36,300	48	43.75%	$756.25	$63,700	57.0
罗素（标准合约）						
最初的	$67,975	36	44.44%	$1,888.19	$80,875	84.1
新的止损	$109,500	50	50.00%	$2,190.00	$91,075	120.2
30年期债券						
最初的	$4,813	35	37.14%	$137.50	$18,969	25.4
新的止损	$18,156	44	45.45%	$412.64	$13,375	135.7
10年期债券						
最初的	$18,359	31	45.16%	$592.24	$9,125	201.2
新的止损	$20,969	42	47.62%	$499.26	$8,969	233.8
5年期债券						
最初的	$19,375	29	55.17%	$668.10	$5,266	367.9
新的止损	$16,047	41	46.34%	$391.39	$4,750	337.8
日元						
最初的	（$17,013）	40	30.00%	（$425.31）	$25,400	—
新的止损	（$9,588）	54	37.04%	（$177.55）	$18,800	—
欧元						
最初的	$17,400	33	33.33%	$527.27	$15,663	111.1
新的止损	$4,113	51	35.29%	$80.64	$19,613	21.0
瑞士法郎						
最初的	$4,513	33	42.42%	$136.74	$14,550	31.0
新的止损	$2,513	49	42.86%	$51.28	$14,300	17.6

第39章

关于格言　第一部分——RSI指标

对于RSI（相对强弱指数）指标，我认为其中有一部分元素相当于黑盒子。和我使用的其他指标不同，我自己无法把这个指标完整地编写出来。我只好使用tradestation自带的RSI指标，但我觉得不够完整。RSI没那么复杂（好的，我要承认，我没兴趣深入研究这个指标，只是我展示的内容有点意思）。

大部分人都知道，RSI可以看做是超买超卖振荡指标。我将逐字逐句地把tradestation的计算方法写出来，这样不会有任何缺失。tradestation软件使用14天，然而我们在5分钟图上则使用数字9。

1．计算出前14天收盘价上涨的数量总和，再除以14，这就是收盘价上涨数量的均值。

2．计算出前14天收盘价下跌的数量总和，再除以14，这就是收盘价下跌数量的均值。

3．收盘价上涨数量的均值除以收盘价下跌数量的均值，这就是相对强度（缩写是RS）。

4．给RS的数值加1。

5．用100除以第4步的结果。

6．用100减去第5步的结果，这就是第一个RSI的数值。

后面的内容会告诉用户如何每天更新数据，因为使用tradestation软件时，该软件会自动更新RSI的数值，所以后面的内容就没有必要复述了。不过请注意，我们要彻底理解这个指标是如何计算数值的，它在计算什么内容。

传统方法认为，如果指标的数值大于80，市场是超买的；如果小于20，市场是超卖的。交易者还可以任意添加其他工具，比如根据均线的交叉情况再配合RSI指标的数值做交易。因为不同交易者添加的技术不同，使用的参数也不同，对超买/超卖的解读不同，所以我对这个振荡指标感到不安，这个指标怎么理解都行。下面还有一个思路。

开盘45分钟后，如果RSI大于等于85，那么在下一条柱线的开盘价买入。在收盘前半小时之前都可以建仓。

开盘45分钟后，如果RSI小于等于15，那么在下一条柱线的开盘价做空。其他规则一样。

在收盘前5分钟平掉所有的仓位。

这是另外一个思路，你只要根据这个技术反转仓位——不用主观地止损。也许如果仔细调整系统的话，这个系统会更有效。顺着RSI数值大小方向交易，而不是反着交易，结果更加具有持续一致性（表39.1）。

RSI跟随系统强调了一个格言，很多经验丰富的交易者都明白这

表39.1 RSI跟随系统——5分钟图——从2001年1月2日到2005年11月19日（指数），从2001年5月15日到2005年11月19日（其他品种）

	净利润	#交易笔数	%胜率	每笔交易的利润	最大回撤	账户收益
标准普尔（迷你合约）	$8,813	218	58.72%	$40.42	$2,575	342.3
纳斯达克（迷你合约）	$14,920	248	57.26%	$60.16	$2,410	619.0
罗素（迷你合约）	$4,140	323	57.28%	$12.82	$5,580	74.2
30年期债券	$8,688	276	51.45%	$31.48	$4,531	191.7
10年期债券	$9,234	235	56.17%	$39.30	$2,672	345.6
5年期债券	$1,250	277	49.82%	$4.51	$4,891	25.6
日元	$2,050	191	45.03%	$10.73	$2,663	77.0
欧元	$22,138	189	59.26%	$117.13	$2,150	1,029.7
瑞士法郎	$7,838	214	52.80%	$36.62	$2,750	285.0

个格言。这个格言就是：没有高得不能买的价格，也没有低得不能卖的价格。在多年前，我看到白糖跌到了每磅3美分以下，我以为到了底部，就买入了，结果我亏了不少钱。我当时还发誓说，哪怕价格跌到了0，我也不止损。后来我意识到，再算上换月成本，亏损就不止3美分了。我在3美分自信地买入，最后在2美分左右止损。市场后来在圆形底附近徘徊了几个月，最后才上涨。

话题又回到了动量，你不能远离动量。

第40章

关于格言　第二部分——反转日指标

在过去，技术分析还不流行，个人交易者和基金经理还没有用上复杂的技术，以下反转信号则是当时比较流行的：

如果最低价小于前一个最低价，且收盘价大于前一个收盘价，那么是看多的。

如果最高价大于前一个最高价，且收盘价小于前一个最低价，那么是看空的。

这些估量行情的方法（价格比昨天的最高价还要高）和结论（但是市场守不住——收盘价变得更低了）都有点奇怪。

人们现在还是用这样的概念去确认自己的仓位或否决自己的仓位。很多人在写书时，遇到了市场的顶部或底部时也这么解释，写的像教科书一样。因为在很多时候市场的走势并没有这么明显，所以这些概念并不能自动赚钱。你不太可能看出能捕捉到超级行情的信号。

那么有什么好办法呢？有很多反转的方法既可以被过滤出来，也可以被量化（最常见的是，昨天的最低价必须比连续x天的价格低，就可以买入）。因为市场潜在的走势太多，我不想把所有的气球都捅破。我只是想展示和这个想法相反的方法，这是一个日间系统。

> 如果昨天的最高价大于前天的最高价，且收盘价小于前一天的收盘价，那么在下一条柱线用市价买入。
>
> 如果昨天的最低价小于前天的最高价，且收盘价大于前一天的收盘价，那么做空。

不要曲解了你看见的内容，这里的买卖指标和传统的指标相反。

一旦建仓了，我们要使用前面讲到的进场那天的最高价/最低价作为对应的利润目标和止损点。对于多头，第一天的最高价是目标，最低价减去一个基点是止损点。对于这个系统来说，这两个价位一直有效，直到其中一个被执行为止。如果新的一天的方向和仓位方向一致，那么就不要设置出场单。表40.1显示了结果。

表40.1　和反转反着做——日线图——从2001年1月1日到2005年11月19日

	净利润	#交易笔数	%胜率	每笔交易的利润	最大回撤	账户收益
标准普尔（标准合约）	$62,550	325	58.15%	$192.46	$76,525	81.7
纳斯达克（标准合约）	$86,500	317	63.72%	$272.87	$40,100	215.7
罗素（标准合约）	$16,675	304	60.86%	$54.85	$104,700	15.9
30年期债券	$6,219	287	64.46%	$21.67	$19,844	31.3
10年期债券	$7,281	300	64.33%	$24.27	$10,172	71.6
5年期债券	$11,421	265	63.77%	$43.10	$4,859	235.0
日元	（$8,063）	161	63.98%	（$50.08）	$13,263	—
欧元	（$2,763）	218	61.47%	（$12.67）	$14,950	—
瑞士法郎	（$6,350）	202	60.40%	（$31.44）	$13,838	—

第41章

综合讲解——我发现的和/或我又发现的系统——不限顺序

200%区间突破——持仓4天

这里还有一个系统，这个系统比较简单通用。

> 明天开盘价加上3天振幅均值的200%作为买点，开盘价减去同样的距离作为做空点。

目前来看，这个系统还不错。这是一个简单的区间突破思路，再加上了一点转换的概念。在相对有波动性的环境中，动量交易成功的概率比较大。我们对系统做了一定的调整：任何市场，只要波动超过了正常振幅的2倍，那么这个市场很可能就是活跃的市场。利润目标和止损点则和前面谈到的一样。

> 进场3天后出场（进场的第四天）。如果是做多的，在前一天的最高价兑现利润。止损点设置在前一天的最低价。如果市场没有到达这两个价格，都在收盘价出场。如果你是做空的，则反着做。

因为信号并不频繁，所以我们要研究很长的历史数据（20年，有点像转换——长期没什么波动）。表41.1显示了9个金融产品的模拟测试结果。

当然，这个结果和我们做的一些调整是一致的。纳斯达克的业绩又和科技股的泡沫有关系（在2000年的利润是7.16万美元，总利润超过了100%）。日元在1998年的收益是13063美元——这一年环太平洋地区发生了货币危机。

表41.1　4天区间突破——从1986年1月2日到2005年11月19日

	净利润	#交易笔数	%胜率	每笔交易的利润	最大回撤	账户收益
标准普尔（标准合约）	$5,388	153	49.02%	$35.21	$67,225	8.0
纳斯达克（标准合约）	$54,610	32	59.38%	$1,707.00	$50,700	107.7
罗素（标准合约）	$34,750	144	54.86%	$241.32	$42,075	82.6
30年期债券	$25,813	214	56.07%	$120.62	$9,406	274.4
10年期债券	$12,484	244	58.61%	$51.17	$6,188	201.7
5年期债券	（$1,172）	281	53.74%	（$4.17）	$10,141	—
日元	$15,750	270	45.19%	$58.33	$15,713	100.2
欧元	$9,813	67	50.75%	$146.46	$6,875	142.7
瑞士法郎	$14,100	214	53.34%	$65.89	$16,288	86.6

表41.2　4天区间突破，其他市场——从1986年1月8日到2005年11月19日

	净利润	#交易笔数	%胜率	每笔交易的利润	最大回撤	账户收益
大豆	$4,794	177	51.98%	$27.08	$7,688	62.4
玉米	$3,963	224	48.21%	$17.69	$3,450	114.9
小麦	（$7,406）	148	47.97%	（$50.04）	$10,531	—
活牛	$9,778	175	58.86%	$55.87	$4,231	231.1
						196.0
活猪	（$2,973）	125	45.60%	（$23.79）	$5,614	—
五花肉	$13,605	126	54.76%	$107.97	$6,183	220.0
黄金	$8,788	278	52.52%	$31.61	$6,176	142.3
白银	$10,155	260	45.38%	$39.06	$13,130	77.3
咖啡	（$13,868）	225	49.78%	（$61.63）	（$73,035）	—
可可	$7,090	298	45.64%	$23.79	$7,730	91.7
橘子汁	$29,124	329	55.62%	$88.52	$4,083	713.3

此外，“4天区间突破”系统实际上很反常，这和系统内在的设计有关系。

如表41.2所展示的，这个概念在其他板块的收益是持续一致的。似乎这个系统在波动性比较小的市场中收益最好（五花肉和橘子汁市场）。

持续66%动量系统

这个系统对于指数来说，是很赚钱的，对于剩下来的金融产品来说，也是不错的指标。这个方法是做长线的，采用日线图。这个系统很简单，但不是主观系统。所有的进场点、出场点和反转点都来自一个规则：如果前一天的收盘价和x天最低价比较接近，离x天的最高价比较远，那么就在开盘价的一定距离顺着动量买入；反之则卖出。x天的振幅成为了系统的一部分，两个部分都包含了它：x天的最高价减去最近的收盘价，收盘价减去x天的最低价。这个系统没有止损点——系统自动出场。因为这个系统是纯粹的动量思路，能提前捕捉到行情，所以我很喜欢这个系统。

把9天的最高价减去收盘价赋值为：XH

把收盘价减去9天的最低价赋值为：XL

把这两个数值中的比较大的数值赋值为：XX

如果XH>XL，那么第二天下stop类型的订单，买入价是开盘价加上XL的66%，止损点是进场价减去1.32（0.66的2倍）乘以XX的结果。

如果XH<XL，那么第二天下stop类型的订单，做空价是开盘价减去XH的66%，进场价加上1.32乘以XX的结果作为买入回补的价位。

对于表41.3中的结果，你找不到什么缺点。除了超级净利润和平均每笔交易的利润很高之外，请注意这个系统是多么地精准。

在本例中，胜率是66%。表41.4显示了收益的分布是很均衡的——没有一年是亏损的。同样的情况出现在其他指数中，剩下来的大部分金融品种则证实了这个系统是赚钱的（表41.5）。

表41.3　9天66%动量系统——标准普尔标准合约——从2001年1月2日到2005年11月19日

来源：© Tradestation技术公司，1991年—2006年。保留所有权利。

净利润总和	$179,125.00	利润因素	1.46
毛利润	$566,775.00	毛亏损	（$387,650.00）
总交易笔数	188	胜率	62.77%
赢利的交易笔数	118	亏损的交易笔数	70
打平的交易笔数	0		
平均每笔交易的净利润	$952.79	平均利润和平均亏损的比率	0.87
赢利交易的平均利润	$4,803.18	亏损交易的平均亏损	（$5,537.86）
赢利交易的最大利润	$23,250.00	亏损交易的最大亏损	（$28,500.00）
最大连续赢利笔数	10	最大连续亏损笔数	4
赢利交易的平均柱线数	6.19	亏损交易的平均柱线数	9.16
每笔交易的平均柱线数	7.30		
最大的股数/合约数	1	账户大小要求	$30,775.00
起始资金的收益	179.13%	年收益率	21.00%
收益回撤比率	0.43	RI—指数	36.05
交易期间	4年10个月加19天	在市的时间百分比	96.08%
资金曲线的最大上涨	$193,225.00		
资金曲线的最大回撤（日内，从波峰到波谷）值	（$51,325.00）	**资金曲线的最大回撤（两笔交易之间的）**值	（$30,775.00）

表41.4　9天66%动量系统——年度业绩——标准普尔标准合约

	净利润	%收益百分比	利润因素	#交易笔数	%胜率
2001	$82,925	82.92%	1.71	37	70.27%
2002	$38,025	20.79%	1.34	43	58.14%
2003	$19,375	8.77%	1.29	37	62.16%
2004	$23,025	9.58%	1.43	38	57.89%
2005	$15,500	5.89%	1.36	38	57.89%

表41.5　9天66%动量系统——连续的——从2001年1月2日到2005年11月19日

	净利润	#交易笔数	%胜率	每笔交易的利润	最大回撤	账户收益
纳斯达克（标准合约）	$83,550	180	56.11%	$464.17	$119,400	70.0
罗素（标准合约）	$186,950	202	64.36%	$925.50	$45,300	412.7
30年期债券	$22,375	175	59.43%	$127.86	$26,719	83.7
10年期债券	$5,172	166	60.24%	$31.16	$15,609	33.1
5年期债券	（$6,953）	166	53.61%	（$41.89）	$16,359	—
日元	$8,338	167	59.88%	$49.93	$13,725	60.8
欧元	（$7,625）	180	54.44%	（$42.36）	$36,188	—
瑞士法郎	$13,213	174	59.77%	$75.93	$24,863	53.1

收缩的区间——在比较低的收盘价买入——在比较高的收盘价卖出

如果收盘价小于前一天的收盘价，且小于5天收盘价的均值，且10天的平均振幅小于25天的平均振幅，那么第二天我们下stop类型的订单买入，买入价格是开盘价加上前一天振幅的20%。

直接止损：进场价减去25天的振幅均值。

条件止损：如果收盘价大于前一天的收盘价，且大于之前5天收盘价的均值，下stop类型的订单，在下一个开盘价减去之前振幅20%的价位出场；如果收盘价大于前一天的收盘价，且大于5天收盘价的均值，同时10天的振幅均值小于25天的振幅均值，那么就第二天下stop类型的订单，以开盘价减去前一天振幅的20%作为做空价。

直接止损：进场价加上25天的振幅均值。

条件止损：如果收盘价小于前一天的收盘价和5天收盘价

的均值，那么就下stop类型的订单，以开盘价加上前一天振幅的20%作为出场价。

也许这看起来比我之前提倡的方法要复杂，除了表达方式比较冗长之外，其实概念还是很简单的。这个系统涉及到了比较狭窄的波动区间——前面谈到的“压缩弹簧”概念是有效的。当价格接近于一个通道的底部时，我们可以做多；相对高处则可以卖出。除了要“反着做”，我们还可以用stop类型的订单进场，也就是根据动量进场。在“一定条件下”的stop类型买单就相当于空单没有加上区间大小过滤器。也就是说买入过滤器的反面永远没有实现——价格在区间之上——根据波动的20%出场。当其他条件不符合时，要设置止损单。这个系统很简单，很有活力，也就是定死了区间大小。每个元素在前面已经展示过了，你无法否认表41.6的结果。

表41.6 收缩的区间——和收盘时的动量反着做——日线图——从2001年1月2日到2005年11月19日

	净利润	#交易笔数	%胜率	每笔交易的利润	最大回撤	账户收益
标准普尔（标准合约）	$138,875	257	46.69%	$540.37	$38,800	357.9
纳斯达克（标准合约）	$66,150	287	44.25%	$230.49	$43,750	151.2
罗素（标准合约）	$113,475	272	50.00%	$417.19	$49,900	227.4
30年期债券	$37,969	271	46.13%	$140.11	$5,469	694.3
10年期债券	$24,141	267	45.69%	$90.41	$3,078	784.3
5年期债券	$6,479	254	39.76%	$25.47	$4,079	158.8
日元	$17,213	284	36.97%	$60.61	$13,238	130.0
欧元	$27,575	267	38.95%	$103.28	$17,987	153.3
瑞士法郎	（$950）	247	38.46%	$38.46	$17,188	—

5和15天收盘价均值

当连续3天出现5天收盘价均值大于15天收盘价均值时，用市价单买入；反之则做空。没有止损点。

这个系统很简单，不需要增加任何元素。请看表41.7。

表41.7　5天和15天收盘价均值——从2001年1月2日到2005年11月19日

	净利润	#交易笔数	%胜率	每笔交易的利润	最大回撤	账户收益
标准普尔（标准合约）	$49,500	76	40.79%	$651.97	$117,300	42.2
纳斯达克（标准合约）	$22,900	78	30.77%	$293.59	$117,900	19.4
罗素（标准合约）	$134,975	68	42.65%	$1,984.93	$137,450	98.2
30年期债券	$6,563	67	37.31%	$97.95	$15,625	42.0
10年期债券	$5,125	62	40.32%	$82.66	$13,984	36.7
5年期债券	$4,672	64	40.63%	$73.00	$8,688	53.8
日元	（$12,088）	79	43.04%	（$153.01）	$32,163	—
欧元	$17,275	78	33.33%	$221.47	$13,813	125.1
瑞士法郎	（$4,888）	78	35.90%	（$62.66）	$15,163	—

大豆的表现，在过去40年中70%的时间都是有用的

在一本讲解金融期货的书中讲这个有点偏题，我甚至不愿意从事这方面的研究，样本太小了。系统中也没有我喜欢的无处不在的对称性——这是一个做多的方法（虽然我也提供了有效的卖出方法，但收益不够持续一致）。

最大的谨慎理论（或叫怀疑主义）是：如此明显的优势在全世界的市场都能找到，但是有一定百分比的交易结果纯粹是随机的。如果市场足够多，时间足够长，必然会遇到这些问题的。你会看

到，在有些场合下，偶尔的极端的结果还是会出现的，就像掷硬币一样。如果掷硬币20次，有70%～90%的机会出现正面。现在还有一些人在出售相关的数字游戏的赚钱方法。我想说明什么？为什么我要这么说？

因为我现在讲的东西是我通常会回避的东西——也就是我对大豆基本面的认知。基本面分析者所说的基本面——以我的经验来说，基本面通常是没用的。也许这次是个例外。

也许大豆是一个受供需驱动的商品市场，也会受到心理因素影响。过去，场内的疯狂也影响过我——不过结果都令我失望。我一直在想，今年夏天枯萎病一定会对市场有影响。大旱和病灾这些都会导致农作物像金子一样值钱，我们都会发财的。

可惜这样的事从没发生过。虽然有环境压力，但是农作物有惊人的回弹力，它的走势，玉米、燕麦和任何品种都没法与它比。我作为观察者，感觉大豆就像热带雨林中的杂草在生长。

有人说——不要在夏季行情中买入大豆。虽然农作物疯狂的美梦会破碎，但有时候心理作用和不确定性让我们以为农作物会疯狂。结果是，大豆每年会在短期内上涨30～50美分（通常是在还没有播种的时候就涨了）。

这么多年来，我一次次地扇自己的耳光说："我为什么要在夏天买入呢？！"我开始研究市场的波动，在1987年春天我买入了10份大豆的看涨价外期权，总价值是1000美元，1年后发生了大旱。这完全是凭直觉交易的，我在当时简直就是一个傻瓜。我想赚大钱——赚5万美元，我以为自己不会亏一分钱的。

如今，人们都无法相信——我已经忘记了当时合约规定的行权价、日期等，真希望还记得——合约的总价值曾经一度涨到了3万美元。第二天，我的期权合约价值下跌了一半，再过一天，就跌完了，我眼睁睁地看着它跌到了0。

在随后的每年，我记得我总是"为钱激动"，我在做多——总是在春天做错。不确定性和投机活动会促使大豆上涨，每个人都会说："就是这样！"但又不是这样，行情总是很短暂。

因为我确信我理解了市场的动力，所以我把这个季节性的交易拿出来讲解。市场动力就是指迈克、约翰、杰克、我——还有所有的场内交易者，所有人都对农作物可能的欠收太敏感了。每个季节的某段时期就会发生一些事，这些事会让人们担心农作物的生长情况，发生的时间还比大部分交易者想象的时间要早。到了7月1日，事情已经结束了，只是有些人还在吵。

所以，我是这样量化我的经验的。我优化了进场和出场的日期。不管我是如何得到这些数字的，7月不能做多——我的经验完全证明了这点。进场日期应该在上半年较早的月份。关于行情的大小，也是有争议的，如果你想提高自己的胜率，我建议你最好只希望赚到0.5美元以内（译者注：这里指单价的变化）。我的这种分析方式可能会让人感到将信将疑——到底什么样的胜率才叫高胜率？我觉得我有时候容易受心理的影响，对于一些交易，我认为刚建仓就能立刻赚钱！这是我的问题。

在3月的第一个交易日买入11月份的大豆合约。利润目标是2000美元（40美分），止损点是亏损4000美元（80美分）。如果市场没有到达这两个价格，那么就在7月的第二个交易日出场。请看表41.8。

表41.9显示了从1966年开始的每年的总表。你会注意到，把7月2日作为出场日比亏损80美分再止损的概率高。从1966年开始，会碰到4次亏损4000美元——最后一次是1991年。因此，有“投降点”总比没有“投降点”好。

当我写到这里的时候，时间是2006年1月。我的一个朋友认为可以谨慎建仓了，所以我们约定在2006年就这么做。如果你在2006年年中的时候听到了来自伊利诺斯州日内瓦市的呼叫，你就会知道为什么了（把更多的钱投资到大豆市场只会让人气愤不已）。因为我还在写作本书，你可能要等到本书上架后的2007年才能自己操作。

现在再来讲解并不太对称的做空部分（你会注意到利润目标和止损目标都偏大了）。

在7月的第一个交易日做空。利润目标是4000美元（80美分），止损目标是5000美元。如果市场没有到达这两个价格，在11月的第二个交易日出场。请看表41.10。

另外，在最后三年，每年赚到了4000美元的利润。无论你对这个季节性的感觉如何，结果已经再次表明了这个要点：在夏天不要做多大豆！

表41.8 大豆的季节性：在3月买入——从1965年到2005年

来源：© Tradestation技术公司，1991年—2006年。保留所有权利。

净利润总和	$31,725.00	利润因素	2.47
毛利润	$53,325.00	毛亏损	($21,600.00)
总交易笔数	40	胜率	70.00%
赢利的交易笔数	28	亏损的交易笔数	12
打平的交易笔数	0		
平均每笔交易的净利润	$793.13	平均利润和平均亏损的比率	1.06
赢利交易的平均利润	$1,904.46	亏损交易的平均亏损	($1,800.00)
赢利交易的最大利润	$2,450.00	亏损交易的最大亏损	($4,250.00)
最大连续赢利笔数	7	最大连续亏损笔数	3
赢利交易的平均柱线数	40.93	亏损交易的平均柱线数	69.25
每笔交易的平均柱线数	49.42		
最大的股数／合约数	1	账户大小要求	$8,312.50
起始资金的收益	31.72%	年收益率	0.69%
收益回撤比率	0.08	RI—指数	138.03
交易期间	39年9个月加15天	在市的时间百分比	19.10%
资金曲线的最大上涨	$193,225.00		
资金曲线的最大回撤（日内，从波峰到波谷） 值	($9,800.00)	**资金曲线的最大回撤（两笔交易之间的）** 值	($8,312.50)

表41.9　40年，季节性做多大豆

	净利润	%收益百分比	利润因素	#交易笔数	%胜率
1966	$2,000	2.00%	100	1	100.00%
1967	($494)	–0.48%	0	1	0.00%
1968	($675)	–0.66%	0	1	0.00%
1969	($206)	–0.20%	0	1	0.00%
1970	$1,181	1.17%	100	1	100.00%
1971	$825	0.81%	100	1	100.00%
1972	$919	0.90%	100	1	100.00%
1973	($4,063)	–3.92%	0	1	0.00%
1974	($4,250)	–4.27%	0	1	0.00%
1975	$2,250	2.36%	100	1	100.00%
1976	$2,006	2.06%	100	1	100.00%
1977	$2,006	2.02%	100	1	100.00%
1978	$2,006	1.98%	100	1	100.00%
1979	$2,006	1.94%	100	1	100.00%
1980	($4,006)	–3.80%	0	1	0.00%
1981	$2,006	1.98%	100	1	100.00%
1982	($1,663)	–1.61%	0	1	0.00%
1983	$2,275	2.23%	100	1	100.00%
1984	$2,006	1.93%	100	1	100.00%
1985	$2,006	1.89%	100	1	100.00%
1986	($988)	–0.91%	0	1	0.00%
1987	$2,006	1.87%	100	1	100.00%
1988	$2,006	1.84%	100	1	100.00%
1989	($138)	–0.12%	0	1	0.00%
1990	$2,006	1.81%	100	1	100.00%
1991	($4,006)	–3.54%	0	1	0.00%
1992	$88	–0.08%	0	1	0.00%
1993	$2,006	1.84%	100	1	100.00%
1994	$2,006	1.81%	100	1	100.00%
1995	$2,000	1.77%	100	1	100.00%
1996	$2,000	1.74%	100	1	100.00%
1997	$2,000	1.71%	100	1	100.00%
1998	($1,025)	–0.86%	0	1	100.00%
1999	$2,050	1.74%	100	1	100.00%
2000	$2,000	1.67%	100	1	100.00%
2001	$1,300	1.07%	100	1	100.00%
2002	$2,000	1.62%	100	1	100.00%
2003	$2,000	1.60%	100	1	100.00%
2004	$2,000	1.57%	100	1	100.00%
2005	$2,450	1.90%	100	1	100.00%

表41.10 大豆的季节性：在7月卖出——从1965年到2005年

来源：© Tradestation技术公司，1991年—2006年。保留所有权利。

净利润总和	$31,675.00	利润因素	1.69
毛利润	$77,262.50	毛亏损	($45,587.50)
总交易笔数	40	胜率	60.00%
赢利的交易笔数	24	亏损的交易笔数	16
打平的交易笔数	0		
平均每笔交易的净利润	$791.88	平均利润和平均亏损的比率	1.13
赢利交易的平均利润	$3,219.27	亏损交易的平均亏损	($2,849.22)
赢利交易的最大利润	$6,000.00	亏损交易的最大亏损	($5,700.00)
最大连续赢利笔数	3	最大连续亏损笔数	3
赢利交易的平均柱线数	52.71	亏损交易的平均柱线数	59.50
每笔交易的平均柱线数	55.42		
最大的股数/合约数	1	账户大小要求	$10,706.25
起始资金的收益	31.67%	年收益率	0.69%
收益回撤比率	0.07	RI—指数	67.21
交易期间	39年9个月加15天	在市的时间百分比	21.52%
资金曲线的最大上涨	$39,262.50		
资金曲线的最大回撤（日内，从波峰到波谷）		**资金曲线的最大回撤（两笔交易之间的）**	
值	($13,406.25)	值	($10,706.25)

另一个均值交叉——3天30天系统

如果连续3天收盘价均值大于30天收盘价均值，那么第二天在开盘价买入；如果3天收盘价均值小于30天收盘价均值，则第二天出场。反之则卖出。请看表41.11。

表41.11　3天30天交叉——从2001年1月2日到2005年11月19日

	净利润	#交易笔数	%胜率	每笔交易的利润	最大回撤	账户收益
标准普尔（标准合约）	$89,475	52	36.54%	$1,720.67	$39,150	228.5
纳斯达克（标准合约）	$25,350	55	34.55%	$460.91	$43,900	57.7
罗素（标准合约）	$33,475	57	31.58%	$587.28	$94,250	35.5
30年期债券	$18,125	53	35.85%	$341.98	$14,531	124.7
10年期债券	$14,890	54	38.89%	$275.75	$6,938	214.6
5年期债券	$13,828	50	46.00%	$276.56	$4,906	281.9
日元	（$13,588）	67	28.36%	（$202.80）	$20,813	—
欧元	$26,063	64	40.63%	$407.23	$8,725	298.7
瑞士法郎	$5,075	66	37.88%	$76.89	$13,875	36.58

15-30天收盘价指标

当市场价格高于或低于前面x条柱线的收盘价时，这是否和动量有关？从直觉上是的。毕竟，收盘价均值可以用来做触发器——为什么不使用收盘价呢？比如，典型的技术分析关注的是市场和一个月或一年前的相对关系。

我发现市场必须在两个明确的点之上或之下，这样就有很好的收益。当然，在优化时会比较麻烦——我们要做很多数字上的研究工作，这就难免要付出一定的精力。我规定这两个数字的距离和最近一个数字到市场的最后收盘价的距离一样。换句话说，收盘价大于10天和20天前的收盘价，或25天和50天前。这就决定了一条线上的3个点，我们则观察是否能通过它们赚钱。

表41.12显示了使用以下方法能取得持续一致的收益：

> 如果收盘价大于15天以前的收盘价和30天以前的收盘价，那么第二天用市价单买入。在任意时刻只要收盘价小于任意标的价格就出场。反之则卖出。

表41.12　15-30天收盘价指标——从2001年1月2日到2005年11月19日

	净利润	#交易笔数	%胜率	每笔交易的利润	最大回撤	账户收益
标准普尔（标准合约）	$45,225	114	44.74%	$396.71	$77,700	58.2
纳斯达克（标准合约）	$73,250	109	44.95%	$672.02	$55,700	131.5
罗素（标准合约）	$153,125	100	38.00%	$1,531.25	$64,000	239.3
30年期债券	$20,344	98	39.80%	$207.59	$10,094	201.5
10年期债券	$25,547	94	44.68%	$271.78	$5,891	433.7
5年期债券	$17,563	100	48.00%	$175.63	$4,672	375.9
日元	（$600）	109	44.95%	（$5.50）	$21,175	—
欧元	$25,125	112	40.18%	$224.33	$12,150	206.8
瑞士法郎	$7,213	104	34.62%	$69.35	$9,825	73.4

债券走在指数前面

我们再谈谈一个市场对另一个市场的影响。如果你把30天债券放入指数的日内图，你会发现明显的“标准普尔走在道琼斯前面”。场内交易者都知道，债券走在指数前面。我过去曾经在一个叫做maxi的交易所的场内做过交易，不过这个交易所现在已经不存在了（当时的合约和现在的道琼斯股指期货合约很接近）。当地的交易者喜欢控制很多事，我则选择了回避。很明显，债券合约就是明显的触发器。债券新的波动都会促使maxi作出新的反应。

它们（译者注：指债券和指数）之间的关联在哪里？实际上，你能看见180度的变化。有时候，当经济繁荣并在有序增长的时候，它们方向一致。然而，当经济环境变得不确定并波动的时候，它们就会出现相反的行情。债券的收益是可以预测的，和债券相比，两个证券（译者注：指上文提到的标准普尔和道琼斯）就有风险了。当证券表现好的时候，因为债券的收益小于股票，所以人们会放弃债券，债券的价格就会下跌，这再次说明了一般是债券先动作。

不过，像在债券强势的时候买入的简单思路也很难做。有时候相反的方法是正确的。交易者每天都能了解到发生在全世界的事件，也能了解到当前的市场环境，这些都能告诉他们采用哪种交易方式，而不是采用死板的系统规则。即使是系统，也可以让系统识别出债券是否处于极端行情之下，如果是的，那么证券有可能会跟随。如果债券的价格接近于当天的最高价或最低价，如果指数还没有这么做，那么此时可能会做出相似的动作。当交易者看见债券上涨的时候，交易者应该想到标准普尔会很快下跌的。我们如何据此开发一个系统呢？这样如何：

> 开盘后x分钟或小时后，标准普尔和债券都比相应的开盘价高，且债券的价格在日振幅的高位25%处，那么就是看涨的，可以做多标准普尔，用市价单买入，在收盘价出场。
>
> 第二种情况也是看涨的，时间和上面一样，标准普尔价格比开盘价高。这次，债券比开盘价低，且价格在日振幅的底部附近。这种看涨表明价格要反转，买入并持有。

在这两种情况下，关键是债券日内收盘价要在当天最高价或最低价25%的范围之内。这是一个粗糙的原始的方法，这个方法表明债券有一定程度的趋势且标准普尔在跟随着——但是，它们的方向都是相对于开盘价的方向。

图41.1显示了10分钟图内的两笔交易，这两笔交易都是在中部标准时间2：00建仓的，在3：10出场。对于第一笔交易，债券（比较低的柱线）在比较强势的价位（在当天最高价附近）给出了买入

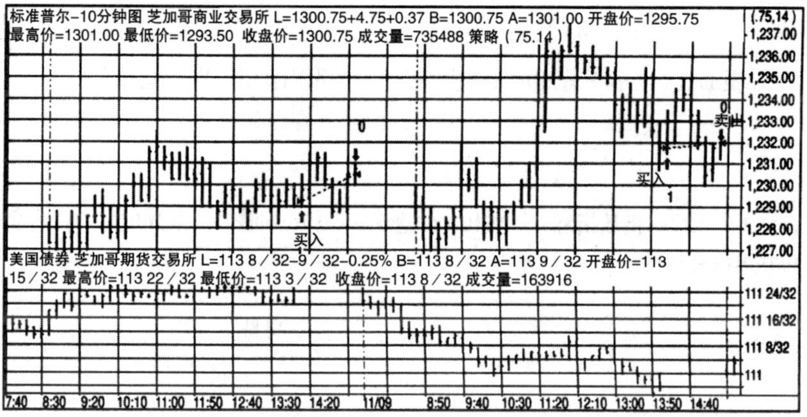

Tradestation生成图表

图41.1　债券给出了指数的买入信号，同步和相反

来源：© Tradestation技术公司，1991年—2006年。保留所有权利。

信号。第二个买入的信号情况相反——在2：00的收盘价附近，当标准普尔显示强势的时候，债券在最低点附近。

表41.13显示了当满足以上条件时，优化最佳进场时间的过程。我把债券的图放到了标准普尔迷你合约中，都是使用10分钟图。这些都是日内交易，都是在收盘前5分钟出场（中部标准时间3：10）。

表41.13　债券-指数优化——标准普尔迷你合约10分钟图，插入了30年期债券——从2001年5月15日到2005年11月19日

时间	净利润	#交易笔数	%胜率	每笔交易的利润	最大回撤	账户收益
9：00	$18,288	394	57	$46.41	$7,950	230.0
10：00	$13,563	348	55	$38.97	$4,288	316.3
11：00	$5,713	385	57	$14.84	$6,663	85.7
12：00	$8,163	416	55	$19.62	$5,713	142.9
13：00	$7,800	408	58	$19.12	$6,850	113.9
14：00	$9,063	439	56	$20.64	$3,550	255.3

在10：00进场能带来最大的账户收益，其他指数的收益率也很高，其他参数也是有效的（比如，你可以在下午2：00进场）。

表41.14显示了在10：00进场，在3：10出场的测试结果。

表41.14　债券–指数指标——在10：00进场——10分钟图——从2001年1月2日到2005年11月19日

迷你合约	净利润	#交易笔数	%胜率	每笔交易的利润	最大回撤	账户收益
标准普尔	$13,563	348	55.46%	$38.97	$4,088	331.8
纳斯达克	$12,300	362	55.80%	$33.98	$4,630	265.7
罗素	$14,880	322	54.66%	$46.21	$3,620	411.0
道琼斯	$5,300	282	54.61%	$18.79	$4,100	129.3

第42章

最后一步一步地开发系统——6个信号指标

总结的内容我讲得比较迟——不过很简单。我正在跟踪的几个还不错的网站（精英交易者和tiger-sharktrading.com）提到了这些技术，这里的技术就是指在开盘价进场，在收盘价出场。不过要在原来的5个单选指标上面加上一个元素，6个信号的目的是逆着最后三个开盘价到收盘价的多数方向交易。

如果3个开盘价到收盘价中至少有2个是下跌的，那就是做多的信号（+1）；如果大多数是上涨的，则表明是卖出的（-1）。表42.1显示了这个指标的作用。考虑到这个指标很简单，我们可能会

表42.1　和3个里面2个开盘价到收盘反着做——日线图——从2001年1月2日到2005年11月19日

	净利润	#交易笔数	%胜率	每笔交易的利润	最大回撤	账户收益
标准普尔（标准合约）	$203,213	1,228	53.75%	$165.48	$47,400	428.7
纳斯达克（标准合约）	$4,250	1,226	50.16%	$3.47	$92,950	4.6
罗素（标准合约）	$58,050	1,226	50.41%	$47.35	$88,325	65.7
30年期债券	$18,813	1,220	49.43%	$15.42	$12,906	145.8
10年期债券	$9,531	1,221	50.20%	$7.81	$10,094	94.4
5年期债券	$16,656	1,223	50.78%	$13.62	$5,578	298.6
日元	$863	1,222	48.20%	$0.71	$10,075	8.6
欧元	$23,988	1,220	52.38%	$19.66	$25,463	94.2
瑞士法郎	$913	1,222	50.16%	$0.75	$20,638	4.4

感到印象深刻，我们要习惯“简单”就好的想法。

当把新的指标加到原来的五个指标之后，每天的总和就会在−6（看空）和+6（看多）之间变化，也包括0（中性）。表42.2的结果表明这个系统在某些方面超过了八个指标系统（第17章的表17.2），在有些方面则收益减少了。使用新方法后，9个市场中有5个市场的账户收益增加了。

我比较偏向于认为所有的元素都是不断变化的参数。当我们观察的时候，我们会看到非单选指标对它们产生了积极的影响。

有趣的是，我发现一般数字在整体上无法超过简单多数的效果。换句话说，和8个信号系统不同，如果得到的数字是+／−3，那是没用的。这个系统要求，如果数值大于0，就做多；如果数值小于0，则做空，系统并没有给任何元素增加特殊的权重。

表42.2　6个指标（简单多数）——日线图——从2001年1月2日到2005年11月19日

	净利润	#交易笔数	%胜率	每笔交易的利润	最大回撤	账户收益
标准普尔（标准合约）	$259,238	666	57.81%	$389.25	$23,275	1,114.0
纳斯达克（标准合约）	$98,550	669	51.72%	$147.31	$74,050	133.1
罗素（标准合约）	$106,625	632	51.27%	$168.71	$50,775	210.0
30年期债券	$56,063	685	54.60%	$81.84	$6,906	811.8
10年期债券	$34,688	665	53.23%	$52.16	$5,063	685.1
5年期债券	$27,641	675	55.26%	$40.95	$3,359	822.9
日元	（$500）	712	50.14%	（$0.70）	$9,513	—
欧元	$14,700	701	52.07%	$20.97	$18,025	81.6
瑞士法郎	$10,050	703	51.64%	$14.30	$14,950	67.2

另一方面，如果你把之前的前三天平均振幅66%的止损方法加进来，也能提高系统业绩。你应该记得，买入点会减去这个距离，卖出点会加上这个距离。如果价格没有到达这两个价位，就在收盘价出场。请看表42.3。

表42.3　6个指标加上66%止损——从2001年1月2日到2005年11月19日

	净利润	#交易笔数	%胜率	每笔交易的利润	最大回撤	账户收益
标准普尔（标准合约）	$242,263	666	57.81%	$363.76	$27,450	882.6
纳斯达克（标准合约）	$141,800	669	48.88%	$211.96	$43,550	325.6
罗素（标准合约）	$130,500	632	48.73%	$206.49	$44,200	295.2
30年期债券	$51,656	685	51.68%	$75.41	$5,000	1,033.0
10年期债券	$30,516	665	50.08%	$45.89	$4,484	680.5
5年期债券	$24,172	675	52.15%	$35.81	$2,906	831.8
日元	$13	712	47.33%	$0.02	$9,013	0.1
欧元	$13,263	701	48.93%	$18.92	$12,963	102.3
瑞士法郎	$15,400	703	49.22%	$21.91	$8,263	214.8

第43章

把非单选指标结合起来

我们针对9个金融期货市场使用了5个非单选指标，以下是总结。如果要买入：

1. 5天连续收盘价下跌之后的一天收盘价上涨（都是比较收盘价）。

2. 5天连续收盘价上涨之后的一天收盘价下跌——都是一天前，最近的收盘价（第7个）的方向是无关的。

3. 杯子和盖子（第15章的表15.1）。

4. 3天支撑到的阻力20%（第16章的表16.1）。

5. 和连续2个开盘价到收盘价相同方向反着做。

给每一项赋值，值为+1或-1，把它们合在一起，看看总和是多少，以简单多数作为系统规则。表43.1显示了结果。

表43.1　5个非单选指标综合起来——从2001年1月2日到2005年11月19日

	净利润	#交易笔数	%胜率	每笔交易的利润	最大回撤	账户收益
标准普尔（标准合约）	$190,775	767	54.37%	$248.73	$34,600	551.4
纳斯达克（标准合约）	$219,400	775	50.71%	$283.10	$41,800	524.9
罗素（标准合约）	$132,825	817	52.51%	$162.58	$53,650	247.6
30年期债券	$14,063	798	50.25%	$17.62	$10,875	129.3
10年期债券	$18,609	751	53.00%	$24.78	$8,297	224.3
5年期债券	$14,203	733	50.48%	$19.38	$3,766	377.1
日元	$2,725	745	47.92%	$3.66	$9,088	30.0
欧元	$13,075	745	50.74%	$17.55	$12,163	107.5
瑞士法郎	$16,888	769	52.15%	$21.96	$9,925	170.2

第44章 6个信号加上非单选指标——综合使用

和普通的指标相比，非单选指标表明了极端的状况。比如，有时候收盘价是连续上涨的，这是底部或至少是支撑区的证据（杯子或3天支撑的20%信号）。如果你在做日内交易的时候想逆着这些信号做，那么你失利的概率比较大。如果你采用一个以上的信号，简单多数一致就能指明我们以前展示的路径。

我们看到6个单选指标获得了让人印象深刻的收益。如果6个单选指标的数值和非单选指标中的多数一致，我们只相信这些数值，结果会如何？简单说就是，如果6个信号的总和大于0，且5个非单选指标的总和至少是0，那么就是买入信号。反之则做空（6个指标是负数，5个非单选指标是0或小于0）。表44.1中第一行显示了原始的6个信号的测试结果，第二行则让我们在这6个单选指标和5个非单选指标一致时的测试结果。

使用过滤器的时候，总体交易笔数会下降——但在本例中，下降不多。还有一个例外，那就是整体胜率提高了。除了这两个例外，账户收益也提高了。

我们还能提高系统的收益吗？我们再增加一个以前讨论的技术，那就是66%止损（表44.2）。

我们能看到整体业绩提高了——模拟测试的每个方面都提升了，我认为结果还不错。

这个系统还有一个变形版本，那就是采用之前的规则，如果6个基本指标的总和是0，那么就根据非单选信号的方向进场（信号来自第二组指标）。表44.3显示了结果。

也许第一个版本（表44.2）的账户收益比较高，只是有点危

表44.1　6个指标和5个非单选过滤器——版本1——从2001年1月2日到2005年11月19日

	净利润	#交易笔数	%胜率	每笔交易的利润	最大回撤	账户收益
标准普尔（标准合约）						
原先6个信号	$259,237	666	57.81%	$389.25	$23,275	1114.0
加上5个信号过滤器	$286,688	522	60.73%	$549.21	$23,275	1232.0
纳斯达克（标准合约）						
原先6个信号	$98,550	669	51.72%	$147.31	$74,050	133.1
加上5个信号过滤器	$121,100	513	52.05%	$236.06	$37,850	319.9
罗素（标准合约）						
原先6个信号	$106,625	632	51.27%	$168.71	$50,775	210.0
加上5个信号过滤器	$115,975	492	53.04%	$234.77	$44,175	262.5
30年期债券						
原先6个信号	$56,062	685	54.60%	$81.84	$6,906	811.8
加上5个信号过滤器	$40,063	517	53.58%	$77.49	$5,875	681.9
10年期债券						
原先6个信号	$34,688	665	53.23%	$52.16	$5,063	685.1
加上5个信号过滤器	$33,797	519	55.49%	$65.12	$3,891	868.6
5年期债券						
原先6个信号	$27,641	675	55.26%	$40.95	$3,359	822.9
加上5个信号过滤器	$22,625	533	55.35%	$42.45	$2,828	800.0
日元						
原先6个信号	（$500）	712	50.14%	（$0.70）	$9,513	—
加上5个信号过滤器	$2,725	588	51.19%	$4.63	$9,875	27.6
欧元						
原先6个信号	$14,700	701	52.07%	$20.97	$18,025	81.6
加上5个信号过滤器	$27,025	570	53.33%	$47.41	$11,775	229.5
瑞士法郎						
原先6个信号	$10,050	703	51.64%	$14.30	$14,950	67.2
加上5个信号过滤器	$10,188	575	52.52%	$17.72	$12,563	81.1

表44.2　6个指标加过滤器，加66%止损——从2001年1月2日到2005年11月19日

	净利润	#交易笔数	%胜率	每笔交易的利润	最大回撤	账户收益
标准普尔（标准合约）	$277,188	522	57.66%	$531.01	$18,975	1461.0
纳斯达克（标准合约）	$160,000	513	48.93%	$311.89	$27,800	575.5
罗素（标准合约）	$131,225	494	50.20%	$265.64	$35,450	370.2
30年期债券	$41,531	517	51.26%	$80.33	$5,250	791.1
10年期债券	$30,125	519	52.22%	$58.04	$5,813	518.2
5年期债券	$19,516	533	52.16%	$36.61	$3,016	647.1
日元	$2,550	588	48.30%	$4.34	$8,213	31.1
欧元	$21,325	570	49.65%	$37.41	$8,800	242.3
瑞士法郎	$15,725	575	49.57%	$27.35	$7,375	213.2

表44.3　过滤器指标——66%止损——版本2——从2001年1月2日到2005年11月19日

	净利润	#交易笔数	%胜率	每笔交易的利润	最大回撤	账户收益
标准普尔（标准合约）	$303,538	897	54.07%	$338.39	$25,750	1,179.0
纳斯达克（标准合约）	$241,300	882	48.75%	$273.58	$29,950	805.7
罗素（标准合约）	$249,800	904	49.67%	$276.33	$48,250	517.7
30年期债券	$46,031	889	49.49%	$51.78	$9,438	487.7
10年期债券	$27,688	879	49.72%	$31.50	$6,953	398.2
5年期债券	$22,016	883	49.26%	$24.93	$3,219	683.9
日元	$4,638	896	47.43%	$5.18	$8,325	55.7
欧元	$21,963	891	48.26%	$24.65	$10,813	203.1
瑞士法郎	$20,100	907	49.06%	$22.16	$11,838	169.8

险，表44.3中的交易笔数更多，也许你需要认真分析。是否要做更多的模拟测试，这完全取决于个人的爱好。

关于对系统的介绍，就到此为止了。从现在开始，你就要自己开始研究了，希望你能找到激动人心的理论数字——希望你能在实战时用好它们。

第45章

一看就能明白——什么是机械，什么不是机械——（小问答）

1. 如果昨天的收盘价大于之前20天收盘价均值，那么用stop类型的订单买入，以下一个开盘价加上前一天振幅的75%作为买入点。反之则卖出。没有止损点，没有利润目标……永久在市。

这是机械交易！

2. 你在用25天最高价和最低价突破系统，效果很完美，直到有一天，因为美联储在研究利率的事，你决定后面两天停止交易。你不知道这个决定对你的数据样本有什么样的影响——你只知道不要在不确定的、有潜在威胁的环境中交易，毕竟以后还有机会。

也许你过去有一个机械系统，但是现在你没有机械系统！

3. 你的做法和上面一样，只是这次，在宣布利率政策的时候空仓是你的系统决定的。你知道美联储宣布利率政策的历史日期，你也做了相应的研究。你的结论是，如果回避美联储宣布利率政策的交易日，你的账户收益会下降13%，因为这种做法可以消除异常的糟糕情况，所以你对这种调整感到满意。另外，整体数字还是不错的，你能满意，晚上能安心睡觉。

如果你能找到数字以确定准确的公布报告的时间，那么你的系统算是机械系统！

2和3的区别在于如何及为什么要制定一个规则。在3中，你根据自己的模拟测试决定了一个单独的规则；在2中，你完全是主观的。

4. 你的机械支撑和阻力技术要求你在723½平掉大豆的赢利仓位。开盘后市场上涨了0.25美分，3分钟后你的伙伴告诉你，市场离你的目标只差2美分，不平仓是愚蠢的。你觉得这个说法很有道理，你兑现了微薄的利润，然后你们两个去酒吧庆祝去了。

你不是机械交易！如果你总是这么做，那么你等于采用了新的参数。哪个参数更好？难道你没有在研究的时候就确定下来吗？

并不是机械技术才能决定每笔交易的顺利进展。只有交易者才能分析数据并整体规划，作出最好的行动计划。这包括在错过机会后能面对现实并及时捕捉到机会。

5. 你妈给你打电话了，因为她知道你重仓买入了股票，而电视上面说恐怖活动可能会升级，她表示担心。

> 如果你受她的影响，那你绝对不是机械交易，在交易时间最好不要通电话！

再次说明，机械交易不一定就好，主观交易不一定就不好。只是你在采用具体方法时一定要目的明确。总之一句话，如果你容易受外部的影响，那么你就不是机械交易者。

第46章

100%真心拥抱机械交易 这是唯一有用的方法

我们已经强调了坚持一个100%机械方法的重要性，这意味着在交易的时候不能违反方法。如果你没有完全遵守计划，可能结果就会大相径庭；如果你在市场波动厉害的时候没有遵守计划，结果变化更明显。你应该在研究开发系统的时候就想好如何应对偶然的情况，如果在正常情况下你都感到不安，那么当你实战时就更糟糕。

在黑色星期一的时候我把我的系统关闭了。在开盘的时候我们兑现了2万美元的利润——我有几次都是在开盘时大赚的。我喜欢这种兴奋的体验，结果是我少赚了5万美元。在2002年，我和我的伙伴主观地决定平掉正在亏损的标准普尔的多头仓位，平仓后我们眼睁睁地看着市场又沿着对我们有利的方向前进了75%——如果不平仓，就可以少亏75%。

有些人经常犯这样的错误。没有兑现的利润比实际亏损还要让人感到痛苦。上述两次经历让我很不舒服。第一次，我做了一件不该做的事，5万美元可以让我休息一年了。第二次经历则破坏了我和伙伴的关系，我们很难再取得一致的决定了——犯了如此大的错误之后不知道如何重整旗鼓了。你是如何看待额外的亏损的？如果你是正确交易的，是不是资金曲线会反弹？

机械交易的独特之处在于你永远能知道，只要你遵守了系统，交易的结果如何。你的理想结果一直在那里——无可非议地客观存在着。如果你即兴交易，你也能知道你的代价有多大。

我已经反复强调了机械方法。大部分人都不会听我的，这也是一个事实。大部分人不会用正确的方法对待本书的——不会因为看了本书而决定采用机械交易的（如果你采用了机械交易，请告诉我——我会感到很高兴的）！

我在书中说明了我的交易思路——只是我使用的版本可能会有所不同。我的建议是你要根据本书内容自己开发系统，而不是盲从一个系统，你要学会拒绝大师们的方法。如果你没有自己做研究开发，你就无法增强自己的实力。

在这个过程中，你需要起步资金，这是很重要的。交易和做生意一样——生意失败的首要原因是资金不足，我知道我已经讲过了——不过有些事需要反复唠叨。你要单独安排一些资金，这些资金用来熬过最严重的回撤期（一般认为资金至少是最大回撤的1.5倍）。机械交易实战的结果和模拟测试的结果应该很接近的，这意味着在交易时不能情绪化，你在做模拟测试的时候不可能说："因为我担心会亏损，所以我要在这里停止交易。"这些看起来都是很简单的概念，但是人们需要很长时间才能彻底明白机械概念的含义，场内的交易者、我的朋友们和我都花费了很长时间才了解机械交易的。

如果要采用机械交易，你会发现这是一个非常孤独的过程，这是孤独的交易方法。我认识的朋友中，没有一个人能坚持使用一个系统交易3笔以上，我也找不到懂编程的人坐下来用心研究机械交易方法。为什么会这样？要想拥有自己的生活，是不是要付出努力——是不是要克服自我、恐惧、贪婪等特点？你是不是想拥有自己的生活？有时候，我不是非常了解人类。

虽然你的模型认为所有的交易都会成交，但是在实战时有些订单无法被成交，你要为限价单作出一定的调整。你还应该知道，虽然你的软件认为可以在收盘价进行交易，但在实战时，无法在收盘前确定收盘价。你还要知道理论和实际有一定的差距，前面讲到了纳斯达克在2000年时出现了泡沫，泡沫也意味着要提高警惕。你要熟悉你的测试数据和相关的信号。你必须做优化，但又不能过度优化，这方面的工作一定要慎重。

你要反复研究所有的基本资料。永远不要借钱做交易。如果你的资金不够多，无法专职做交易，那么就不要辞职。如果没有耐心，你永远无法通过交易走在别人前面。如果你能接受系统的理论收益，那么可以想象到你以后会更上一层楼的。

当你到了以交易为生的地步时，请注意最优秀的机械交易者是如何继续生存下去的。他们的总体方法不但包括了进场信号和出场信号，还包含了生存方法，他们知道如何同时应用多个系统。如果保守行事的话，也会出错——这不是通常的会导致问题的参数引起的。他们知道如何为每笔交易分配资金，做到资金分散，他们会去交易别人不注意的市场（波罗的海货运指数或棉花期货）。有时候，表面上看起来并不相关的系统会出乎意料地互损，《战胜市场的人》一书中的交易者一直在强调要采用没有相关性的系统。

机械交易是这个世界上最现成、最简单的交易方法，只有人的因素会让机械交易偏离原来的方向。如果你能训练自己把机械交易作为第二天性，那么你就有可能打好高尔夫球，或完成任何你能想象到的事。成功地开发系统和心理上接受系统之间还有很大的障碍，最终的系统都是很简单的。

第47章

结束语

1. 普通交易者无法成功，除非他是100%机械交易。因为在实战时，市场并不会教我们怎么做，所以大部分人是“无法听懂市场的意思”的。

2. 人们的心理常常与成功交易所需要的心理相差甚远。

3. 市场波动充满了噪音，中间有很小的趋势。正是这小趋势让机械交易成为可能，但是仅仅一笔交易不能说明你捕捉到了趋势，需要进行很多笔交易——很多笔之后——才能显现出优势。

4. 主观交易者要处理的问题，除了噪音之外，就没有其他了。这就是主观交易者无法取得进步的原因，主观交易者没有确切的提升自己的方法。

5. 有时候会出现例外情况，他或她天生就会交易，一旦开始了交易生涯，就会做得很好。如果你连续亏损了几个月，你恐怕就不是这种天才了。

6. 当一个人把机械交易和主观交易结合起来使用时，结果倾向于更糟糕。

7. 简单是最好的。

8. 可以把基本元素组合起来以形成更好的整体。

9. 日内交易可以赚钱，但是和其他类型的交易相比，它有自身的问题，其主要障碍在于相对收益小，成本大。

10. 对于交易思路，需要测试很多品种，在很多交易环境中测试，这样才能找到可靠的东西。

11. 如果你在交易时感到很兴奋，那么你的做法是不对的，正确的交易过程应该是沉闷的。

12. 如果不是你彻底了解的事物，就不要去做。对于你所做的研究，你要了解它的方方面面。

13. 没有人能够拥有神奇的信息。一直成功的交易者大约有一半的时间是错的。永远不要跟随任何人，永远不要根据消息交易。

14. 如果你在祈祷，那说明你错了。实际上，上帝喜欢惩罚违反系统的人。

15. 如果你有情绪，那说明你错了。

16. 如果你认为“是的，我了解系统，但是这次系统错了”，那说明你错了，你大错特错了——（还要我强调一次吗？）——你错了。

最后，也许你需要把以下内容写下来，并放在你容易看到的地方——比如浴室的镜子上面。

如果你不能100%遵守系统，那么根据定义，你就不是机械交易者。

附录

Tradestation公式

以下公式的测试结果和本书中的结果应该是完全一致的或接近的（我在模拟测试时偶尔调整了几个基点，再加上软件的逻辑运算等问题，也许有些结果在数值上会有所不同。对不起——我们无法解决这个现实问题）。

还有一点——日内交易是可以让软件自动进行的——采用5分钟图、10分钟图等等都是可以的。然而，当你使用日线图交易的时候，我建议你还是手动交易。否则，“在收盘价出场”这个功能就无法实现，你就不能在收盘时平仓，因为在模拟测试时你是可以在收盘价成交的，在实战时，只有在收盘后你才能知道具体的收盘价是多少。你可以采用变通的方法处理这个问题，比如在日内图中插入日线图的柱线，但是这样的话就要重新编公式。最符合逻辑的办法就是在收盘前一两分钟用市价单出场。（译者注：因为译者不会编程，无法一一核对程序的真实性，而且译者知道在编程时错一个字母、符号或数字，都会导致程序无法正常运行。故建议读者在测试时使用作者提供的原程序。）

表5.2　收盘价和简单均值

```
inputs: n ( 40 ) ;
if c > average ( c,n ) then buy next bar at market;
if c < average ( c,n ) then sell short next bar at market;
setexitonclose;
```

表6.1　永远做多标准普尔

```
inputs: P ( 37 ) ;
if c < lowest ( c,p ) [1] then buy next bar at l limit;
setprofittarget ( 1250 ) ;
```

表7.1　2天5天指标

```
if average ( c,2 ) < average ( c,5 ) then buy next bar at market;
if average ( c,2 ) > average ( c,5 ) then sell short next bar at market;
setexitonclose;
```

表7.4　和连续两天收盘价方向一致反着做

```
if c < c[1] and c[1] < c[2] then buy next bar at market;
if c > c[1] and c[1] > c[2] then sell short next bar at market;
setexitonclose;
```

表8.2　50天内最高收盘价／最低收盘价

```
lnput: m ( 50 ) ;
if highestbar ( c,m ) > lowestbar ( c,m ) then buy next bar at market;
if highestbar ( c,m ) < lowestbar ( c,m ) then sell short next bar at market;
setexitonclose;
```

表9.1　第一个三个单选指标综合

```
inputs: e ( 40 ) ,n ( 2 ) ,p ( 5 ) ,q ( 50 ) ;
```

```
variables: x（0）,y（0）,z（0）;
if c > average（c,e） then x=1;
if c < average（c,e） then x=-1;
IF average（c,n） < average（c,p）then y=1;
if average（c,n） > average（c,p）then y=-1;
if highestbar（c,q） > lowestbar（c,q） then z=1;
if highestbar（c,q） < lowestbar（c,q） then z=-1;
if x+y+z > 0 then buy next bar at market;
if x+y+z < 0 then sell short next bar at market;
setexitonclose;
```

表10.5　完整的振幅和10天平均振幅指标

（如果想单独测试半个公式，请删除相应的“or”所在的语句）

```
inputs: n（10）;
if （range < average（range,n） and c > c[1]）or （range > average（range,n） and c < c[1]）then buy next bar at market;
if （range < average（range,n） and c < c[1]） or （range > average（range,n） and c > c[1]）then sell short next bar at market;
setexitonclose;
```

表11.1　15天最高价-最低价均值

```
if c > （average（h,15）+average（l,15））/2 then buy next bar at market;
if c < （average（h,15）+average（l,15））/2 then sell short next bar at market;
setexitonclose;
```

表12.1　第一个5个单选指标综合

```
inputs: e（40）,f（2）,g（5）,j（50）,m（10）,n（15）;
variables: q（0）,u（0）,x（0）,y（0）,z（0）;
```

```
if c > average (c,e) then q=1;
if c < average (c,e) then q=-1;
if average (c,f) < average (c,g) then u=1;
if average (c,f) > average (c,g) then u=-1;
if highestbar (c,j) > lowestbar (cj) then x=1;
if highestbar (c,j) < lowestbar (cj) then x=-1;
if (range < average (range,m) and c > c[1]) or (range > average (range,m) and c < c[1]) then y=1;
if (range < average (range,m) and c < c[1]) or (range > average (range,m) and c > c[1]) then y=-1;
if c > (average (h,n) +average (l,n)) / 2 then z=1;
if c < (average (h,n) +average (l,n)) / 2 then z=-1;
if q+u+x+y+z > 0 then buy next bar at market;
if q+u+x+y+z < 0 then sell short next bar at market;
setexitonclose;
```

表12.2　5个单选——+3 / -3门槛

（用以下语句替换12.1中的后三行）

```
if q+u+x+y+z > =3 then buy next bar at market;
if q+u+x+y+z < =-3 then sell short next bar at market;
setexitonclose;
```

表13.1　各种5个中选3个单选指标综合

要想测试5个选3综合系统，要选择相应的参数并替换表12.1中的买卖语句。q=1. u=2. x=3. y=4. z=5。

表14.1　和开盘价到收盘价反着做

```
if c < o then buy next bar at market;
if c > o then sell short next bar at market;
setexitonclose;
```

表14.2　和连续两个相同的开盘价到收盘价反着做

```
if c < o and c[1] < o[1] then buy next bar at market;
if c > o and c[1] > o[1] then sell short next bar at market;
setexitonclose;
```

表15.1　杯子和盖子（日内）

```
if l > l[1] and l[1] < lowest（l,3）[2] and c > c[1] and c[1] < c[2] then buy next bar at market;
if h < h[1] and h[1] > highest（h,3）[2] and c < c[1] and c[1] > c[2] then sell short next bar at market;
setexitonclose;
```

表15.2　杯子和盖子——持仓过夜

```
if l > l[1] and l[1] < lowest（l,3）[2] and c > c[1] and c[1] < c[2] then buy this bar on close;
sell next bar at market;
if h < h[1] and h[1] > highest（h,3）[2] and c < c[1] and c[1] > c[2] then sell short this bar on close;
buy to cover next bar at market;
```

表15.3　杯子-盖子——持仓过夜加上止损点和利润点

```
if l > l[1]  and l[1]  < lowest（l,3）[2] and c > c[1] and c[1] < c[2] then buy this bar on close;
if marketposition=1 and barssinceentry=1 then sell next bar at market;
sell next bar at highest（h,3）+.25*average（range,3） limit;
sell next bar at lowest（l,3）-（minmove / pricescale） stop;
if h < h[1] and h[1] > highest（h,3）[2] and c < c[1] and c[1] > c[2] then sell short this bar on close;
if marketposition=-1 and barssinceentry=1 then buy to cover next bar at market;
```

```
buy to cover next bar at lowest（l,3）–.25*average（range,3）limit;
buy to cover next bar at highest（h,3）+（minmove / pricescale）stop;
```

表16.1　支撑到阻力的20%指标

```
inputs：n（.2）;
if highest（l,3）–lowest（l,3） < =n*（highest（h,3）–lowest（l,3））then buy next bar at market;
if highest（h,3）–lowest（h,3） < =n* （highest（h,3）–lowest（l,3））then sell short next bar at market;
setexitonclose;
```

表17.1　八个指标综合（简单多数）

```
variables：aa（0）,bb（0）,cc（0）,dd（0）,ee（0）,ff（0）,gg（0）,hh（0）;
if average（c,2） < average（c,5）then aa=1;
if average（c,2） > average（c,5）then aa=–1;
if c > average（c,40） then bb=1;
if c < average（c,40） then bb=–1;
if highestbar（c,50） > lowestbar（c,50） then cc=1;
if highestbar（c,50） < lowestbar（c,50） then cc=–1;
if （range < average（range,10）） and c > c[1] or （range > average（range,10）） and c <c[1] then dd=1;
if （range < average（range,10）） and c < c[1] or （range > average（range,10）） and c >c[1] then dd=–1;
if c > （average（h,15）+average（l,15））/ 2 then ee=1;
if c < （average（h,15）+average（l,15））/ 2 then ee=–1;
if c < o and c[1] < o[1] then ff=1 else ff=0;
if c > o and c[1] > o[1] then ff=–1;
if l > l[1] and l[1] < lowest（l,3）[2] and c > c[1] and c[1] < c[2] then gg=1 else gg=0;
```

```
if h < h[1] and h[1] > highest（h,3）[2] and c < c[1]  and c[1]  > c[2] then gg=−1;
if highest（l,3）−lowest（l,3） < =.2*（highest（h,3）−lowest（l,3））then hh=1 else hh=0;
if highest（h,3）−lowest（h,3） < =.2* （highest（h,3）−lowest（l,3））then hh=−1;
if aa+bb+cc+dd+ee+ff+gg+hh > 0 then buy next bar at market;
if aa+bb+cc+dd+ee+ff+gg+hh < 0 then sell short next bar at market;
setexitonclose;
```

表17.7　八个指标——+／–3或更多

（用以下内容替代17.4中的最后三行）

```
if aa+bb+cc+dd+ee+ff+gg+hh > =3 then buy next bar at market;
if aa+bb+cc+dd+ee+ff+gg+hh < =−3 then sell short next bar at market;
setexitonclose;
```

表18.4　八个指标——简单多数——33%stop订单进场

（用以下内容替代17.4中的最后几行）

```
if aa+bb+cc+dd+ee+ff+gg+hh > 0 then buy next bar at o of tomorrow+.33*average（range,3） stop;
if aa+bb+cc+dd+ee+ff+gg+hh < 0 then sell short next bar at o of tomorrow−.33*average（range,3） stop;
setexitonclose;
```

表18.5　八个指标——33%stop订单进场——+3／–3过滤器

（用以下内容替代17.4中的最后几行）

```
if aa+bb+cc+dd+ee+ff+gg+hh > =3 then buy next bar at o of tomorrow+.33*average（range,3） stop;
if aa+bb+cc+dd+ee+ff+gg+hh < =−3 then sell short next bar at o of
```

tomorrow−.33*average（range,3） stop;

setexitonclose;

表19.2　八个指标——简单多数——25%限价单进场

（用以下内容替代17.4中的最后几行）

if aa+bb+cc+dd+ee+ff+gg+hh > 0 then buy next bar at o of tomorrow−.25*average（range,3） limit;

if aa+bb+cc+dd+ee+ff+gg+hh < 0 then sell short next bar at o of tomorrow+.25*average（range,3） limit;

setexitonclose;

表19.3　八个指标——25%限价单进场——+3／–3过滤器

（用以下内容替代17.4中的最后几行）

if aa+bb+cc+dd+ee+ff+gg+hh > =3 then buy next bar at o of tomorrow−.25*average（range,3） limit;

if aa+bb+cc+dd+ee+ff+gg+hh < =−3 then sell short next bar at o of tomorrow+.25*average（range,3） limit;

setexitonclose;

表20.3　八个指标（简单多数）和66%的止损

（用以下内容替代17.4中的最后几行）

if aa+bb+cc+dd+ee+ff+gg+hh > 0 then buy next bar at market;

sell next bar at o of tomorrow−.66*average（range,3） stop;

if aa+bb+cc+dd+ee+ff+gg+hh < 0 then sell short next bar at market;

buy to cover next bar at o of tomorrow+.66*average（range,3） stop;

setexitonclose;

表21.1　第二个最高价-最低价出场策略

variables：hh（0）,ll（0）,q（0）,u（0）,x（0）,y（0）,z（0）;

if marketposition=1 and barssinceentry=0 then hh=h;

```
if marketposition=-1 and barssinceentry=0 then ll=l;
if c > average ( c,40 ) then q=1;
if c < average ( c,40 ) then q=-1;
if average ( c,2 ) < average ( c,5 ) then u=1;
if average ( c,2 ) > average ( c,5 ) then u=-1;
if highestbar ( c,50 ) > lowestbar ( c,50 ) then x=1;
if highestbar ( c,50 ) < lowestbar ( c,50 ) then x=-1;
if ( range < average ( range,10 ) and c > c[1] ) or ( range > average ( range,10 ) and c <c[1] ) then y=1;
if ( range < average ( range,10 ) and c < c[1] ) or ( range > average ( range,10 ) and c >c[1] ) then y=-1;
if c > ( average ( h,15 ) +average ( l,15 ) ) / 2 then z=1;
if c < ( average ( h,15 ) +average ( l,15 ) ) / 2 then z=-1;
if q+u+x+y+z > 0 and c > average ( c,20 ) then buy next bar at o of tomorrow-.33*average ( range,3 ) limit;
if barssinceentry=2 and marketposition=1 and highest ( h,2 ) > hh and nthhighest ( 2,h,2 ) > hh then sell next bar at highest ( h,2 ) limit;
if barssinceentry=3 and marketposition=1 and highest ( h,3 ) > hh and nthhighest ( 2,h,3 ) > hh then sell next bar at highest ( h,3 ) limit;
if barssinceentry=4 and marketposition=1 and highest ( h,4 ) > hh and nthhighest ( 2,h,4 ) > hh then sell next bar at highest ( h,4 ) limit;
if barssinceentry=5 and marketposition=1 and highest ( h,5 ) > hh and nthhighest ( 2,h,5 ) > hh then sell next bar at highest ( h,5 ) limit;
if barssinceentry=6 and marketposition=1 and highest ( h,6 ) > hh and nthhighest ( 2,h,6 ) > hh then sell next bar at highest ( h,6 ) limit;
if barssinceentry=7 and marketposition=1 and highest ( h,7 ) > hh and nthhighest ( 2,h,7 ) > hh then sell next bar at highest ( h,7 ) limit;
if barssinceentry=8 and marketposition=1 and highest ( h,8 ) > hh and nthhighest ( 2,h,8 ) > hh then sell next bar at highest ( h,8 ) limit;
if barssinceentry=9 and marketposition=1 and highest ( h,9 ) > hh and nthhighest ( 2,h,9 ) > hh then sell next bar at highest ( h,9 ) limit;
```

if barssinceentry=10 and marketposition=1 and highest（h,10） > hh and nthhighest（2,h,10） > hh then sell next bar at highest（h,10） limit;

if barssinceentry=11 and marketposition=1 and highest（h,11） > hh and nthhighest（2,h,11） > hh then sell next bar at highest（h,11） limit;

if barssinceentry=12 and marketposition=1 and highest（h,12） > hh and nthhighest（2,h,12） > hh then sell next bar at highest（h,12） limit;

if barssinceentry=13 and marketposition=1 and highest（h,13） > hh and nthhighest（2,h,13） > hh then sell next bar at highest（h,13） limit;

if barssinceentry=14 and marketposition=1 and highest（h,14） > hh and nthhighest（2,h,14） > hh then sell next bar at highest（h,14） limit;

if c < average（c,20） then sell next bar at market;

if q+u+x+y+z < 0 and c < average（c,20） then sell short next bar at o of tomorrow+.33*average（range,3） limit;

if barssinceentry=2 and marketposition=−1 and lowest（l,2） < ll and nthlowest（2,l,2） < ll then buy to cover next bar at lowest（l,2） limit;

if barssinceentry=3 and marketposition=−1 and lowest（l,3） < ll and nthlowest（2,l,3） < ll then buy to cover next bar at lowest（l,3） limit;

if barssinceentry=4 and marketposition=−1 and lowest（l,4） < ll and nthlowest（2,l,4） < ll then buy to cover next bar at lowest（l,4） limit;

if barssinceentry=5 and marketposition=−1 and lowest（l,5） < ll and nthlowest（2,l,5） < ll then buy to cover next bar at lowest（l,5） limit;

if barssinceentry=6 and marketposition=−1 and lowest（l,6） < ll

```
and nthlowest（2,l,6） <ll then buy to cover next bar at lowest（l,6）limit;
if barssinceentry=7 and marketposition=-1 and lowest（l,7） < ll and nthlowest（2,l,7） <ll then buy to cover next bar at lowest（l,7）limit;
if barssinceentry=8 and marketposition=-1 and lowest（l,8） < ll and nthlowest（2,l,8） <ll then buy to cover next bar at lowest（l,8）limit;
if barssinceentry=9 and marketposition=-1 and lowest（l,9） < ll and nthlowest（2,l,9） <ll then buy to cover next bar at lowest（l,9）limit;
if barssinceentry=10 and marketposition=-1 and lowest（l,10） < ll and nthlowest（2,l,10） < ll then buy to cover next bar at lowest（l,10）limit;
if barssinceentry=11 and marketposition=-1 and lowest（l,11） < ll and nthlowest（2,l,11） < ll then buy to cover next bar at lowest（l,11）limit;
if barssinceentry=12 and marketposition=-1 and lowest（l,12） < ll and nthlowest（2,l,12） < ll then buy to cover next bar at lowest（l,12）limit;
if barssinceentry=13 and marketposition=-1 and lowest（l,13） < ll and nthlowest（2,l,13） < ll then buy to cover next bar at lowest（l,13）limit;
if barssinceentry=14 and marketposition=-1 and lowest（l,14） < ll and nthlowest（2,l,14） < ll then buy to cover next bar at lowest（l,14）limit;
if c > average（c,20） then buy to cover next bar at market;
```

表21.2　第二个最高价-最低价出场策略加上2个基点的成本
（请看表21.2，看看是如何计算成本的）

```
variables: hh（0）,ll（0）,q（0）,u（0）,x（0）,y（0）,z（0）;
```

if marketposition=1 and barssinceentry=0 then hh=h;

if marketposition=−1 and barssinceentry=0 then ll=l;

if c > average（c,40） then q=1;

if c < average（c,40） then q=−1;

if average（c,2） < average（c,5）then u=1;

if average（c,2） > average（c,5）then u=−1;

if highestbar（c,50） > lowestbar（c,50） then x=1;

if highestbar（c,50） < lowestbar（c,50） then x=−1;

if （range < average（range,10） and c > c[1]）or （range > average（range,10） and c <c[1]） then y=1;

if （range < average（range,10） and c < c[1]） or （range > average（range,10） and c >c[1]） then y=−1;

if c > （average（h,15）+average（l,15）） / 2 then z=1;

if c < （average（h,15）+average（l,15）） / 2 then z=−1;

if q+u+x+y+z > 0 and c > average（c,20） then buy next bar at （o of tomorrow− （.33*average（range,3）））−（minmove / pricescale） limit;

if barssinceentry=2 and marketposition=1 and highest（h,2） > hh and nthhighest（2,h,2） > hh then sell next bar at （highest（h,2））+（minmove / pricescale） limit;

if barssinceentry=3 and marketposition=1 and highest（h,3） > hh and nthhighest（2,h,3） > hh then sell next bar at （highest（h,3）） +（minmove / pricescale） limit;

if barssinceentry=4 and marketposition=1 and highest（h,4） > hh and nthhighest（2,h,4） > hh then sell next bar at （highest（h,4）） +（minmove / pricescale） limit;

if barssinceentry=5 and marketposition=1 and highest（h,5） > hh and nthhighest（2,h,5） > hh then sell next bar at （highest（h,5）） +（minmove / pricescale） limit;

if barssinceentry=6 and marketposition=1 and highest（h,6） > hh and nthhighest（2,h,6） > hh then sell next bar at （highest（h,6）） +

```
(minmove / pricescale) limit;
    if barssinceentry=7 and marketposition=1 and highest (h,7) > hh
and nthhighest (2,h,7) > hh then sell next bar at (highest (h,7)) +
(minmove / pricescale) limit;
    if barssinceentry=8 and marketposition=1 and highest (h,8) > hh
and nthhighest (2,h,8) > hh then sell next bar at (highest (h,8)) +
(minmove / pricescale) limit;
    if barssinceentry=9 and marketposition=1 and highest (h,9) > hh
and nthhighest (2,h,9) > hh then sell next bar at (highest (h,9)) +
(minmove / pricescale) limit;
    if barssinceentry=10 and marketposition=1 and highest (h,10) > hh
and nthhighest (2,h,10) > hh then sell next bar at (highest (h,10))
+ (minmove / pricescale) limit;
    if barssinceentry=11 and marketposition=1 and highest (h,11) > hh
and nthhighest (2,h,11) > hh then sell next bar at (highest (h,11))
+ (minmove / pricescale) limit;
    if barssinceentry=12 and marketposition=1 and highest (h,12) > hh
and nthhighest (2,h,12) > hh then sell next bar at (highest (h,12))
+ (minmove / pricescale) limit;
    if barssinceentry=13 and marketposition=1 and highest (h,13) > hh
and nthhighest (2,h,13) > hh then sell next bar at (highest (h,13))
+ (minmove / pricescale) limit;
    if barssinceentry=14 and marketposition=1 and highest (h,14) > hh
and nthhighest (2,h,14) > hh then sell next bar at (highest (h,14))
+ (minmove / pricescale) limit;
    if c < average (c,20) then sell next bar at market;
    if q+u+x+y+z < 0 and c < average (c,20) then sell short next bar at
(o of tomorrow+.33*average (range,3)) + (minmove / pricescale)
limit;
    if barssinceentry=2 and marketposition=-1 and lowest (l,2) < ll
and nthlowest (2,l,2) <ll then buy to cover next bar at lowest (l,2) -
```

```
（minmove / pricescale） limit;
if barssinceentry=3 and marketposition=-1 and lowest（1,3） < ll and nthlowest（2,1,3） <ll then buy to cover next bar at lowest（1,3） - （minmove / pricescale） limit;
if barssinceentry=4 and marketposition=-1 and lowest（1,4） < ll and nthlowest（2,1,4） <ll then buy to cover next bar at lowest（1,4） - （minmove / pricescale） limit;
if barssinceentry=5 and marketposition=-1 and lowest（1,5） < ll and nthlowest（2,1,5） <ll then buy to cover next bar at lowest（1,5） - （minmove / pricescale） limit;
if barssinceentry=6 and marketposition=-1 and lowest（1,6） < ll and nthlowest（2,1,6） <ll then buy to cover next bar at lowest（1,6） - （minmove / pricescale） limit;
if barssinceentry=7 and marketposition=-1 and lowest（1,7） < ll and nthlowest（2,1,7） <ll then buy to cover next bar at lowest（1,7） - （minmove / pricescale） limit;
if barssinceentry=8 and marketposition=-1 and lowest（1,8） < ll and nthlowest（2,1,8） <ll then buy to cover next bar at lowest（1,8） - （minmove / pricescale） limit;
if barssinceentry=9 and marketposition=-1 and lowest（1,9） < ll and nthlowest（2,1,9） <ll then buy to cover next bar at lowest（1,9） - （minmove / pricescale） limit;
if barssinceentry=10 and marketposition=-1 and lowest（1,10） < ll and nthlowest（2,1,10） < ll then buy to cover next bar at lowest（1,10） - （minmove / pricescale） limit;
if barssinceentry=11 and marketposition=-1 and lowest（1,11） < ll and nthlowest（2,1,11） < ll then buy to cover next bar at lowest（1,11） - （minmove / pricescale） limit;
if barssinceentry=12 and marketposition=-1 and lowest（1,12） < ll and nthlowest（2,1,12） < ll then buy to cover next bar at lowest（1,12） - （minmove / pricescale） limit;
```

if barssinceentry=13 and marketposition=-1 and lowest（l,13） < ll and nthlowest（2,l,13） < ll then buy to cover next bar at lowest（l,13） -（minmove / pricescale） limit;

if barssinceentry=14 and marketposition=-1 and lowest（l,14） < ll and nthlowest（2,l,14） < ll then buy to cover next bar at lowest（l,14） -（minmove / pricescale） limit;

if c > average（c,20） then buy to cover next bar at market;

表22.1 第二个最高价 / 最低价二号

variables: hh（0）,ll（0）,q（0）,u（0）,x（0）,y（0）,z（0）;

if marketposition=1 and barssinceentry=0 then hh=h;

if marketposition=-1 and barssinceentry=0 then ll=l;

if c > average（c,25） then buy next bar at o of tomorrow+.5*average（range,3） stop;

if barssinceentry=2 and marketposition=1 and highest（h,2） > hh and nthhighest（2,h,2） > hh then sell next bar at highest（h,2） limit;

if barssinceentry=3 and marketposition=1 and highest（h,3） > hh and nthhighest（2,h,3） > hh then sell next bar at highest（h,3） limit;

if barssinceentry=4 and marketposition=1 and highest（h,4） > hh and nthhighest（2,h,4） > hh then sell next bar at highest（h,4） limit;

if barssinceentry=5 and marketposition=1 and highest（h,5） > hh and nthhighest（2,h,5） > hh then sell next bar at highest（h,5） limit;

if barssinceentry=6 and marketposition=1 and highest（h,6） > hh and nthhighest（2,h,6） > hh then sell next bar at highest（h,6） limit;

if barssinceentry=7 and marketposition=1 and highest（h,7） > hh and nthhighest（2,h,7） > hh then sell next bar at highest（h,7） limit;

if barssinceentry=8 and marketposition=1 and highest（h,8） > hh and nthhighest（2,h,8） > hh then sell next bar at highest（h,8） limit;

if barssinceentry=9 and marketposition=1 and highest（h,9） > hh and nthhighest（2,h,9） > hh then sell next bar at highest（h,9） limit;

if barssinceentry=10 and marketposition=1 and highest（h,10） >

```
hh and nthhighest（2,h,10） > hh then sell next bar at highest（h,10）limit;
if barssinceentry=11 and marketposition=1 and highest（h,11） > hh and nthhighest（2,h,11） > hh then sell next bar at highest（h,11）limit;
if barssinceentry=12 and marketposition=1 and highest（h,12） > hh and nthhighest（2,h,12） > hh then sell next bar at highest（h,12）limit;
if barssinceentry=13 and marketposition=1 and highest（h,13） > hh and nthhighest（2,h,13） > hh then sell next bar at highest（h,13）limit;
if barssinceentry=14 and marketposition=1 and highest（h,14） > hh and nthhighest（2,h,14） > hh then sell next bar at highest（h,14）limit;
if c < average（c,25） then sell next bar at market;
if c < average（c,25） then sell short next bar at o of tomorrow-（.5*average（range,3））stop;
if barssinceentry=2 and marketposition=-1 and lowest（l,2） < ll and nthlowest（2,l,2） <ll then buy to cover next bar at lowest（l,2）limit;
if barssinceentry=3 and marketposition=-1 and lowest（l,3） < ll and nthlowest（2,l,3） <ll then buy to cover next bar at lowest（l,3）limit;
if barssinceentry=4 and marketposition=-1 and lowest（l,4） < ll and nthlowest（2,l,4） <ll then buy to cover next bar at lowest（l,4）limit;
if barssinceentry=5 and marketposition=-1 and lowest（l,5） < ll and nthlowest（2,l,5） <ll then buy to cover next bar at lowest（l,5）limit;
if barssinceentry=6 and marketposition=-1 and lowest（l,6） < ll and nthlowest（2,l,6） <ll then buy to cover next bar at lowest（l,6）
```

```
limit;
if barssinceentry=7 and marketposition=−1 and lowest（1,7） < ll and nthlowest（2,l,7） <ll then buy to cover next bar at lowest（1,7） limit;
if barssinceentry=8 and marketposition=−1 and lowest（1,8） < ll and nthlowest（2,l,8） <ll then buy to cover next bar at lowest（1,8） limit;
if barssinceentry=9 and marketposition=−1 and lowest（1,9） < ll and nthlowest（2,l,9） <ll then buy to cover next bar at lowest（1,9） limit;
if barssinceentry=10 and marketposition=−1 and lowest（1,10） < ll and nthlowest（2,l,10） < ll then buy to cover next bar at lowest（1,10） limit;
if barssinceentry=11 and marketposition=−1 and lowest（1,11） < ll and nthlowest（2,l,11） < ll then buy to cover next bar at lowest（1,11） limit;
if barssinceentry=12 and marketposition=−1 and lowest（1,12） < ll and nthlowest（2,l,12） < ll then buy to cover next bar at lowest（1,12） limit;
if barssinceentry=13 and marketposition=−1 and lowest（1,13） < ll and nthlowest（2,l,13） < ll then buy to cover next bar at lowest（1,13） limit;
if barssinceentry=14 and marketposition=−1 and lowest（1,14） < ll and nthlowest（2,l,14） < ll then buy to cover next bar at lowest（1,14） limit;
if c > average（c,25） then buy to cover next bar at market;
```

表22.2　第二个最高价／最低价出场三号

```
variables: hh（0）,ll（0）,q（0）,u（0）,x（0）,y（0）,z（0）;
if marketposition=1 and barssinceentry=0 then hh=h;
if marketposition=−1 and barssinceentry=0 then ll=l;
```

```
if c > h[1] and c > average（c,40） then buy next bar at o of tomorrow+.5*average（range,3） stop;
if barssinceentry=2 and marketposition=1 and highest（h,2） > hh and nthhighest（2,h,2） > hh then sell next bar at highest（h,2） limit;
if barssinceentry=3 and marketposition=1 and highest（h,3） > hh and nthhighest（2,h,3） > hh then sell next bar at highest（h,3） limit;
if barssinceentry=4 and marketposition=1 and highest（h,4） > hh and nthhighest（2,h,4） > hh then sell next bar at highest（h,4） limit;
if barssinceentry=5 and marketposition=1 and highest（h,5） > hh and nthhighest（2,h,5） > hh then sell next bar at highest（h,5） limit;
if barssinceentry=6 and marketposition=1 and highest（h,6） > hh and nthhighest（2,h,6） > hh then sell next bar at highest（h,6） limit;
if barssinceentry=7 and marketposition=1 and highest（h,7） > hh and nthhighest（2,h,7） > hh then sell next bar at highest（h,7） limit;
if barssinceentry=8 and marketposition=1 and highest（h,8） > hh and nthhighest（2,h,8） > hh then sell next bar at highest（h,8） limit;
if barssinceentry=9 and marketposition=1 and highest（h,9） > hh and nthhighest（2,h,9） > hh then sell next bar at highest（h,9） limit;
if barssinceentry=10 and marketposition=1 and highest（h,10） > hh and nthhighest（2,h,10） > hh then sell next bar at highest（h,10） limit;
if barssinceentry=11 and marketposition=1 and highest（h,11） > hh and nthhighest（2,h,11） > hh then sell next bar at highest（h,11） limit;
if barssinceentry=12 and marketposition=1 and highest（h,12） > hh and nthhighest（2,h,12） > hh then sell next bar at highest（h,12） limit;
if barssinceentry=13 and marketposition=1 and highest（h,13） > hh and nthhighest（2,h,13） > hh then sell next bar at highest（h,13） limit;
if barssinceentry=14 and marketposition=1 and highest（h,14） >
```

hh and nthhighest（2,h,14） > hh then sell next bar at highest（h,14） limit;

if c < average（c,40） then sell next bar at market;

if c < l[1] and c < average（c,40） then sell short next bar at o of tomorrow-（.5*average（range,3）） stop;

if barssinceentry=2 and marketposition=-1 and lowest（l,2） < ll and nthlowest（2,l,2） <ll then buy to cover next bar at lowest（l,2） limit;

if barssinceentry=3 and marketposition=-1 and lowest（l,3） < ll and nthlowest（2,l,3） <ll then buy to cover next bar at lowest（l,3） limit;

if barssinceentry=4 and marketposition=-1 and lowest（l,4） < ll and nthlowest（2,l,4） <ll then buy to cover next bar at lowest（l,4） limit;

if barssinceentry=5 and marketposition=-1 and lowest（l,5） < ll and nthlowest（2,l,5） <ll then buy to cover next bar at lowest（l,5） limit;

if barssinceentry=6 and marketposition=-1 and lowest（l,6） < ll and nthlowest（2,l,6） <ll then buy to cover next bar at lowest（l,6） limit;

if barssinceentry=7 and marketposition=-1 and lowest（l,7） < ll and nthlowest（2,l,7） <ll then buy to cover next bar at lowest（l,7） limit;

if barssinceentry=8 and marketposition=-1 and lowest（l,8） < ll and nthlowest（2,l,8） <ll then buy to cover next bar at lowest（l,8） limit;

if barssinceentry=9 and marketposition=-1 and lowest（l,9） < ll and nthlowest（2,l,9） <ll then buy to cover next bar at lowest（l,9） limit;

if barssinceentry=10 and marketposition=-1 and lowest（l,10） < ll and nthlowest（2,l,10） < ll then buy to cover next bar at lowest（l,10）

```
limit;
if barssinceentry=11 and marketposition=-1 and lowest（l,11） < ll and nthlowest（2,l,11） < ll then buy to cover next bar at lowest（l,11） limit;
if barssinceentry=12 and marketposition=-1 and lowest（l,12） < ll and nthlowest（2,l,12） < ll then buy to cover next bar at lowest（l,12） limit;
if barssinceentry=13 and marketposition=-1 and lowest（l,13） < ll and nthlowest（2,l,13） < ll then buy to cover next bar at lowest（l,13） limit;
if barssinceentry=14 and marketposition=-1 and lowest（l,14） < ll and nthlowest（2,l,14） < ll then buy to cover next bar at lowest（l,14） limit;
if c > average（c,40） then buy to cover next bar at market;
```

表22.3　第二个最高价／最低价出场四号——用限价单进场

```
variables: hh（0）,ll（0）,q（0）,u（0）,x（0）,y（0）,z（0）;
if marketposition=1 and barssinceentry=0 then hh=h;
if marketposition=-1 and barssinceentry=0 then ll=l;
if c > h[1] and c > average（c,40） then buy next bar at o of tomorrow-.5*average（range,3） limit;
if barssinceentry=2 and marketposition=1 and highest（h,2） > hh and nthhighest（2,h,2） > hh then sell next bar at highest（h,2） limit;
if barssinceentry=3 and marketposition=1 and highest（h,3） > hh and nthhighest（2,h,3） > hh then sell next bar at highest（h,3） limit;
if barssinceentry=4 and marketposition=1 and highest（h,4） > hh and nthhighest（2,h,4） > hh then sell next bar at highest（h,4） limit;
if barssinceentry=5 and marketposition=1 and highest（h,5） > hh and nthhighest（2,h,5） > hh then sell next bar at highest（h,5） limit;
if barssinceentry=6 and marketposition=1 and highest（h,6） > hh and nthhighest（2,h,6） > hh then sell next bar at highest（h,6） limit;
```

if barssinceentry=7 and marketposition=1 and highest（h,7） > hh and nthhighest（2,h,7） > hh then sell next bar at highest（h,7） limit;

if barssinceentry=8 and marketposition=1 and highest（h,8） > hh and nthhighest（2,h,8） > hh then sell next bar at highest（h,8） limit;

if barssinceentry=9 and marketposition=1 and highest（h,9） > hh and nthhighest（2,h,9） > hh then sell next bar at highest（h,9） limit;

if barssinceentry=10 and marketposition=1 and highest（h,10） > hh and nthhighest（2,h,10） > hh then sell next bar at highest（h,10） limit;

if barssinceentry=11 and marketposition=1 and highest（h,11） > hh and nthhighest（2,h,11） > hh then sell next bar at highest（h,11） limit;

if barssinceentry=12 and marketposition=1 and highest（h,12） > hh and nthhighest（2,h,12） > hh then sell next bar at highest（h,12） limit;

if barssinceentry=13 and marketposition=1 and highest（h,13） > hh and nthhighest（2,h,13） > hh then sell next bar at highest（h,13） limit;

if barssinceentry=14 and marketposition=1 and highest（h,14） > hh and nthhighest（2,h,14） > hh then sell next bar at highest（h,14） limit;

if c < average（c,40） then sell next bar at market;

if c < l[1] and c < average（c,40） then sell short next bar at o of tomorrow+（.5*average（range,3）） limit;

if barssinceentry=2 and marketposition=-1 and lowest（l,2） < ll and nthlowest（2,l,2） <ll then buy to cover next bar at lowest（l,2） limit;

if barssinceentry=3 and marketposition=-1 and lowest（l,3） < ll and nthlowest（2,l,3） <ll then buy to cover next bar at lowest（l,3） limit;

if barssinceentry=4 and marketposition=-1 and lowest（l,4） < ll and nthlowest（2,l,4）<ll then buy to cover next bar at lowest（l,4）limit;

if barssinceentry=5 and marketposition=−1 and lowest（l,5）< ll and nthlowest（2,l,5）<ll then buy to cover next bar at lowest（l,5）limit;

if barssinceentry=6 and marketposition=−1 and lowest（l,6）< ll and nthlowest（2,l,6）<ll then buy to cover next bar at lowest（l,6）limit;

if barssinceentry=7 and marketposition=−1 and lowest（l,7）< ll and nthlowest（2,l,7）<ll then buy to cover next bar at lowest（l,7）limit;

if barssinceentry=8 and marketposition=−1 and lowest（l,8）< ll and nthlowest（2,l,8）<ll then buy to cover next bar at lowest（l,8）limit;

if barssinceentry=9 and marketposition=−1 and lowest（l,9）< ll and nthlowest（2,l,9）<ll then buy to cover next bar at lowest（l,9）limit;

if barssinceentry=10 and marketposition=−1 and lowest（l,10）< ll and nthlowest（2,l,10）< ll then buy to cover next bar at lowest（l,10）limit;

if barssinceentry=11 and marketposition=−1 and lowest（l,11）< ll and nthlowest（2,l,11）< ll then buy to cover next bar at lowest（l,11）limit;

if barssinceentry=12 and marketposition=−1 and lowest（l,12）< ll and nthlowest（2,l,12）< ll then buy to cover next bar at lowest（l,12）limit;

if barssinceentry=13 and marketposition=−1 and lowest（l,13）< ll and nthlowest（2,l,13）< ll then buy to cover next bar at lowest（l,13）limit;

if barssinceentry=14 and marketposition=−1 and lowest（l,14）< ll and nthlowest（2,l,14）< ll then buy to cover next bar at lowest（l,14）

```
limit;
    if c > average（c,40） then buy to cover next bar at market;
```

表23.1 优化最初的5个单选指标（使用表9.1）

表24.1 一分钟“百分系统”

```
variables：e（0）,f（0）,g（0）,j（0）；
e=（h−o）；
f=（o−l）；
g=average（e,5）；
j=average（f,5）；
if time > =845 and time < 1455 then buy next bar at o of tomorrow−j limit;
if time=1500 then sell next bar at market;
if time > =845 and time < 1455 then sell short next bar at o of tomorrow+g limit;
if time=1500 then buy to cover next bar at market;
```

表25.1 日元周线区间突破

```
buy next bar at o of tomorrow+range stop;
sell short next bar at o of tomorrow−range stop;
```

表25.4 1.5倍日区间突破

```
inputs：q（1.5）,n（25）；
if c > average（c,n） then buy next bar at o of tomorrow+（q*range） stop;
sell next bar at o of tomorrow−（q−range） stop;
if c < average（c,n） then sell short next bar at o of tomorrow−（q−range） stop;
buy to cover next bar at o of tomorrow+（q*range） stop;
```

表26.5　周之日指标（完整的）

（要想测试确定的某天，请删除对应的语句）

```
variables：e（0）,f（0）,j（0）；
if c > o then e=c−o;
if c < o then f=o−c;
if c > o then j=1;
if c < o then j=−1;
if dayofweek（date）=5 and c > c[1] then buy next bar at market;
if dayofweek（date）=1 and c < c[1] then buy next bar at market;
if dayofweek（date）=2 and highest（e,2） < highest（f,2） then buy next bar at market;
if dayofweek（date）=3 and highest（e,3） < highest（f,3） then buy next bar at market;
if dayofweek（date）=4 and highest（e,4） < highest（f,4） then buy next bar at market;
if dayofweek（date）=5 and c < c[1] then sell short next bar at market;
if dayofweek（date）=1 and c > c[1] then sell short next bar at market;
if dayofweek（date）=2 and highest（e,2） > highest（f,2） then sell short next bar at market;
if dayofweek（date）=3 and highest（e,3） > highest（f,3） then sell short next bar at market;
if dayofweek（date）=4 and highest（e,4） > highest（f,4） then sell short next bar at market;
setexitonclose;
```

表27.1　永久做空标准普尔

```
inputs：n（21）,p（6）；
if dayofmonth（date） > =p and dayofmonth（date） < =（p+3）
```

```
then sell short next bar at market;
    if dayofmonth ( date ) > =n and dayofmonth ( date ) < = ( n+3 )
then buy to cover next bar at market;
```

表27.3　月之日指标（标准合约）

```
    inputs: n ( 21 ) ,p ( 6 ) ;
    if dayofmonth ( date ) > =n and dayofmonth ( date ) < = ( n+3 )
then buy next bar at market;
    if dayofmonth ( date ) > =p and dayofmonth ( date ) < = ( p+3 )
then sell short next bar at market;
```

表27.4　月之日——日内交易

```
    inputs: n ( 21 ) ,p ( 6 ) ;
    if dayofmonth ( date ) > =n or dayofmonth ( date ) < p then buy
next bar at market;
    if dayofmonth ( date ) > =p and dayofmonth ( date ) < n then sell
short next bar at market;
    setexitonclose;
```

表27.5　月之日——在出现比较低的收盘价后买入，在出现比较高的收盘价后卖出——日内交易

```
    inputs: n ( 21 ) ,p ( 6 ) ;
    if c < c[1] and dayofmonth ( date ) > =n or dayofmonth ( date ) <
p then buy next bar at market;
    if c > c[1] and dayofmonth ( date ) > =p and dayofmonth ( date )
< n then sell short next bar at market;
    setexitonclose;
```

表28.1　年之月指标

```
    inputs: n ( 10 ) ,p ( 4 ) ;
    variables: e ( 0 ) ,m ( 0 ) ;
```

```
m=month（date）;
if m < > m[1] and m[1]=n then e=1;
if m < > m[1] and m[1]=p then e=-1;
if e=1 then buy next bar at market;
if e=-1 then sell short next bar at market;
```

表28.3　年之月和月之日综合

```
inputs: n（10）,p（4）;
variables: e（0）,f（0）,m（0）;
m=month（date）;
if m < > m[1] and m[1]=n then e=1;
if m < > m[1] and m[1]=p then e=-1;
if（dayofmonth（date）> =21 or dayofmonth（date）< 6）then f=1;
if（dayofmonth（date）> =6 and dayofmonth（date）< 21）then f=-1;
if e+f=2 then buy next bar at market;
if e+f < 2 then sell next bar at market;
if e+f=-2 then sell short next bar at market;
if e+f > -2 then buy to cover next bar at market;
```

表28.4　年之月——日之月综合——日内交易系统

（用以下内容替换表28.3中的最后几行）

```
if o of tomorrow < c and e+f=2 then buy next bar at market;
if o of tomorrow > c and e+f=-2 then sell short next bar at market;
setexitonclose;
```

表28.5　3个日历指标一致

```
inputs: n（10）,p（4）;
variables: e（0）,f（0）,x（0）,u（0）,g（0）,m（0）;
if c > o then e=c-o;
```

```
if c < o then f=o−c;
if (dayofweek(date)=5 and c > c[1]) or
(dayofweek(date)=1 and c < c[1]) or
(dayofweek(date)=2 and highest(e,2) < highest(f,2)) or
(dayofweek(date)=3 and highest(e,3) < highest(f,3)) or
(dayofweek(date)=4 and highest(e,4) < highest(f,4))
then g=1;
if (dayofweek(date)=5 and c < c[1]) or
(dayofweek(date)=1 and c > c[1]) or
(dayofweek(date)=2 and highest(e,2) > highest(f,2)) or
(dayofweek(date)=3 and highest(e,3) > highest(f,3)) or
(dayofweek(date)=4 and highest(e,4) > highest(f,4))
then g=−1;
m=month(date);
if m < > m[1] and m[1]=n then x=1;
if m < > m[1] and m[1]=p then x=−1;
if (dayofmonth(date) > =21 or dayofmonth(date) < 6) then
u=1;
if (dayofmonth(date) > =6 and dayofmonth(date) < 21)
then u=−1;
if x+u+g=3 then buy next bar at market;
if x+u+g < 3 then sell next bar at market;
if x+u+g=−3 then sell short next bar at market;
if x+u+g > −3 then buy to cover next bar at market;
```

表28.6 3个日历信号中2个一致——日内交易系统

（用以下内容替换表28.5中的最后几行）

```
if o of tomorrow < c and x+u+g > 0 then buy next bar at market;
if o of tomorrow > c and x+u+g < 0 then sell short next bar at
market;
setexitonclose;
```

表29.1 月之日、周之日和八个指标的综合

```
variables: aaa(0),bbb(0),ccc(0),e(0),f(0),g(0),xx(0),j(0),x(0),uuu(0);
if c > o then e=c-o else e=0;
if c < o then f=o-c else f=0;
if (dayofweek(date)=5 and c > c[1]) or
(dayofweek(date)=1 and c < c[1]) or
(dayofweek(date)=2 and highest(e,2) < highest(f,2)) or
(dayofweek(date)=3 and highest(e,3) < highest(f,3)) or
(dayofweek(date)=4 and highest(e,4) < highest(f,4))
then aaa=1;
if (dayofweek(date)=5 and c < c[1]) or
(dayofweek(date)=1 and c > c[1]) or
(dayofweek(date)=2 and highest(e,2) > highest(f,2)) or
(dayofweek(date)=3 and highest(e,3) > highest(f,3)) or
(dayofweek(date)=4 and highest(e,4) > highest(f,4))
then aaa=-1;
if (dayofmonth(date) > =21 or dayofmonth(date) < 6) then bbb=1;
if (dayofmonth(date) > =6 and dayofmonth(date) < 21) then bbb=-1;
if average(c,2) < average(c,5) then g=1;
if average(c,2) > average(c,5) then g=-1;
if c > average(c,40) then xx=1;
if c < average(c,40) then xx=-1;
if highestbar(c,50) > lowestbar(c,50) then j=1;
if highestbar(c,50) < lowestbar(c,50) then j=-1;
if (range < average(range,10)) and c > c[1] or (range > average(range,10)) and c <c[1] then x=1;
if (range < average(range,10)) and c < c[1] or (range > average(range,10)) and c >c[1] then x=-1;
```

```
if c > （average（h,15）+average（l,15））/ 2 then uuu=1;
if c < （average（h,15）+average（l,15））/ 2 then uuu=-1;
if g+xx+j+x+uuu > 0 then ccc=1;
if g+xx+j+x+uuu < 0 then ccc=-1;
if aaa+bbb+ccc > 0 then buy next bar at market;
if aaa+bbb+ccc < 0 then sell short next bar at market;
```

表30.1 道琼斯-标准普尔永久在市

```
variables: g（0）;
if c / closed（1） > （c of data（2）/（closed（1） of data（2）））then g=1;
if c / closed（1） < （c of data（2）/（closed（1） of data（2）））then g=-1;
if g > 0 then buy next bar at market;
if g < 0 then sell short next bar at market;
```

表30.2 道琼斯-标准普尔基本的日内交易版本

```
variables: g（0）;
if c / closed（1） > （c of data（2）/（closed（1） of data（2）））then g=1;
if c / closed（1） < （c of data（2）/（closed（1） of data（2）））then g=-1;
if time > =845 and time < =1445 and g > 0 then buy next bar at market;
if time=1500 then sell next bar at market;
if time > =845 and time < =1445 and g < 0 then sell short next bar at market;
if time=1500 then buy to cover next bar at market;
```

表30.5 道琼斯-标准普尔加上3条柱线的要求

```
inputs: u（3）;
```

variables：g（0）；

if c / closed（1） > （c of data（2）/（closed（1） of data（2）））then g=1；

if c / closed（1） < （c of data（2）/（closed（1） of data（2）））then g=−1；

if time > =930 and time < =1445 and lowest（g,u） > 0 then buy next bar at market；

if time=1500 then sell next bar at market；

if time > =930 and time < =1445 and highest（g,u） < 0 then sell short next bar at market；

if time=1500 then buy to cover next bar at market；

图30.8　道琼斯-标准普尔加上50天均值

inputs：e（50）；

variables：g（0）；

if c / closed（1） > （c of data（2）/（closed（1） of data（2）））then g=1；

if c / closed（1） < （c of data（2）/（closed（1） of data（2）））then g=−1；

if time > =900 and time < =1445 and c > average（c,e） and c[1] < =average（c,e）[1] and g > 0 then buy next bar at market；

if time > =900 and time < =1445 and c < average（c,e） and c[1] > =average（c,e）[1] and g < 0 then sell short next bar at market；

表30.10　道琼斯-标准普尔——6条柱线最高价 / 最低价，stop 订单——日内交易

inputs：n（.5）,u（6）；

variables：g（0）；

if c / closed（1） > c of data（2）/（closed（1） of data（2））then g=1；

if c / closed（1） < c of data（2）/（closed（1） of data（2））

```
then g=-1;
if time > =900 and time < =1430 and lowest（g,u） > 0 then buy next bar at highest（h,6） stop;
if time=1500 then sell next bar at market;
if time > =900 and time < =1430 and highest（g,u） < 0 then sell short next bar at lowest（l,6） stop;
if time=1500 then buy to cover next bar at market;
```

表30.11　道琼斯-标准普尔——6个柱线的最高价／最低价——日内交易

```
variables: g（0）;
if c／closed（1） > （c of data（2）／（closed（1） of data（2）））then g=1;
if c／closed（1） < （c of data（2）／（closed（1） of data（2）））then g=-1;
if time > =845 and time < =1445 and c > average（h,6） and g > 0 then buy next bar at c-.5*range limit;
if time=1500 then sell next bar at market;
if time > =845 and time < =1445 and c < average（l,6） and g < 0 then sell short next bar at c+.5*range limit;
if time=1500 then buy to cover next bar at market;
```

表30.12　动力道琼斯-标准普尔——日内

```
variables: g（0）;
if c／（closed（1）） > c of data（2）／（closed（1） of data（2））then g=1;
if c／（closed（1）） < c of data（2）／（closed（1） of data（2））then g=-1;
if（（time > =930 and time < 1000 and average（g,12） > 0） or
 （time > =1000 and time < 1030 and average（g,18） > 0） or
 （time > =1030 and time < 1100 and average（g,24） > 0） or
```

(time > =1100 and time < 1130 and average (g,30) > 0) or
(time > =1130 and time < 1200 and average (g,36) > 0) or
(time > =1200 and time < 1230 and average (g,42) > 0) or
(time > =1230 and time < 1300 and average (g,48) > 0))
then buy next bar at market;
if time=1500 then sell next bar at market;
if ((time > =930 and time < 1000 and average (g,12) < 0) or
(time > =1000 and time < 1030 and average (g,18) < 0) or
(time > =1030 and time < 1100 and average (g,24) < 0) or
(time > =1100 and time < 1130 and average (g,30) < 0) or
(time > =1130 and time < 1200 and average (g,36) < 0) or
(time > =1200 and time < 1230 and average (g,42) < 0) or
(time > =1230 and time < 1300 and average (g,48) < 0))
then sell short next bar at market;
if time=1500 then buy to cover next bar at market;

表31.2 根据相对开盘价进场——指数版本

(对于债券-外汇版本，用以下内容替换第一行——inputs：x (8.2) ,y (14.00) ;)

inputs：x (9.3) ,y (15.15) ;

if time= (x*100) and c > opend (0) then buy next bar at market;

if time= (y*100) then sell this bar on close;

if time= (x*100) and c < opend (0) then sell short next bar at market;

if time= (y*100) then buy to cover this bar on close;

表31.3 连续两条柱线一致和开盘价——60分钟柱线图——指数版本

(对于债券-外汇版本，用以下内容替换第一行——inputs：b (9.2) ,x (13.20) ;)

inputs：b (10.3) ,x (14.3) ;

```
if time > = （b*100） and time < （x*100） and c > opend（0） and c[1] > opend（0） and c> c[1] then buy next bar at market;
if time=（x*100） then sell next bar at market;
if time > = （b*100） and time < （x*100）and c < opend（0） and c[1] < opend（0） and c <c[1] then sell short next bar at market;
if time=（x*100） then buy to cover next bar at market;
```

表31.4　最后的三分之一日内交易系统——指数版本

（对于债券-外汇版本，用以下内容替换第一行——inputs：x（11.5）,y（14.00）；）

```
inputs：x（13）,y（15.15）；
if time=（x*100） and c > opend（0） and c[1] > opend（0） then buy next bar at market;
if time=（y*100） then sell this bar on close;
if time=（x*100） and c < opend（0） and c[1] < opend（0） then sell short next bar at market;
if time=（y*100） then buy to cover this bar on close;
```

表32.1　大豆的转换1

```
inputs：q（2）,n（20）,y（.5）,z（.4）,u（.1）；
variables：x（0）,mp（0）,rr（0）,xx（0）；
if average（range,5） > =q*average（range,n）[5] then x=1 else x=0;
mp=marketposition;
rr=highest（h,n）−lowest（l,n）；
if highest（h,n）−c < =u*rr then xx=1 else xx=0;
if x+xx > =1 then buy next bar at o of tomorrow+range stop;
if mp=1 then sell next bar at o of tomorrow+y−rr limit;
if mp=1 then sell next bar at o of tomorrow−z−rr stop;
if mp=1 then sell next bar at l−range stop;
if x+xx > =1 then sell short next bar at o of tomorrow−range stop;
```

if mp=−1 then buy to cover next bar at o of tomorrow−y−rr limit;

if mp=−1 then buy to cover next bar at o of tomorrow+z−rr stop;

表33.1　区间突破加上“两个方向一致”过滤器

inputs：u（.6）,n（20）;

variables：x（0）;

if （c > c[1] and c[1] > c[2]）or （c < c[1] and c[1] < c[2]） then x=1 else x=0;

if average（x,n） > =u then buy next bar at o of tomorrow+（.5*average（range,3））stop;

sell next bar at o of tomorrow−（.5*average（range,3））stop;

if average（x,n） > =u then sell short next bar at o of tomorrow−（.5*average（range,3））stop;

buy to cover next bar at o of tomorrow+（.5*average（range,3））stop;

表34.1　12：30进场系统——指数版本

（对于债券–外汇版本，用以下内容替换第一行——inputs：x（13.5）；）

inputs：x（15.05）;

variables：hh（0）,11（0）,hhh（0）, 111（0）;

if time=930 then hh=highd（0）;

if time=930 then ll=lowd（0）;

if time=1130 then hhh=highd（0）;

if time=1130 then lll=lowd（0）;

if time=1230 and opend（0）−lowd（0） < =.25*（highd（0）−lowd（0））and highd（0） > hhh and hhh > hh then buy next bar at market;

if time=（x*100） then sell next bar at market;

if time=1230 and highd（0）−opend（0） < =.25*（highd（0）−lowd（0））and lowd（0） < lll and lll < ll then sell short next

```
bar at market;
    if time=（x*100） then buy to cover next bar at market;
```

表35.1　9个开盘价到收盘价多数一致（5分钟）

```
variables: e（0）;
if c > o then e=1 else e=0;
if c < o then e=-1;
if time > =915 and time < =1445 and average（e,9） > 0 then buy next bar at market;
if time=1500 then sell next bar at market;
if time > =915 and time < =1445 and average（e,9） < 0 then sell short next bar at market;
if time=1500 then buy to cover next bar at market;
```

表35.2　日间中点作为界线

```
if time > =915 and time < =1445 and c > （highd（0）+lowd（0））/ 2 then buy next bar at market;
if time=1500 then sell next bar at market;
if time > =915 and time < =1445 and c < （highd（0）+lowd（0））/ 2 then sell short next bar at market;
if time=1500 then buy to cover next bar at market;
```

表35.3　四个指标系统

```
inputs: n（9）;
variables: aa（0）,bb（0）,cc（0）,dd（0）,x（0）;
if c > o then x=1 else x=0;
if c < o then x=-1;
if c / closed（1） > （c of data（2）/（closed（1） of data（2）））then aa=1;
if c / closed（1） < （c of data（2）/（closed（1） of data（2）））then aa=-1;
```

```
if c > opend (0) then bb=1;
if c < opend (0) then bb=-1;
if average (x,n) > 0 then cc=1;
if average (x,n) < 0 then cc=-1;
if c > (highd (0) +lowd (0)) / 2 then dd=1;
if c < (highd (0) +lowd (0)) / 2 then dd=-1;
if time > =915 and time < =1445 and aa+bb+cc+dd=4 then buy next bar at market;
if time=1500 then sell next bar at market;
if time > =915 and time < =1445 and aa+bb+cc+dd=-4 then sell short next bar at market;
if time=1500 then buy to cover next bar at market;
```

表35.6 四个指标加上出场过滤器

```
inputs: n (9) ;
variables: aa (0) ,bb (0) ,cc (0) ,dd (0) ,x (0) ,u (0) ;
if c > o then x=1 else x=0;
if c < o then x=-1;
u=aa+bb+cc+dd;
if c / closed (1) > (c of data (2) / (closed (1) of data (2))) then aa=1;
if c / closed (1) < (c of data (2) / (closed (1) of data (2))) then aa=-1;
if c > opend (0) then bb=1;
if c < opend (0) then bb=-1;
if average (x,n) > 0 then cc=1;
if average (x,n) < 0 then cc=-1;
if c > (highd (0) +lowd (0)) / 2 then dd=1;
if c < (highd (0) +lowd (0)) / 2 then dd=-1;
if time > =915 and time < =1445 and aa+bb+cc+dd=4 then buy next bar at market;
```

```
if u < 0 and u[1]  < 0 then sell next bar at market;
if time=1500 then sell next bar at market;
if time > =915 and time < =1445 and aa+bb+cc+dd=−4 then sell short next bar at market;
if u > 0 and u[1] > 0 then buy to cover next bar at market;
```

表36.1　当连续5个收盘价方向一致后，跟随第一个反向收盘价

```
if c > c[1] and c[1] < c[2] and c[2] < c[3] and c[3] < c[4] and c[4] < c[5] and c[5] <c[6] then buy next bar at market;
if c < c[1] and c[1] > c[2] and c[2] > c[3] and c[3] > c[4] and c[4] > c[5] and c[5] >c[6] then sell short next bar at market;
setexitonclose;
```

表36.2　跟随5个连续的同向收盘价——长线永久在市

```
if c < c[1] and c[1] > c[2] and c[2] > c[3] and c[3] > c[4] and c[4] > c[5] and c[5] >c[6] then buy next bar at market;
if c > c[1] and c[1] < c[2]and c[2] < c[3] and c[3] < c[4] and c[4] < c[5] and c[5] <c[6] then sell short next bar at market;
```

表36.3　5个收盘价方向一致，一个相反，一个无关——永久在市

（如果是日内版本，在最后输入“setexitonclose”）

```
if c[1] < c[2] and c[2] > c[3] and c[3] > c[4] and c[4] > c[5] and c[5] > c[6] and c[6] >c[7] then buy next bar at market;
if c[1] > c[2] and c[2] < c[3] and c[3] < c[4] and c[4] < c[5] and c[5] < c[6] and c[6] <c[7] then sell short next bar at market;
```

表37.1　和第三天反着做

```
if marketposition < 1 and c < l[1] and c[1] < l[2] then buy next bar at o of tomorrow−.33*average（range,3） limit;
if marketposition=1 then sell next bar at h limit;
if marketposition=1 then sell next bar at l−（minmove / pricescale）
```

```
stop;
if marketposition=1 then setexitonclose;
if marketposition > -1 and c > h[1] and c[1] > h[2] then sell short next bar at o of tomorrow+.33*average（range,3） limit;
if marketposition=-1 then buy to cover next bar at l limit;
if marketposition=-1 then buy to cover next bar at h+（minmove / pricescale）stop;
if marketposition=-1 then setexitonclose;
```

表37.2 收盘价在5天最低价 / 最高价均值之外

```
variables: x（0）,y（0）;
inputs: n（5）;
if c < average（l,5） then x=1 else x=0;
if c > average（h,5） then y=1 else y=0;
if marketposition < 1 and lowest（x,3）=1 and c < c[1] and c[1] < c[2] then buy next bar at market;
if marketposition=1 and barssinceentry > 0 then sell next bar at h limit;
if marketposition=1 and barssinceentry > 0 then sell next bar at l-（minmove / pricescale）stop;
if marketposition=1 and barssinceentry > 1 then setexitonclose;
if marketposition > -1 and lowest（y,3）=1 and c > c[1] and c[1] > c[2] then sell short next bar at market;
if marketposition=-1 and barssinceentry > 0 then buy to cover next bar at l limit;
if marketposition=-1 and barssinceentry > 0 then buy to cover next bar at h+（minmove / pricescale）stop;
if marketposition=-1 and barssinceentry > 1 then setexitonclose;
```

表38.1 20天N天系统

```
buy next bar at highest（h,20） stop;
```

sell short next bar at lowest（l,20） stop;

表38.3　N天系统，加上10天止损

if marketposition < 1 then buy next bar at highest（h,20） stop;

if barssinceentry > =10 and （c[10] > highest（c,10） or h[10] > highest（h,10））then sell next bar at market;

if marketposition > −1 then sell short next bar at lowest（l,20） stop;

if barssinceentry > =10 and （c[10] < lowest（c, 10） or l[10] < lowest（l, 10））then buy to cover next bar at market;

表39.1　5分钟RSI跟随系统——指数版本

（对于债券–外汇版本，用以下内容替换第一行——inputs: Length（9）,n（15）,b（8.35）,x（13.3）,z（13.55）；）

inputs: Length（9）,n（15）,b（9.15）,x（14.45）,z（15.1）；

variables: e（0）；

e = RSI（ Close, Length）；

if time > =（b*100） and time < =（x*100） and e > （100−n） then buy next bar at market;

if time=（z*100） then sell next bar at market;

if time > =（b*100） and time < =（x*100） and e < n then sell short next bar at market;

if time=（z*100） then buy to cover next bar at market;

表40.1　和反转反着做

inputs: p（2）；

variables: hh（0）,ll（0）；

if marketposition=1 and barssinceentry=0 then hh=h;

if marketposition=−1 and barssinceentry=0 then ll=l;

if marketposition < 1 and h > h[1] and c < c[1] then buy next bar at

```
market;
    if（h < =h[1] or c > =c[1]） then sell next bar at hh limit;
    if barssinceentry > 0 then sell next bar at ll−minmove / pricescale
stop;
    if marketposition > −1 and l < l[1] and c > c[1] then sell short next
bar at market;
    if （1 > =l[1] or c < =c[1]） then buy to cover next bar at ll limit;
    if barssinceentry > 0 then buy to cover next bar at hh+minmove /
pricescale stop;
```

表41.1　4天区间突破

```
    buy next bar at o of tomorrow+2*average（range,3） stop;
    if barssinceentry=2 then sell next bar at h limit;
    if barssinceentry=2 then sell next bar at l stop;
    if barssinceentry=2 then setexitonclose;
    sell short next bar at o of tomorrow− （2*average（range,3））
stop;
    if barssinceentry=2 then buy to cover next bar at l limit;
    if barssinceentry=2 then buy to cover next bar at h stop;
    if barssinceentry=2 then setexitonclose;
```

表41.3　9天66%动量系统

```
    variables: mp （0）,hc （0）,lc （0）,xx （0）;
    hc=highest（h,9）−c;
    lc=c−lowest（1,9）;
    if he > lc then xx=hc;
    if he < lc then xx=lc;
    mp=marketposition;
    if mp < 1 and he > lc then buy next bar at o of tomorrow+（.66*lc）
stop;
```

if mp=1 and barssinceentry > 0 then sell next bar at entryprice−（1.32*xx） stop;

if mp > −1 and lc > hc then sell short next bar at o of tomorrow−（.66*hc） stop;

if mp=−1 and barssinceentry > 0 then buy to cover next bar at entryprice+（1.32−xx） stop;

表41.6 收缩区间——和收盘时的动量反着做

if （average（range,10） < average（range,25）） and （c < c[1] and c < average（c,5）） then buy next bar （o of tomorrow+（.2*range）） stop;

if （c > average（c,10） and c > average（c,25）） then sell next bar at （o of tomorrow−.2*range）） stop;

if barssinceentry > 0 then sell next bar at entryprice−average（range,25） stop;

if （average（range,10） < average（range,25）） and （c > c[1] and c > average（c,5）） then sell short next bar （o of tomorrow−（.2*range）） stop;

if （c < average（c,10） and c < average（c,25）） then buy to cover next bar （o of tomorrow+（.2*range）） stop;

if barssinceentry > 0 then buy to cover next bar at entryprice+average（range,25） stop;

表41.7 5天和15天收盘价均值

if average（c,5） > average（c,15） and average（c,5）[1] > average（c,15）[1] and average（c,5）[2] > average（c,15）[2]and average（c,5）[3] < average（c,15）[3] then buy next bar at market;

if average（c,5） < average（c,15） and average（c,5）[1] < average（c,15）[1] and average（c,5）[2] < average（c,15）[2] and average（c,5）[3] > average（c,15）[3] then sell short next bar at market;

表41.8　大豆季节性——在3月买入

```
variables：e（0）；
e=month（date）；
if e=3 and e < > e[1] then buy next bar at market;
if month（date）=7 then sell next bar at market;
setprofittarget（2000）；
setstoploss （4000）；
```

表41.10　大豆季节性——在7月卖出

```
variables：e（0）；
e=month（date）；
if e=7 and e < > e[1]then sell short next bar at market;
if month（date）=11 then buy to cover next bar at market;
setprofittarget（4000）；
setstoploss （5000）；
```

表41.11　3天30天交叉

```
if average（c,3）[3] < average（c,30）[3] and average（c,3）[2] > average（c,30）[2] and average（c,3）[1] > average（c,30）[1] and average（c,3） > average（c,30） then buy next bar at market;
if average（c,3） < average（c,30） then sell next bar at market;
if average（c,3）[3] > average（c,30）[3] and average（c,3）[2] < average（c,30）[2] and average（c,3）[1] < average（c,30）[1] and average（c,3） < average（c,30）then sell short next bar at market;
if average（c,3） > average（c,30） then buy to cover next bar at market;
```

表41.12　15天和30天前指标

```
if c > c[15] and c > c[30] then buy next bar at market;
if c < c[15] or c < c[30] then sell next bar at market;
if c < c[15] and c < c[30] then sell short next bar at market;
```

```
if c > c[15] or c > c[30] then buy to cover next bar at market;
```

表41.14 债券-指数

```
if time=1000 and c > opend（0）and c of data2 > opend（0）of data2 and highd（0）of data2−c of data2 < =.25*（highd（0）of data2−lowd（0）of data2） then buy next bar at market;
if time=1000 and c > opend（0）and c of data2 < opend（0） and c of data2−lowd（0）of data2 < =.25*（highd（0）of data2−lowd（0）of data2） then buy next bar at market;
if time=1510 then sell next bar at market;
if time=1000 and c < opend（0）and c of data2 < opend（0） and c of data2−lowd（0）of data2 < =.25*（highd（0）of data2−lowd（0）of data2） then sell short next bar at market;
if time=1000 and c < opend（0）and c of data2 > opend（0）and highd（0）of data2−c of data2 < =.25*（highd（0）of data2−lowd（0）of data2） then sell short next bar at market;
if time=1510 then buy to cover next bar at market;
```

表42.1 和3个中2个开盘价到收盘价的方向反着做

```
variables: e（0）;
if c > o then e=1;
if c < o then e=−1;
if average（e,3） < 0 then buy next bar at market;
if average（e,3） > 0 then sell short next bar at market;
setexitonclose;
```

表42.2 6个指标（简单多数）

```
variables: e（0）,aa（0）,bb（0）,cc（0）,dd（0）,ee（0）,ff（0）,gg（0）;
if c > o then e=1;
if c < o then e=−1;
```

```
if average（c,2）< average（c,5）then aa=1;
if average（c,2）> average（c,5）then aa=−1;
if c > average（c,40）then bb=1;
if c < average（c,40）then bb=−1;
if highestbar（c,50）> lowestbar（c,50）then cc=1;
if highestbar（c,50）< lowestbar（c,50）then cc=−1;
if （range < average（range,10））and c > c[1] or （range > average（range,10））and c <c[1] then dd=1;
if （range < average（range,10））and c < c[1] or （range > average（range,10））and c >c[1] then dd=−1;
if c > （average（h,15）+average（l,15））/2 then ee=1;
if c < （average（h,15）+average（l,15））/2 then ee=−1;
if average（e,3）< 0 then ff=1;
if average（e,3）> 0 then ff=−1;
if aa+bb+cc+dd+ee+ff > 0 then buy next bar at market;
if aa+bb+cc+dd+ee+ff < 0 then sell short next bar at market;
setexitonclose;
```

表42.3　6个指标加上66%的止损

（用以下内容替换表42.2中的最后几行）

```
if aa+bb+cc+dd+ee+ff > 0 then buy next bar at market;
sell next bar at o of tomorrow−.66*average（range,3）stop;
if aa+bb+cc+dd+ee+ff < 0 then sell short next bar at market;
buy to cover next bar at o of tomorrow+.66*average（range,3）stop;
```

表43.1　5个非单选指标的综合

```
variables: aa（0）,bb（0）,cc（0）,dd（0）,ee（0）;
if c[1] < c[2] and c[2] > c[3] and c[3] > c[4] and c[4] > c[5] and c[5] > c[6] then aa=1 else aa=0;
if c[1] > c[2] and c[2] < c[3] and c[3] < c[4] and c[4] < c[5] and c[5]
```

```
< c[6] then aa=-1;
if c[1] < c[2] and c[2] > c[3] and c[3] > c[4] and c[4] > c[5] and c[5] > c[6] and c[6] >c[7] then bb=1 else bb=0;
if c[1] > c[2] and c[2] < c[3] and c[3] < c[4] and c[4] < c[5] and c[5] < c[6] and c[6] <c[7] then bb=-1;
if l > l[1] and l[1] < lowest（l,3）[2] and c > c[1] and c[1] < c[2]then cc=1 else cc=0;
if h < h[1] and h[1] > highest（h,3）[2] and c < c[1] and c[1] > c[2]then cc=-1;
if highest（l,3）-lowest（l,3） < =.2*（highest（h,3）-lowest（l,3））then dd=1 else dd=0;
if highest（h,3）-lowest（h,3） < =.2* （highest（h,3）-lowest（l,3））then dd=-1;
if c < o and c[1] < o[1] then ee=1 else ee=0;
if c > o and c[1] > o[1] then ee=-1;
if aa+bb+cc+dd+ee > 0 then buy next bar at market;
if aa+bb+cc+dd+ee < 0 then sell short next bar at market;
setexitonclose;
```

表44.1　6个指标加上5个非单选过滤器——版本1

```
variables: e（0）,aa（0）,bb（0）,cc（0）,dd（0）,ee（0）,ff（0）,aaa（0）,bbb（0）,ccc（0）,ddd（0）,eee（0）;
if c > o then e=1 else e=0;
if c < o then e=-1;
if c[1] < c[2] and c[2] > c[3] and c[3] > c[4] and c[4] > c[5] and c[5] > c[6] then aaa=1 else aaa=0;
if c[1] > c[2] and c[2] < c[3] and c[3] < c[4] and c[4] < c[5] and c[5] < c[6] then aaa=-1;
if c[1] < c[2] and c[2] > c[3] and c[3] > c[4] and c[4] > c[5] and c[5] > c[6] and c[6] >c[7] then bbb=1 else bbb=0;
if c[1] > c[2] and c[2] < c[3] and c[3] < c[4] and c[4] < c[5] and c[5]
```

```
< c[6] and c[6] <c[7] then bbb=-1;
if l > l[1] and l[1] < lowest（l,3）[2] and c > c[1]  and c[1] < c[2]then ccc=1 else ccc=0;
if h < h[1] and h[1] > highest（h,3）[2] and c < c[1]  and c[1]  > c[2]then ccc=-1;
if highest（l,3）-lowest（l,3） < =.2*（highest（h,3）-lowest（l,3）） then ddd=1 else ddd=0;
if highest（h,3）-lowest（h,3） < =.2* （highest（h,3）-lowest（l,3））then ddd=-1;
if c < o and c[1]  < o[1]  then eee=1 else eee=0;
if c > o and c[1]  > o[1]  then eee=-1;
if average（c,2） < average（c,5）then aa=1;
if average（c,2） > average（c,5）then aa=-1;
if c > average（c,40） then bb=1;
if c < average（c,40） then bb=-1;
if highestbar（c,50） > lowestbar（c,50） then cc=1;
if highestbar（c,50） < lowestbar（c,50） then cc=-1;
if （range < average（range,10）） and c > c[1] or （range > average（range,10）） and c <c[1]  then dd=1;
if （range < average（range,10）） and c < c[1] or （range > average（range,10）） and c >c[1]  then dd=-1;
if c > （average（h,15）+average（l,15））/ 2 then ee=1;
if c < （average（h,15）+average（l,15））/ 2 then ee=-1;
if average（e,3） < 0 then ff=1;
if average（e,3） > 0 then ff=-1;
if aa+bb+cc+dd+ee+ff > 0 and aaa+bbb+ccc+ddd+eee > =0 then buy next bar at market;
if aa+bb+cc+dd+ee+ff < 0 and aaa+bbb+ccc+ddd+eee < =0 then sell short next bar at market;
setexitonclose;
```

表44.2　过滤的6个指标加上66%止损

（用以下内容替换44.1中最后三行）

if aa+bb+cc+dd+ee+ff > 0 and aaa+bbb+ccc+ddd+eee > =0 then buy next bar at market;

sell next bar at o of tomorrow−.66*average（range,3） stop;

if aa+bb+cc+dd+ee+ff < 0 and aaa+bbb+ccc+ddd+eee < =0 then sell short next bar at market;

buy to cover next bar at o of tomorrow+.66*average（range,3） stop;

setexitonclose;

表44.3　过滤指标——66%止损——版本2

（用以下内容替换44.1中最后三行）

if（aa+bb+cc+dd+ee+ff > 0 and aaa+bbb+ccc+ddd+eee > =0） or（aa+bb+cc+dd+ee+ff=0 and aaa+bbb+ccc+ddd+eee > 0） then buy next bar at market;

sell next bar at o of tomorrow−.66*average（range,3） stop;

if（aa+bb+cc+dd+ee+ff < 0 and aaa+bbb+ccc+ddd+eee < =0） or（aa+bb+cc+dd+ee+ff=0 and aaa+bbb+ccc+ddd+eee < 0） then sell short next bar at market;

buy to cover next bar at o of tomorrow+.66*average（range,3） stop;

setexitonclose;

关于作者

从1986年开始，阿特·柯林斯就在开发机械商品交易系统，并成功地进行了交易。他是芝加哥交易所的会员、培训师和作家。他的新作品叫《战胜市场的人》，他采访了13位著名的机械交易者并把访谈记录在本书中。他还定期为《期货》杂志和其他期刊撰写文章。他希望能收到读者们的反馈，他的电子邮件地址是：artcollins@ameritech.net。

译后感

这是一本讲解机械交易的书，本书作者非常推崇机械交易。美国交易者如何区分机械交易和主观交易？本书作者给出了很明确的定义：只要你交易时有一点点的主观成分，那么你就是主观交易者，而不是机械交易者。喜欢研究机械交易的交易者可以从本书中学到很多相关知识。

作者在本书中展示了几十个机械交易系统，这些系统都是用美国著名的行情和交易软件tradestation编程的，而这个软件在中国无法正常使用，且国内介绍用tradestation编程的书也少得出奇，所以这是一点小小的遗憾。

好在作者公开了所有系统的源代码。译者建议读者先不要照抄本书附录中的源代码，而是上网下载作者已经编好的程序，这样可以节约学习时间。等学会了模拟测试后，再回过头来研究作者的编程思路。读者通过本书能够学到实实在在的编程知识，这应该算是额外的收获。

美国市场是比较难赚钱的，本书作者却用几十个机械交易系统证明了能赚钱，这是比较出人意料的地方。当然了，和主观交易相比，机械交易的年化收益率是比较少的，也许这是客观的现实。

本书的写作手法基本上就是用一章的内容来介绍一个机械交易系统，用少量章节谈到了机械交易相关的知识以及和主观交易的区别。通过对本书的认真梳理，我相信机械交易者都能找到适合自己性格的机械交易系统。

因为读者的要求很多，大多数读者希望翻译时以直译为主，不改变作者的本意，所以我在翻译本书时，尽量采用了直译的方式，不过要作出一些说明。

每本书的作者都有自己的独特的语言风格，本书作者也不例外。比如，本书中讲的品种大多数都是股指期货，但是作者在行文时却常常说是指数，我们都知道指数和股指期货还是有差别的，但作者的文风就是如此，我还是翻译成指数。比如，sell是卖出的意思，但作者在很多时候把sell当做做空来写，我还是翻译成卖出。又比如，作者对指标、系统、思路、概念和模式等名词并没有做严格的区分，我在翻译时则尊重原文。另外，作者在很多地方文笔极其简练，长话短说，我也是照原样翻译，不再添加自己理解的内容。

本书在讲解机械交易系统的时候，长短线是混着讲的，有时候讲日内交易，有时候讲日间交易。请读者留意，某些概念有重合之处。

因本人能力有限，难免有翻译错误之处，敬请读者指正。

张轶

“引领时代”金融投资系列书目				
书 名	原书名	作 者	译 者	定 价
世界交易经典译丛				
我如何以交易为生	How I Trade for a Living	〔美〕加里·史密斯	张 铁	42.00元
华尔街40年投机和冒险	Wall Street Ventures & Adventures Through Forty Years	〔美〕理查德·D.威科夫	蒋少华、代玉簪	39.00元
非赌博式交易	Trading Without Gambling	〔美〕马塞尔·林克	沈阳格微翻译服务中心	45.00元
一个交易者的资金管理系统	A Trader's Money Management System	〔美〕班尼特·A.麦克道尔	张 铁	36.00元
菲波纳奇交易	Fibonacci Trading	〔美〕卡罗琳·伯罗登	沈阳格微翻译服务中心	42.00元
顶级交易的三大技巧	The Three Skills of Top Trading	〔美〕汉克·普鲁登	张 铁	42.00元
以趋势交易为生	Trend Trading for a Living	〔美〕托马斯·K.卡尔	张 铁	38.00元
超越技术分析	Beyond Technical Analysis	〔美〕图莎尔·钱德	罗光海	55.00元
商品期货市场的交易时机	Timing Techniques for Commodity Futures Markets	〔美〕科林·亚历山大	郭洪钧、关慧——海通期货研究所	42.00元
技术分析解密	Technical Analysis Demystified	〔美〕康斯坦丝·布朗	沈阳格微翻译服务中心	38.00元
日内交易策略	Day Trading Grain Futures	〔英、新、澳〕戴维·班尼特	张意忠	33.00元
马伯金融市场操作艺术	Marber on Markets	〔英〕布莱恩·马伯	吴 楠	52.00元
交易风险管理	Trading Risk	〔美〕肯尼思· L.格兰特	蒋少华、代玉簪	45.00元
非同寻常的大众幻想与全民疯狂	Extraordinary Popular Delusions & the Madness of Crowds	〔英〕查尔斯·麦基	黄惠兰、邹林华	58.00元
高胜算交易策略	High Probability Trading Strategies	〔美〕罗伯特·C.迈纳	张意忠	48.00元
每日交易心理训练	The Daily Trading Coach	〔美〕布里特·N.斯蒂恩博格	沈阳格微翻译服务中心	53.00元
逻辑交易者	Logical Trader	〔美〕马克·费舍尔	朴 兮	45.00元
市场交易策略	Market Trading Tactics	〔美〕戴若·顾比	罗光海	48.00元
股票即日交易的真相	The Truth About Day Trading Stocks	〔美〕乔希·迪皮特罗	罗光海	36.00元
形态交易精要	Trade What You See	〔美〕拉里·派斯温托 莱斯莉·久弗拉斯	张意忠	38.00元
战胜金融期货市场	Beating the Financial Futures Market	〔美〕阿特·柯林斯	张 铁	53.00元

股票和期货的控制论分析	Cybernetic Analysis for Stocks and Futures	〔美〕约翰·F.埃勒斯	罗光海	45.00元
趋势的本质	The Nature of Trends	〔美〕雷·巴罗斯	张　铁	45.00元（估）
交易大师：当今顶尖交易者的超级收益策略	Master Traders: Strategies for Superior Returns from Todays Top Traders	〔美〕法雷·汉姆瑞	张　铁	38.00元（估）
一个外汇交易者的冒险历程	Adventures of a Currency Trader	〔美〕罗布·布克	吴　楠	32.00元（估）
动态交易指标	Dynamic Trading Indicators	〔美〕马克·黑尔韦格 戴维·司汤达	张意忠	35.00元（估）
股票期货赢利秘诀	New Blueprints for Gains in Stocks & Grains & One-Way Formula for Trading in Stocks & Commodities	〔美〕威廉姆·达尼根	陈立辉	68.00元（估）
期货交易游戏	The Futures Game	〔美〕理查德·J.特维莱斯 弗兰克·J.琼斯	蒋少华、潘婷 朱荣华	78.00元（估）
赚了就跑：短线交易圣经	Hit and Run Trading: the Short-Term Stock Traders' Bible-Updated	〔美〕杰夫·库珀	罗光海	48.00元（估）
观盘看市：盘口解读与交易策略	Tape Reading and Market Tactics	〔美〕汉弗莱·B.尼尔	郭鉴镜	48.00元（估）
把握市场时机	Timing the Market	〔美〕科提斯·阿诺德	陈　烨	48.00元（估）
股票大作手回忆录	Reminiscences of a Stock Operator	〔美〕埃德温·勒菲弗	丁圣元	48.00元
市场剖面图分析	Markets in Profile	〔美〕詹姆斯·F.戴尔顿	陈　烨	35.00元（估）
小盘股投资者	The Small-Cap Investor	〔美〕法雷·汉姆瑞	季传峰	38.00元（估）
时间价值论（暂定）	Value in Time	〔美〕帕斯卡尔·威廉	华彦玲	45.00元（估）
资金管理的数字手册（暂定）	The Handbook of Portfolio Mathematics	〔美〕拉尔夫·文斯	蒋少华	45.00元（估）
价格图表形态详细解读（暂定）	Reading Price Charts Bar by Bar	〔美〕埃尔·布鲁克斯	刘　勇	38.00元（估）
安德鲁音叉线交易技术分析（暂定）	Integrated Pitchfork Analysis	〔美〕米尔卡·多洛加	张意忠	38.00元（估）
非主流战法——高胜算短线交易策略（暂定）	Street Smarts: High Probability Short-Term Trading Strategies	〔美〕劳伦斯·A.康纳斯 琳达·布拉福德·拉斯奇克	孙大莹、张轶	48.00元（估）
屡试不爽的短线交易策略（暂定）	SHORT TERM TRADING STRATEGIES THAT WORK	〔美〕拉里·康纳斯 凯撒·阿尔瓦雷斯	张轶	38.00元（估）
动量指标权威指南（暂定）	The Definitive Guide to Momentum Indicators	〔美〕马丁·普林	罗光海	58.00元（估）
掌握艾略特波浪理论（暂定）	Mastering Elliott Wave	〔美〕格伦·尼利 埃里克·郝	廖小胜	58.00元（估）

智品書業
ZHIPIN BOOKS